决胜全面小康　助力文旅发展

——乐山市党校系统 2020 年度调研报告文集

主编◎毛丹　赵平

西南交通大学出版社

·成　都·

图书在版编目（C I P）数据

决胜全面小康　助力文旅发展：乐山市党校系统2020年度调研报告文集 / 毛丹，赵平主编. —成都：西南交通大学出版社，2021.8
ISBN 978-7-5643-8148-6

Ⅰ. ①决… Ⅱ. ①毛… ②赵… Ⅲ. ①小康建设－调查研究－研究报告－乐山－文集 Ⅳ. ①F127.713-53

中国版本图书馆 CIP 数据核字（2021）第 141974 号

Juesheng Quanmian Xiaokang　Zhuli Wenlü Fazhan
—Leshan Shi Dangxiao Xitong 2020 Niandu Diaoyan Baogao Wenji

决胜全面小康　助力文旅发展

——乐山市党校系统 2020 年度调研报告文集

主编　毛丹　赵平

责任编辑　郭发仔
助理编辑　李　欣
封面设计　原创动力
出版发行　西南交通大学出版社
（四川省成都市金牛区二环路北一段 111 号
西南交通大学创新大厦 21 楼）
发行部电话　028-87600564　028-87600533
邮政编码　610031
网　　址　http://www.xnjdcbs.com
印　　刷　成都蜀通印务有限责任公司
成品尺寸　185 mm × 260 mm
印　　张　17.25
字　　数　338 千
版　　次　2021 年 8 月第 1 版
印　　次　2021 年 8 月第 1 次
书　　号　ISBN 978-7-5643-8148-6
定　　价　86.00 元

目录

乐山市净化县域政治生态的实践探索与对策研究

殷婕　毛丹 干旭敏　康璇

【摘　要】党的十九大提出“全面净化党内政治生态”这一时代课题，并将“营造风清气正的良好政治生态”这一政治要求写入党章成为全党全社会共同的政治追求和政治任务，此后，政治生态的概念被广泛关注。县域政治生态作为一个县域内政治生活现状及政治发展环境的集中反映，是地区党风、政风和社会风气的综合体现，是将全面从严治党覆盖到“最后一公里”的基础性工程。本课题聚焦乐山市内县域政治生态建设，探讨当前县域政治生态建设的重大意义、发展现状、存在问题，进而为乐山深化护根行动、实施净土工程提出建议意见。

【关键词】从严治党　县域政治生态　对策

“郡县治，天下安。”在我国党的组织结构和国家政权结构中，县一级处于承上启下的关键环节，是国家发展经济、保障民生、维护稳定的重要基础。县域政治生态作为一个县域内政治生活现状及政治发展环境的集中反映，是地区党风、政风和社会风气的综合体现，不仅是国家政治生态全景的“取景框”和“参照物”，也会以倒逼的方式对国家政治生态产生影响。净化县域政治生态，找准影响县域政治生态的病灶，探索净化县域政治生态的对策，对于党巩固执政根基、应对风险考验、完成历史使命具有十分重要的意义。本研究聚焦乐山市内县域政治生态建设，通过探寻意义、总结现状、剖析问题，为乐山深化护根行动、实施净土工程、净化政治生态提出建议。

一、净化县域政治生态的重大意义

（一）基于中央省委的部署要求

（1）是推动全面从严治党纵深发展的基本前提。县是联系基层群众与上级政府的桥梁，要实现全面从严治党的目标，就要以无禁区、全覆盖、零容忍的原则推动县域政治生态建设这一基础性工程，推进全面从严治党覆盖到“最后一公里”。

（2）是准确认识政治生态客观状况的正确抉择。党的十八大以来，以习近平同志为核心的党中央集中整饬党风，政治生态明显好转。但也要清醒认识到，违背党的政治纪律和政治规矩的事件仍屡有发生，反腐败斗争形势依然严峻复杂，“四风”问题还未从根本上得到解决，这些问题如不果断处置，将危及党内团结和社会主义建设的美好前程。

（3）是主动创造生动活泼政治局面的必然要求。营造风清气正的县域政治生态，能够为实现“四个伟大”提供坚强的政治和组织保证，凝聚起推动党和人民事业兴旺发达的强大能量。

（二）基于乐山现实的迫切需要

（1）是增进群众福祉的重要路径。2019 年，乐山查处群众身边的不正之风和腐败问题 638 个，处分 917 人，说明当前乐山还有少数基层干部存在作风不实、为政不廉等问题，这就要通过一系列净化县域政治生态的现实举措，主动发现问题线索，维护群众利益，增进群众福祉。

（2）是拔除“烂根病树”的重要举措。2019 年，乐山市立案审查调查各类贪腐案件 1 233 件，处分 1 356 人，与 2018 年立案处分人数大致持平，说明当前影响县域政治生态的顽症痼疾还没有根治。这就要找准破坏政治生态的关键症结，靶向整治，坚定不移拔除烂根病树，实现基层政治生态的气象更新。

（3）是确保目标实现的重要保障。打造良好的县域政治生态，是乐山实现高质量发展、坚定实施“一干多支”发展战略、坚持“旅游兴市、产业强市”发展主线、加快建设全省区域中心城市的必然要求，也是全面决胜小康社会、维护社会公平正义、实现人民安居乐业和国家长治久安的基本前提。

（三）基于“护根”行动的深化拓展

（1）治理基层“微腐败”的“根”在于优化县域政治生态。2017 年、2018 年，乐山为深入推进全面从严治党和深化护根行动，分别颁布了《关于开展“护根”行动推进全面从严治党向基层延伸的实施意见》和《关于深化“护根”行动净化县域政治生态的指导意见》。其中指出，净化县域政治生态是深化“护根”行动的抓手，县域政治生态的优化关系着“护根”行动的实施效果，是治理基层“微腐败”的根源所在。

（2）培育崇廉尚洁新风的“源”在于优化县域政治生态。深化“护根”行动，不仅要致力于通过拔“烂根”、治“病根”、理“乱根”对已经出现的问题进行整治和规范来消除负面影响，更要通过强化政治引领、培育担当作为、激发干事热情等方面固本培元，树立正面引导，厚植出能孕育崇廉尚洁、风清气正“新根”的肥沃土壤。

二、当前净化县域政治生态的实践探索

（一）动态“监土”，开展监测预警

（1）划清权责边界，督促责任落实。为确保各级干部有担当，2017 年，乐山推行行政权力清单制和党风廉政建设责任制，通过开展行政权督察，清理行权事项 5 224 项。通过推行明、询、查、考、述、评、究“七步工作法”，推动全市各级党委（党组）全面从严治党、主体责任和纪委（纪检组、纪工委）监督责任的落地，形成了压力层层传导、责任环环相扣的落实体系。

（2）紧密干群关系，反馈民情民意。一是聚民意，搜集群众需求。2018 年 3 月底，乐山整合 55 个热线电话，连通 3 000 余个部门和公共服务单位，建立纵向到底、横向到边的“12345”心连心服务热线，通过四级快速响应机制以求实现群众在政策咨询、矛盾纠纷处理、违法线索举报等方面问题的集中响应、受理和办结。二是汇民心，补齐民生短板。通过百姓“评政”院坝会，将惠民惠农政策、财务收支、发展规划等群众关心的事项进行现场公开公示，让干部直面群众质询和评议，解决群众需求。三是解民忧，解决群众困难。如沙湾区，将“请进来”和“走出去”相结合，积极改进干群沟通方式，有效密切干群关系，通过公布干部电话、与群众在会议室面谈，把群众“请进来”，将问题聊透、解决，通过每年两次的集中上门，让干部“走出去”，主动对接群众，逐户建立户情档案，从中搜集整理问题，实现群众需求立改立办。

（3）拓展监管渠道，提升预警实效。一是建机制，拓展监督渠道。为实现在监察全覆盖，乐山完成县一级党和国家机关纪检监督组的全面派驻。二是沉重心，延伸监督触角。为推动监察权向基层延伸，乐山在乡镇一级监察室，在村一级开展村务监督委员会规范化建设，形成“片区 + 乡镇 + 村居”的监督联动网络，督促基层干部规范履职用权。三是强监控，升级监督手段。在传统监管方式基础上，利用互联网、大数据等技术手段实现民情民意的及时掌控和民生实事的及时预警。如沐川县开发了“财易管”监管系统，加强对脱贫攻坚项目资金的实时监控，向群众公开项目资金的流向。

（二）着力“改土”，靶向重点整治

（1）落实追责问责，严格责任担当。一是聚焦点，严格追责问责。聚焦脱贫攻坚、环境保护、扫黑除恶等重点领域开展“靶向”整治，严格追责问责。2019 年，查处扶贫领域腐败和作风问题 210 个、处分 155 人，深挖彻查涉黑涉恶和“保护伞”案件 104 件、处分 98 人。二是全覆盖，开展巡视巡察。在落实意识形态

责任、打好“三大攻坚战”、实现高质量发展、优化发展环境、推进“挂图作战”等方面加强巡视巡察。2018 年，办理中央巡视组、省委巡视组转交信访件 72 件，对 2 个县（市、区）、11 个市级部门、974 个基层党组织开展政治巡察，纪检监察机关根据巡察移交问题线索立案 140 人、处分 117 人、移送司法机关 7 人。三是治微腐，铲除污染源头。2019 年，共处置问题线索 2 556 件，立案 1 233 件，处分 1 356 人，查处各级“一把手”74 人，移送审查起诉 42 人，收缴违纪违法款 6 200 余万元。

（2）整顿软弱涣散，持续正风肃纪。通过统筹安排党员领导干部定点联系帮扶、派出专项工作组进驻整顿、举办后进党组织书记“回炉班”、调整优化班子成员、推进党支部标准化规范化建设等方式，整顿提升后进党组织。2018 年，整顿转化各领域软弱涣散党组织 227 个，优化调整乡镇领导班子成员 191 名、村“两委”干部 352 名，调整撤换不合格不称职不胜任党组织书记 80 名。

（3）完善纠错机制，激发干事热情。一方面，“严管”，着力抓早抓小。为强化预警效果，2017 年，制定《廉洁风险迹象精细化记分管理办法》，针对 148 种风险行为实施“四级”预警机制，对存在风险行为的党员实行扣分制。同时，积极实践运用监督执纪“四种形态”，对苗头性、轻微违纪问题大胆使用谈话函询方式处置，出台谈话提醒工作方案。2019 年，运用“四种形态”处理 3 255 人次，占比分别为 57.4%、36.3%、2.1%、4.2%。另一方面，“厚爱”，消除干部顾虑。2017 年和 2018 年，分别颁布《关于对限期主动交代违纪问题人员予以从宽处理的通告》和《容错纠错澄清保护意见》，给干部澄清是非、讲清问题的机会，准确把握政策界限，科学界定对错，严肃查处诬告侵害行为。2019 年，为 279 名干部澄清是非，较 2018 年增长 67.1%。

（三）深度“培土”，厚植廉洁文化

（1）突出政治引领，凝聚思想共识。一是树规矩，规范组织生活。通过“三会一课”“农民夜校”“基层夜话”“微党课”等载体，推动党的各项方针政策走进基层。二是下基层，督促问题整改。借助“大学习、大讨论、大调研”，引导基层党委（党组）领导班子深入一线，帮助基层解决问题。三是立标准，强化党建引领。全面推进基层党组织标准化规范化建设，分七大领域细化基层党组织建设 180 条标准，开展“农村建党建墙、机关建党员活动室、企业建党建走廊”行动。

（2）主动亮明身份，发挥示范作用。2017 年开始，深入实施“细胞激活”工程，开展“党员亮身份、组织树旗帜”“先进个人典型引路、先进组织示范引领”“遵党章、学党章、讲党章”等活动，激发了党员身份引领意识。

（3）注重文化熏陶，营造良好氛围。为了营造勤政为民、清正廉洁的文化氛围，

2018 年，拍摄警示教育片 14 部，开展“好风传家”活动，组织全市 10 万名党员参加新修订《中国共产党纪律处分条例》“微测试”，打造廉洁文化基地 12 个，嘉廉话[①]扩展媒介建立“6 + X”融媒体传播平台。

（4）严格选人用人，锻造执政队伍。一方面，定基调，划定干部标准。实施《突出政治标准加强干部考察实施办法》，坚持“三个一律不用”[②]和“四个一线重用”[③]用人总要求，2018 年，从“四个一线”提拔重用县级领导干部近 100 人，调整优化县级干部 200 余人次。另一方面，优结构，严格把控质量。对干部实施干部培养储备“蓄水池”计划，按年龄结构分“五个梯度”进行储备，按干部类别建“六个名单”进行培养。截至 2018 年底，入“池”干部达到 6 000 余人，引进 25 名优秀干部来乐山挂职，选派 700 余名干部人才深入到“挂图作战”、脱贫攻坚等中心工作和急难险重任务一线锻炼。

（四）科学“验土”，建立评价体系

2019 年 5 月，乐山出台《关于构建县域政治生态动态监测预警和年度综合评价“两个体系”的实施方案》，通过每季度动态研判的“平时成绩”和年度整体评价的“期末成绩”相结合的方式，对县（市、区）域政治生态进行整体把握、科学研判、精准画像、实时监测、动态预警和抓早抓小。具体而言：

（1）重视事前诊断，构建预警机制。动态监测预警体系围绕全面从严治党、以人民为中心和经济社会发展形成 3 个一级指标，细化分解为 21 个二级指标和 30 个三级指标，为各县（市、区）开具政治生态“诊断书”，对总分低于 60 分的县（市、区）发布及时预警，让县域政治生态得以即时直观呈现。

（2）重视效果评价，注重结果转化。年度综合评价体系以动态监测预警 40%的“平时成绩”和年检 60%的“期末成绩”为权重对 11 个县（市、区）的政治生态状况进行年度综合评价，形成各县（市、区）政治生态的整体画像。

三、阻碍县域政治生态建设的深层问题

（一）政治文化面临挑战

（1）纪律意识还需加强。在政治纪律、组织纪律、廉洁纪律、群众纪律、工作

① 嘉廉话是中共乐山市纪律检查委员会和乐山市监察委员会主办的一档融合法检监督、媒体监督、群众监督的《阳光问廉》全媒体直播节目；通过聚集突出问题，现场质询相关责任人，问责实多，以持续引领干部作风转变，提升群众满意度。

② 即封官许愿架天线一律不用、倚老卖老一律不用、托人情打招呼一律不用。

③ 即从挂图作战、改革创新、脱贫攻坚、维护稳定“四个一线”提拔重要县级领导干部。

纪律、生活纪律意识的培养上，还需不断加强。表现在不主动参与党组织生活、贪污受贿、为民服务意识薄弱、懒作为等现象依旧在少数党员干部身上存在。

（2）“潜规则”依旧未根除。少数地方还存在着诸多“潜规则”现象，如“琢磨事不如琢磨人”的投机钻营，“干得好不如说得好”的形式主义，“摆平就是水平”的伪稳定，“多栽花少栽刺”的好人主义，“任人唯亲、搞小圈子”的山头主义，“办事不靠组织靠熟人”的圈子文化，等等。

（二）行为失范仍有发生

（1）少数地方基层权力制约效果不佳。在一些基层，由于对权力缺乏相应的制度性约束、地方民主法制建设薄弱、群众监督匮乏、监管不力，导致“一把手”权力过大，以权谋私偶有发生，危害了群众利益和地方稳定。2019 年，乐山查处各级一把手 74 人，深挖彻查涉黑涉恶和“保护伞”104 起，处分 98 人。

（2）少数基层干部拒腐防变能力依旧比较薄弱。2019 年，乐山查处群众身边的不正之风和腐败问题 638 个，占案件查办总数的 51.73%。

（三）选人用人顽疾难消

（1）部分干部工作热情不高。一是“50 现象”突出，少数基层干部在接近或达到 50 岁后，存在“人到码头车到岸”的心理，从心态和工作状态上都逐渐转入退休状态，工作积极性大为消减。二是在待遇水平较低、工资涨幅较慢、工作压力大的考量下，部分基层干部往往不甘于或不安于在基层长期工作，工作积极性不高，岗位变动频繁。三是在人员任用上，一评定终生、论资排辈等影响基层年轻干部晋升，导致有能力的得不到提拔、被提拔的没有能力、有干劲的丧失热情。四是基层工作人员由于编制性质、所属行政区域等方面的不同，存在着工作相同、资历相同但是工资福利待遇上却有极大差别的同工不同酬现象，一定程度上影响了工作热情。

（2）权责不对等问题依旧存在。基层党委和政府部门受到人员编制、人员素质等因素的影响，在繁重的工作压力面前，工作琐碎、一人多责、权责不明的现象突出，往往除基本责任工作外，还需要承担其他临时性的包村、维稳、执法、信访等多项工作，结果是对多项工作任务应接不暇、有心无力、责任推诿。

（四）制度执行效果欠佳

（1）个别党委对“两个责任”落实不力。个别党委（党组）对从严治党重要性认识不到位，个别纪委（纪检组、纪工委）对党委（党组）存在的问题视若无睹。2019 年，乐山查处“两个责任”落实不力问题127个，问责党组织72个、107人，处分39人。

（2）基层形式主义问题依旧突出。基层干部在大量文山会海、报表台账等形式主义工作面前，造成行政效率的损耗，影响政策执行效率和效果。2019年，乐山查处形式主义、官僚主义相关问题324个、处分286人。

（3）行政执法能力有待进一步提高。少数基层执法人员法治素养偏低、专业知识欠缺，导致执法水平不高、执法过程有瑕疵，不能严格适用行政执法自由裁量标准等现象时有发生。

四、净化县域政治生态的对策建议

（一）强化党的全面领导，引领良好政治生态方向

（1）党委领导，抓好抓牢管党治党职责重任。习近平总书记多次强调，县委是我们党执政兴国的“一线指挥部”，县委书记就是“一线总指挥”。这就要求一方面，突出基层党委引领作用，县级党委要牢牢把握管党治党的核心职责，同时，把压力责任传递至下级党委，确保管党治党责任的上行下效。另一方面，发挥“关键少数”的头羊作用，督促各级“一把手”主动抓、深入抓辖区内政治生态建设，提高“一把手”在理想信念、工作作风、担当精神方面的综合素养。

（2）固本培元，全面强化党纪党规入脑入心。一方面，强化正面引导，提高政治自觉，开展常态化的理想信念教育、党性教育、法纪教育、廉洁教育，把遵守党章党纪党规和坚定不移的理想信念内化于心、外化于行。另一方面，强化负面约束，划出底线，加强党员对纪律处分条例的学习和党组织对党员的警示教育，让党规党纪的权威在基层树起来。

（3）全面优化，构建完善正风肃纪制度体系。一是查漏补缺，构建起涵盖教育、预防、权力制约、监督、惩戒、评估的兼顾实体性与程序性、基本制度与具体实施办法的制度体系，在避免制度缺位和滞后的同时，着力解决各项制度间的衔接和兼容问题。二是突出重点，关注腐败、“四风”等问题易发多发的重点领域和关键环节，增强对重点领域和环节权力监控的针对性和周密性。三是发挥作用，切实维护制度实施过程中的公平性、权威性、严肃性和公信力，真正让铁规发力、让禁令生威，把制度优势转化为治理效能。

（二）坚持以人民为中心，培育良好政治生态根基

（1）完善机制，构建利于政治清明的经济生态。深化市场经济体制改革，让市场在资源配置中发挥决定作用，斩断公权力在土地出让、城市建设、房屋拆迁、政

府采购、行政审批、国企改制等领域的渗透通道。

（2）激浊扬清，构建利于政治清明的文化生态。一方面，激浊，消除个人主义、好人主义、形式主义、官僚主义、山头主义、圈子文化等“潜规则”对政治生态的负面影响，让“潜规则”退场，“明规则”起效。另一方面，扬清，深入挖掘乐山文化资源，把“乐山至美，创新力行”的乐山精神融入国民教育和精神文明建设的全过程中，积极培育崇德向善、见贤思齐的社会风气。

（3）和谐稳定，构建利于政治清明的社会生态。一是坚持人民当家作主，拓宽群众参与基层治理渠道。二是坚持人民中心思想，聚焦群众急难愁盼问题，满足人民日益增长的美好生活需要。三是坚持共建共治共享，健全党组织领导的自治、法治、德治相结合的城乡基层治理体系。

（三）强化高压惩处腐败，清除良好政治生态污垢

（1）保持高压，加大查办违纪违法案件力度。聚焦招标采购“吃回扣”、工程审批“搞寻租”、人事安排“讲人情”、监管执法“走后门”、逢年过节“收节礼”等方面的突出问题开展专项治理，保持遏制腐败的高压态势。

（2）重点突出，严肃查处侵害群众利益问题。定期梳理基层干部的不作为、慢作为、挪用私分、强占掠夺、涉黑涉恶等行为的问题线索，对反映集中、性质恶劣的涉及群众利益的违纪行为，重点督办、限期办结。

（四）强化政策策略把握，巩固良好政治生态屏障

（1）防治结合，利用转化“两个体系”实践成果。做好“两个体系”建立后“后半篇文章”，这就要求一是做好指标测算，确保市级各部门监测点提供的监督指标与体系中所要求的指标在统计口径要求上一致。二是做好风险预警，确保预警系统中反映问题的及时发布并形成诊断书，准确送至相关领导和主责部门案头。三是做好结果运用，注重预警后问题的跟踪处理，按照风险等级依次对预警对象进行约谈提醒、诫勉谈话、专项整治、系统整治。

（2）划定边界，科学配置权力运行监督机制。一是科学配权，对岗位职责进行明确划分。二是规范用权，明确权力运行流程。三是有效监权，对各个环节的权力行使过程及结果实行有效的监督制约。

（五）强化监督第一职责，保护良好政治生态森林

（1）扩容增量，拓展延伸监督体制实现渠道。一方面，从方式上，丰富权力监

督体制，在传统监督方式之外，完善以村务公开、财务公开等为基础的人民监督机制，完善以 12 345 平台、嘉廉话“阳光问廉”、新闻天天报等为基础的舆论监督机制，形成国家监督和非国家监督相结合的大监督格局。另一方面，从效果上，强化预防监督机制，运用好监督执纪“四种形态”，让咬耳扯袖、红脸出汗成为常态，实现惩处极少数、教育大多数的效果。

（2）权责统一，严格落实基层干部问责制度。一方面，以法纪为准绳严肃问责，严格按照《中国共产党问责条例》的明确规定，对全面从严治党主体责任监督责任落实不到位、维护党的纪律不力、推进党风廉政建设和反腐败工作不坚决不扎实以及其他应当问责的失职失责情形进行严肃问责。另一方面，以事实为依据规范问责，坚决避免问责泛化简单化，以事实为前提，坚决避免“躺着中枪”的职能式问责、“刚播种就要收获”的计时式问责、只为舆情降温的灭火式问责、对困难不闻不问的机械式问责，提高问责的权威性。

（3）监巡并举，全面深化监察巡察改革部署。一方面，深化监察体制改革部署，继续推进乡镇纪检监察工作规范化建设和村务监督委员会规范化建设，推动监察权向基层、村居延伸，打通全面从严治党“最后一米”。另一方面，推进巡视制度全面覆盖，紧盯关键领域和突出问题，将网格式常规巡、精准式专项巡、快速式精准巡、回头看督导巡、点穴式重点巡等常规形式提级巡、交叉巡、联动巡、统配巡、点题巡等创新形式相结合，增强巡察的机动性和灵活性。

（六）强化队伍自身建设，当好良好政治生态卫士

（1）选贤任能，树立正确选人用人基本导向。一方面，把“权重”和“责任”相结合，落实党管干部原则，科学设置组织部门、党委、分管领导在干部选拔任用中的权重和责任。另一方面，把“能上”和“能下”相结合，严格执行《党政领导干部选拔任用工作条例》，真正把政治上靠得住、工作上有本事、作风上过得硬、人民群众信得过的干部选拔到各级领导岗位上来，同时，形成能者上、劣者下的干部动态调整机制。

（2）科学评判，全面客观分析研判干部队伍。研究制定党员干部多维度综合分析研判办法，将工作圈的圈内考察和社交圈、家庭圈等圈外考察相结合，全面客观评价干部。

（3）提质增能，深入开展干部队伍培养培训。全方位对干部开展分层分类培养培训，实施“三个一批”计划，通过递进培养、专业化培养、年轻化干部铸魂、“一把手”提能项目，打造梯级化、专业化、高素质干部人才队伍体系。

（4）注重激励，真正激发基层干部工作热情。一是合理确定绩效水平，实施基

层干部工资福利正面清单制度，将工作表现与绩效奖励直接挂钩。二是建立容错纠错机制，严肃查处信访反映不实和诬告陷害行为，消除干部后顾之忧。三是持续整顿软弱涣散，持续整顿提升存在软弱涣散问题后进党组织和干部，为其搭建平台，转化思维、转变作风。

作者简介：

殷婕（1988—），女，四川宜宾人，中共乐山市委党校讲师，主要研究方向：社会学。

毛丹（1982—），女，四川乐山人，中共乐山市委党校副校长、副教授，主要研究方向：行政管理、政府经济。

干旭敏（1977—），女，四川乐山人，中共乐山市委党校副教授，主要研究方向：科学社会主义。

康璇（1985—），女，四川会理人，硕士研究生，中共乐山市委党校讲师，主要研究方向：行政管理。

乡镇社区微治理路径探索
——以井研县研经社区为例

李兰英　宋智平　曾静　李进　王竞

【摘　要】基层治理是国家治理的有机组成部分和重要基础，推进国家治理体系和治理能力现代化，必须紧紧依靠基层、聚力建强基层。社区微治理让治理进入更微观和更细化的具体层面，治理范围不断下移，治理内容更具体化，治理方式更细化，治理主体有更大空间和自由度，治理更加结合地方实际，更具地域特色，是基层治理的深化和创新。本文通过对井研县研经社区微治理探索进行调研，拟为乡镇社区微治理提供一定的参考。

【关键词】乡镇社区　微治理　探索

推进国家治理体系和治理能力现代化是党和国家高度关注的问题。基层是国家治理的最末端，也是服务群众的最前沿，厚植党的执政根基关键在基层，推进改革发展稳定的大量任务在基层，推动各项政策落地的具体工作在基层。所以，基层治理是国家治理体系和治理能力现代化的有机组成部分和重要基础，推进国家治理体系和治理能力现代化，必须紧紧依靠基层、聚力建强基层。

微治理，是对社区治理模式的突破与创新，让治理进入更微观和更细化的具体层面，治理范围不断下移，治理内容更具体化，治理方式更细化，治理主体有更大空间和自由度，治理更加结合地方实际，更具地域特色，是基层治理的深化和创新。

本文选择井研县研经社区作为案例进行研究，是基于研经社区具有一般乡镇社区的主要特点，在乡镇社区中有一定的代表性。同时，研经社区一直在探究微治理方式，主动应对时代特点，结合社区历史文化，发挥党组织引领、社会组织协同、居民多元参与的作用，提升居民的社区认同感与归属感，促进社区治理更科学，更完善。在此进程中，经验与收获同在，困难与考验同行，也为基层微治理提供了一定的参考价值，具有较强的实践意义。

一、研经社区微治理的现状

（一）研经社区基本情况

研经镇原名研经乡，位于井研县境东北部，距县城 12 千米，面积 41.7 平方千米，人口 2.839 6 万人，公路通县城。研经镇是一个以农业为主的乡镇，研经社区位于研经街道，是全镇唯一的社区，辖 1.2 平方千米，辖区 4 个居民小组，2 个网格，居（村）民共 1 334 户，5 137 人，具有一般乡镇农村社区的特点。

1. 社区历史文化

研经镇历史文化悠久，历史上文武双全。“研经”其名便是研究经学之意。清末最著名的经学大师廖平诞生在这里，廖平先生一生研治经学，六变其学，不断创新，建立起富有时代特色的经学理论体系，在中国近代学术界占有极其重要的地位。而廖平先生耕读传家，孜孜以求的精神也是家乡人引以为傲的传承。

研经也是辛亥元勋熊克武先生的故里，锦帆先生 1904 年东渡日本，加入孙中山领导的同盟会，参加了著名的广州黄花岗起义、护国运动、护法运动。在抗日战争国难当头时，熊克武抵制蒋介石反共反人民的政策。中华人民共和国成立后，他先后担任西南军政委员会副主席，全国政协委员，全国人大第一、二、三届常委，民革中央副主席。周恩来同志曾经评价熊克武“识大体，顾大局”。这种精神与家国情怀也成为研经人融入血脉的精气神。

近年来，研经镇在把握历史机遇，在政治、经济、文化、生态等各方面大力发展，尤其是在基层治理、乡村振兴方面加大发展力度，创建成为百镇建设试点乡镇。

2. 社区人口状况

研经社区作为研经镇唯一的社区，位于研经集镇上。从人口身份结构来看，农民占比最大，占 72%左右；逐渐成为乡镇社区的主要人口。研究镇机关、企事业单位中，公务人员、企事业单位人员更多是居住在井研县城或乐山市区，研经是通勤的工作所在地。从年龄结构看，社区居民年龄普遍偏大。其中 50 岁到 60 岁的人口最多，占比 42%左右。从文化结构，社区居民以初高中文化最多，文化程度较为低下。从业态结构看，由于传统上以农业为主，社区居民主要从事小商品经济，与农业生产、生活相关的服务业。从邻里关系，社区居民均为常住人口，生产生活息息相关，亲缘业缘地缘关系紧密，邻里之间熟悉度高。

3. 居民需求调查

表 1　社区居民需求调查统计表

项目	子　项	需求度统计
服务需求	一站式服务窗口	80%
	心理辅导室	23%
	志愿者活动室	35%
	老年人居家养老	65%
	社区义工服务	43%
	残疾人救助	32%
	就业帮扶	56%
	婚姻家庭问题咨询	42%
	家居生活技能培训	32%
	儿童托管	74%
	紧急医疗救助	43%
	矛盾纠纷调解	34%
	法律援助服务	31%
	生产经营信息共享	45%
	困难救助	12%
安全需求	小区楼栋值守	53%
	楼道安装防护门	36%
	公共场所安装视频监控系统	78%
	改善交通状况，街口安装红绿灯	63%
	安全宣传栏	53%
	安全知识培训	37%
	应急演练	28%
	家居安全常规排查	34%
	疫病防控的宣传与管理	29%
	青少年安全教育	68%
	动物饲养安全	17%

续表

卫生需求	分类垃圾桶	46%
	义工	35%
	垃圾定时清运	90%
	个人养成良好的卫生习惯	86%
	社区风貌塑造	58%
文化健身需求	文娱活动中心	65%
	棋牌室	13%
	健身室	35%
	图书室	32%
	绿色网吧	13%
	文体活动	71%
	青少年兴趣特长培训	62%

按照社区服务需求、安全需求、环境卫生需求、文化健身需求等几个方面，随机抽样调查 100 个居民，每人选出 10 个自己认为最重要的需求。从统计结果看，居民在服务方面，倾向于一站式服务，希望能通过一站式服务，高效便捷地生活。居民对于老年人和儿童等弱势群体的关注度较高，在居家养老和留守儿童的照顾上有较高的期待。而受环境影响，居民就业的需求也较高。

在安全需求方面，居民对天网的期待较高，也对交通安全提出了新期待，面对复杂的社会环境，特别关注在青少年中加强安全教育。

在环境卫生方面，居民更多是需要垃圾定时清运，同时也明确自身责任，个体养成良好的卫生习惯。

在文化体育方面，居民的需求更多体现在组织各类文体活动和青少年文体兴趣特长的培养上。

（二）研经社区微治理的基本情况

1. 居民在微治理中的参与度

表 2　研经社区居民参与社区微治理调查统计

项　目	子项目	占比
您从哪些渠道了解社区各项信息（可多选）	社区宣传栏	12%
	居委会通知	35%
	楼组长宣传	43%
	居民相互告知	51%
	社区、小区、楼道微信群	83%
	社区抖音、微信公众号等	72%
	居民大会	45%
	广播、电视	21%
您对于居民参与社区公共事务的态度	社区建设，人人有责，应该支持	54%
	花时间，花精力，费力不一定讨好，没必要	12%
	居民参与流于形式，没有实际意义	8%
	社区建设是政府的事，与我无关	1%
	对社区事务并不了解，而且太麻烦	18%
	不添乱，不参与管理	7%
您或您的家人参加过何种形式的社区管理活动（可多选）	业主大会	34%
	居委会选举	86%
	社区共建活动	74%
	社区志愿者活动	46%
	未参加过	8%
您是否愿意主动参与社区公共性事务	很不愿意	0
	不太愿意	3%
	参不参与均可	27%
	比较愿意	53%
	非常愿意	17%

续表

项　目	子项目	占比
您愿意参与社区事务的原因（可多选）	公民权利、义务	44%
	丰富业余生活	42%
	扩大人际关系	58%
	个人兴趣	25%
	从众心理	36%
	个人利益	3%
	我不参与社区事务	2%
您参与社区公共事务活动的频率是	每年参与 5 次以上	36%
	每年参与 3～4 次	42%
	每年参与 1～2 次	18%
	从不参与	4%
您是否参与社区的各种志愿者组织或志愿者活动	经常参与	35%
	偶尔参与	29%
	很少参与	26%
	从不参与	10%
您经常参与的社区志愿活动有哪些（可多选）	安全巡逻	68%
	护绿	34%
	保洁	73%
	扶贫帮困	52%
	环保行动	36%
	政策宣讲	26%
	传统节日纪念活动	56%
	从不参加	10%
您是否经常向社区提出意见	经常提	28%
	偶尔提	41%
	很少提	23%
	从不提	8%

续表

项　目	子项目	占比
您是否关注社区居民委员会的日常工作和决策	经常关注	43%
	偶尔关注	36%
	很少关注	18%
	从不关注	3%
对于社区活动，您喜欢哪一类（可多选）	政治参与	12%
	文娱活动	64%
	社区服务或志愿者活动	34%
	社区经济发展	37%
	都不喜欢	7%
社区的发展离不开社区居民的参与，是否同意这句话	非常不同意	2%
	不太同意	7%
	不确定	11%
	比较同意	42%
	非常同意	38%
您认为可以从以下哪些方面提高公民参与社区管理的积极性（可多选）	多宣传，使居民更了解参与的重要性	45%
	财政、选举等实现公开透明	39%
	及时为居民发布重要信息	53%
	给予居民更多参与空间	29%
	对于居民的参与给予积极回应	64%

从上表可以看出，研经社区居民对于社区的归属感与认同度较高，对于社区微治理也抱着较为积极和支持的态度，认为“社区建设，人人有责，应该支持”的占比达到 54%。针对如何提高公民参与社区管理的积极性，选出了“对于居民的参与给予积极的回应”“及时为居民发布重要信息”“多宣传，使居民更了解参与的重要性”等建设性的对策思考。

从社区微治理的参与度与参与频率来看，研经社区也处于一种较为活跃的状态，每年参与 3～4 次社区公共活动的达到 42%；经常参与社区的各种志愿者组织或志愿者活动达到 35%；偶尔向社区提出意见的占比 41%；经常关注社区居民委员会的日常工作和决策占比 43%。

从居民参与社区的治理的方式来看，更多表现在以下几种情况。参与社区治理中的排列前三的是：居委会选举占比 86%；社区共建活动占比 74%；参与社区志愿者活动占比 46%。由此可见居民的政治意识较强，比较关注自己的民主政治权利，对社区公益事业也较为上心。在参与社区公共事务的动机上，居民的表现有所不同，选择“公民权利、义务”占比 44%，“丰富业余生活”占比 42%，而居民更看重的“扩大人际关系”占比 58%。从居民参与志愿活动的方式看，“安全巡逻”占比 68%，“保洁占比”73%，“传统节日纪念活动”占比 56%。可见，居民的志愿活动更多的是受到社区中心工作的影响，这与老百姓生活息息相关。

2. 社会组织在微治理中的协同度

目前，研经社区有公益组织 5 个，包括党员志愿服务队、应急救援物资配送队等志愿服务组织，研经国风舞蹈队、老年协会、研经智囊团等文化组织，但是中介组织等社区营利性组织还比较缺乏。在实际工作运行中，党员志愿服务队在城乡环境综合治理、联防联控、矛盾纠纷排查调解、扶贫帮困等领域发挥着充分的作用。在 2020 年新冠疫情发生期间，党员志愿服务队和应急救援物资配送队开展全面的疫情防控，包括防疫宣传、卡点防控、居民信息采集、生活物资配送、社区消杀等，出动近万人次，极大地促进了疫情防控工作。国风舞蹈队、老年协会、智囊团等文化组织通过文娱表演、比赛、文旅活动等形式，在丰富群众文化生活，强健居民身体，促进社会精神文明发展方面也起到了较好的作用。

3. 党组织在微治理中的领导力

社区微治理，上面千条线，下面一根针。基层党组织是宣传党的主张、贯彻党的决定、领导基层治理、团结动员群众、推动改革发展的坚强战斗堡垒。

调研发现，研经社区党支部在社区微治理中展示出强劲的领导力，以服务和奉献的精神带领社区党员积极为居民提供义务服务，既体现着社会治理的最后一百米服务能力，也承担着团结、引导、教育群众的引领能力。在思想上，研经社区支部以“听听群众的呼声，摸摸自己的良心，看看自己的言行”为社区工作准则，坚持全心全意为人民服务的精神，为老百姓办实事，解难事。同时，立足研经文有经学大师廖平，武有辛亥元勋熊克武，深挖名人精神，成为研经人的精神内核。社区书记因突出的工作表现，被居民亲切地为网红带货书记，被评为井研好人，受到中共乐山市委表彰。

（三）研经社区微治理的主要亮点

1. 微文化，大情怀

（1）识大体，顾大局——社区精神内核。

充分发挥辛亥元勋熊克武故居的文旅教育功能，社区肩负对故居的日常维护，熊克武先生生平介绍、游客接待等功能；深挖辛亥元勋熊克武民主革命和爱国主义精神，以周恩来对熊克武的高度评价“识大体，顾大局”作为研经人为人之道，增强居民的社区认同与归属感，增强主人翁意识。

（2）耕读传家，孜孜以求——百姓家风家训。

弘扬经学大师廖平孜孜以求的钻研和严谨治学的精神，引领社区居民崇尚读书识礼，做事认真，形成良好风尚。比如，将国学小镇建设作为一项长期坚持的工作，在小镇规划设计上，体现明清特色，渗透国学风采，“水墨研经”的环境打造来潜移默化地影响人的思想认同。联合研经镇中小学校，专门设立两个国学经典班，引导学生从小诵读国学经典，领悟中华千年优秀传统文化，吸收传统文化精髓，增强民族自尊心和自豪感。将国学融入文艺宣传中，采用多种形式在舞台上演绎国学文化，让国学文化走进普通百姓，赋予传统文化新的时代特色。将传统文化与现代信息技术相结合，在研经镇的APP、微信公众号、抖音公众号等平台进行宣传。

（3）听听群众的呼声，摸摸自己的良心，看看自己的言行——社区干部工作信条。

这句话是社区书记履新任职时，研经镇一位老百姓的叮嘱，社区干部把它写来挂在办公室墙上，成为勉励干部，带动社区居民的座右铭。社区教育党员干部，提醒自己时刻用革命先辈的精神鞭策自己，看自己是否做到了克己奉公，全心全意为人民服务；教育引导社区居民，遵纪守法，言行得体。同时每年办社区春晚，评选“五好居民”“优秀退役军人”，给予颁奖，树立榜样。从2015年以来共评出90余名五好居民10名优秀退役军人，让身边的人和事教育身边的人，让榜样的作用带动社区良好的文明新风。正是在这样的文化影响下，社区治理朝着更聚人心、更接地气的方向前进，人们的言行也向着更加文明进步的方向发展。

2. 微主体，大协同

（1）社区党支部引领，社区居委会、居民小组、网格员协同治理。

一是增强组织的战斗堡垒作用。加强社区党支部建设，采取镇党委—党支部—党小组—党员管理的方式，实现社区党组织全覆盖。吸纳社区各类社会骨干人才进入社区党组织班子。目前，研经镇的社区党组织班子，有优秀大学毕业生、有退役军人、有党政机关、企事业单位、个体经营者以及两新组织党组织负责人等，按照分工进行坐班管理，处理社区事务。每周召开一次工作例会，适时召开专门会议，引导社区党员干部齐心协力，做到大事共商、要事共决、难事共办。二是社区居委会充分发挥居民自治作用，在社区党支部的引领下，发挥基层群众自我管理、自我教育、自我服务的作用，加强民主选举、民主决策、民主监督等功能，进一步提高居民参与社会治理的能力与水平。三是居民小组、网格员在社区微治理中是联系服务群众的最后一百米，也是社区居民微心愿表达，微诉求通达的最直接通道，发挥密切联系服务群众的优势，为群众办实事办好事解难事。

（2）社区社会组织参与，党员志愿服务团队、公益服务组织、文化组织、各类协会，共同参与社区微治理。

目前，研经社区通过文艺健身组织，带动居民参与丰富多彩的文体活动，形成良好的社会风气。每年社区文艺宣传队结合“法治”“社会主义核心价值观”“国学”“敬老”等各类主题开展公益演出 10 余场次，还代表研经镇参加全县的文体活动或比赛，并多次获奖。通过党员志愿服务队，在社区急难险重工作中发挥先锋模范作用。仅就 2020 年初新冠肺炎疫情期间，党员志愿服务队每天坚持走在抗疫第一线，挨家挨户宣传防疫知识，填报登记抗疫人员信息，广播宣传防疫知识，出动喷雾机进行社区全面消杀、防疫卡点值守等工作，党员志愿服务达 400 余人次。8 月 18 日乐山特大洪水灾害后，社区志愿服务队不仅投入到社区的抗洪抢险中，更投入到乐山市五通桥区、犍为县等相邻的区县进行支援，体现了守望相助、众志成城的精神。

（3）社区居民融入参与治理。

在社区党组织的带动引领下，研经社区居民在社区微治理中的主人翁意识逐渐强烈，参与社区微治理的主动性、积极性、治理能力也有所提升。特别值得提出的是，社区加强对特殊群体的关注，充分唤起人的尊严感，起到了非常好的作用。比如王某，曾经因开设赌场被劳动改造，在回归社区中，社区干部充分发挥她人脉广、口才好的优势，安排她到社区做志愿者，做宣传员。王某觉得自己得到了尊重，非常珍惜这个机会，虽然是义务宣传员，但是干得有声有色，在宣传研经经济社会发展、进行矛盾纠纷调解、法治宣传中起到非常好的作用。还有一些曾经的社会无业人员，在社区帮带下，走上正轨，不仅发展了经济，而且也从无事生非变成社区的热心人，究其根本原因，是人的尊严得到了维护，内生动力得到了发挥。

3. 微项目，大民生

（1）发展经济。

研经社区关注居民的经济发展。近年来，通过持续不断地网络推广、电视宣传、直播带货等方式，充分利用现代信息技术，推广带动居民及周边群众致富。目前，研经“网红烧烤”已经成为周边区县旅游的打卡美食；研经鸽子蛋插着信息的翅膀飞到全国各地，研经花卉苗木也已到全国各地落地生根；研经王家沟李子因品质好成为带动省定贫困村王家沟村脱贫致富、发展集体经济的新路子；曾村桑果系列、研经蚕丝被也在社区的大力宣传下取得了良好的经济效益和社会效益。

（2）基础设施建设。

建设“研经一环”，缓解熊克武故居周边交通压力。研经古镇历史悠久，随着时间的推移，青石板街道显得过于狭窄，制约了人们交通出行和社会发展。研经镇围绕场镇周边建立一条环线，分流经过场镇的货车和过路车辆，极大地缓解了场镇的交通压力，为社区居民出行和吸引游客提供了极大的便利。近年来，研经镇争取到百镇建设试点小镇项目，结合研经一文（廖平）一武（熊克武）深厚的文化底蕴，采取修旧如旧的方式，加强水墨研经小城镇镇建设，打造白墙灰瓦明清风，彰显国学特色，明清韵味。

（3）城乡环境综合治理。

加强集镇建设和环境治理。近年来，研经街道通过补充和调整路灯，实现了街道亮化，为居民生活提供了更多便利。在城乡环境综合治理中，研经镇增设垃圾桶80个，垃圾中转站 1个，全街道有环卫工人9个，做到清洁卫生及时，垃圾转运处理及时，城乡环境得到提升。同时，组织机关企事业单位，社区干部、志愿者、个体经营户等对社区卫生进行宣传，加大治理力度。逢年过节的时候，对街道悬挂国旗、彩灯、中国结等，进行节日氛围打造。2017年通过向研经社区及研经在外人士众筹资金3万元，筹劳100余人，折合人民币9万余元，对社区的河道进行了整治。2018年再一次筹集资金3万余元，筹劳20余人次，对社区的行道树进行亮化，全街张灯结彩欢度春节。2019年9月，再一次筹集资金5 000余元，在国庆期间插国旗、挂灯笼、挂中国结，喜迎国庆。从2017年以来，居民筹资共多达14余万元，用于基础环境改造提升上。

（4）应急行动。

研经社区在治理中采用加强预防、快速反应、科学应对的方式，加强公共卫生事件、自然灾害、公共安全等各类风险的应对。平时做好相关预案，在各类风险灾害中做好预防、准备、响应和恢复等每个环节的工作，确保人民生命财产安全。比如加强风险预防，对暴雨、泥石流等可预测的风险及时预报并通过各种方式进行预警、宣传，提醒居民预防准备，并采取相关措施，准备应对。在2020年初的新冠肺炎疫情防控中，研经社区加强防疫宣传，开通“党群直播间—抗击疫情”专题，每晚八点，邀请各界专业人士开展“研经镇新型冠状病毒肺炎防控知识讲座（答疑）”直播，引导群众科学参与疫情防控。1月28日首次直播点击量就突破40万，留言和点赞数上千条，在群众中产生了非常好的宣传效果。通过党员私家车标语义务宣传、山头广播、群发防控短信、微信推送、LED屏等多种形式，发放宣传资料近万份，党员车辆粘贴宣传标语近200幅，悬挂横幅标语28条，群发防控短信400余条，宣传引导万余人次。全覆盖人员摸排工作，采取户户见面，户户核实，户户登记的形式，第一时间锁定从武汉地区回乡过年人员 12 人，并迅速落实了全家隔离措施。党员服务队连续奋战近 40 天，开展卡口站岗，生活物资代购，消杀等一系列工作，确保全面疫情防控工作抓实，保证了人民群众的生命财产安全。

（5）矛盾纠纷调解。

百姓生活无小事，矛盾纠纷调解关系到百姓生活安宁与社区和谐。研经社区充分发挥基层调解组织作用，把矛盾纠纷化解在基层，减少刑事案件的发生。社会调委会坚持“调防结合，以预防为主，各种手段，协同作战”的工作方针，采取设立矛盾纠纷调解小组、能人调解、司法调解、公众调解等方式对于社区居民的矛盾纠纷采取科学调解工作。2019 年，全年共调解各类矛盾纠纷 80 余件，解决连续 5 年无越级上访等现象，证明社区居民面对的矛盾问题少了，社区更加和谐安宁了。

4. 微信息，大网络

（1）微信工作群。

工作群是社区工作交流、信息上传下达、任务安排落实的有效途径。研经社区分门别类建立了社区工作者群、志愿服务团队群、研经智囊群、研经籍流动党员群等。通过微信群架起社区党群之间的桥梁，提升了社区工作效率，快速推动社区治理的开展。

（2）凤舞研经公众号。

研经社区利用其背靠舞凤山的地理优势，抓住舞凤山特色，取其凤凰涅槃的含义，打造凤舞研经公众号，寓意研经将浴火重生，蓬勃发展。同时，设计好公众号的 LOGO，把公众号大力推送，做到及时更新，不断丰富，主要用于对内对外宣传研经深厚的文化底蕴与历史内涵，展示研经发展新面貌。目前，凤舞研经公众号已经推送文章 500 余篇，订阅人数 3 000 余人。

（3）研经社区抖音公众号。

研经社区紧跟时代发展的步伐，把抖音直播引入社区管理，建立研经社区抖音公众号，直播社区的大事小事开心事烦心事，都是老百姓关注的事。比如每个月的联欢晚会，采用现场直播的方式，让远在千山万水之外奋斗的研经人看到家乡的父老，看到家乡日新月异的发展变化。采用直播带货的方式，推进研经网红烧烤、王家沟李子等，研经农产品销量提升，百姓增收致富。每季度开通一次网络直播大厅，主要针对外出务工人员，参加人数几百人。邀请他们对社区的建设以及未来的规划提出的意见和建议。采取直播坝坝会的方式，让大家都来围观研经的发展，群策群力研经社区事务，使老百姓的主人翁意识进一步提升，自治能力不断增强。目前，研经社区抖音公众号直播 80 余场，最多在线人数 8 000 余人。

5. 微“众筹”，大同心

（1）智慧众筹——榕树集。

社区居民每周一赶“榕树集”，在社区标志性大榕树下聚会，社区干部和群众面对面交流，讲政策、问困难、解疑惑、谋发展，在党组织与老百姓之间架起连心桥，解决实实在在的问题。每月召开全体居民大会，大概人数是 100 到 300 人。中间利用一个小时的时间，主要是收集居民的意见建议，并做到现场进行回复。如果现场不能直接回复的，一周内将意见回复函送到意见人的手中，同时在公示栏、微信工作群里进行正面回复。

（2）文化众筹——草根舞台。

每周五在社区院坝老百姓自编自演文艺节目，展示研经人的才艺和研经人的生活新气象，丰富百姓文化生活。让出门在外的研经人随时可以看到家乡的发展与思念的亲人，同时也向社会宣传研经。

（3）力量众筹——同心宴。

在端午、重阳、新年等传统节日，采取众筹方式，举办同心宴。参宴者、厨师、文艺表演者、食材、服务、资金等所有需要的资源都采用众筹的方式，自愿认领，报名参加，体现主人翁地位，融洽社区氛围。

二、基层社会治理工作存在的问题

（一）微机制不顺

1. 行政化趋向明显

社会治理强调组织活力，鼓励和支持各方面的主动积极参与，强调制度建设，用法治思维和方式来化解和处理社会矛盾。长期以来，我国存在强政府、弱社会现象，政府承担了许多本该由社会承担的职能。而基层干部作为社区治理主体，在实际运行中扮演着政府代理人角色，行政色彩非常浓厚，服务意味相对比较淡薄。同时，基层干部尤其是基层领导干部能力素质存在很大的差别，政策理论的把握能力，实际复杂局面的应对能力不一样，加之基层对于治理的理解和重视程度不一样，有的村（社区）干部对于工作不大重视，把它当作自己的副业，积极性不高，更难以协调发挥社会组织与村（居）民个人的作用，难以形成治理合力。

2. 社会组织尚待完善

比如基层缺乏一些有特色的服务组织，如维权组织、调解组织、公益性组织、联结村（居）民个人利益与社区利益的共同体等组织缺乏或者不足，对居民自我管理、服务与监督造成消极影响。基层虽成立了社会福利组织、志愿者协会、中介组织、文体组织等各类非营利性组织，但是实际运行效果比较有限。社区社会组织普遍存在覆盖面小、人力有限、形式化、零碎化、涣散等特点。组织注册登记备案不规范，成立解散随意性强；组织实效发挥不明显，空有其名，既无活动开展，也无效力贡献；组织内部管理不规范，缺乏有效的规章制度，对组织成员的约束力凝聚力不强。所以，社区非营利性组织没有形成长效机制，对社区治理贡献的作用相当有限。

3. 居民主动性不高

村（居）民参与治理的积极性有所上升，但总体而言，还没能转换角色，仍是将自己定位在“被”治理的角色上，较难主动融入基层治理。同时，受到其科学文化水平与见识、思维、格局等的影响，往往很难从大局的视角思考问题，只看到与自己利益相关的部分，能力不强，积极性不高，作用发挥不足。

（二）微资源不足

1. 社区人力资源保障不足

基层治理缺乏专门管理人才，导致基层治理专业性不强。目前我国对于社会事业发展人才的培养存在不少问题，比如专业设置不全、分类过促、人才培养层次较低、培养规模偏小、激励机制不足等。基层工作者专业技能的缺乏导致工作开展只能在实践中去慢慢摸索或者依靠“老带新”“传帮带”，只有少数工作者有机会通过与其他人交流工作经验，参加培训等方式得到提升，而更多的人是在实践探索中前进，工作方式不灵，工作效果不佳，浪费了大量的时间和精力，基层治理缺乏专业性，服务水平不高。

2. 社区经费保障不足

基本物业配套、基础设施的维护、日常卫生保洁、人员办公费用和管理经费等主要依靠政府买单，政府负担较重。而即便是这样，基层治理各项工作于活动的开展依然是捉襟见肘。虽然研经社区采用众筹的办法，解决了一些问题，但是其持续性和稳定性不强，从制度保障层面，还是应该给予相对充足的经费保障。

3. 资源整合度不够

社会在不断发展进步，群众对物质文化生活的需求不断提高，基础设施方面，公共交通、公共安全、公共设施不足等问题依然是制约基层发展的瓶颈。比如研经街道狭窄，逢赶集的时候常常堵得水泄不通，乡村道路不宽，居民出行存在一些障碍。垃圾池建设、垃圾桶摆放、垃圾清运有时不够及时、废污水处理度不高、生活用气保障不够等问题依然存在，给村（居）民生活带来不便。

文化场地不足，文化场地偏小，研经社区文化广场被挤占成停车场，利用率较低。社区书屋管理不大规范，使用率较低，对于村（居）民生产生活和精神文化生活的作用发挥很小。文化载体逐渐呈现网络一家独大的趋势，电视、报纸、电影、书刊、文化宣传栏等媒体已丧失了对（村）居民的吸引力，而海量网络信息真假难辨，有的网站为了流量毫无底线，对社会认知与社会心理产生极坏的影响。文化产品单一匮乏，很多传统文化活动如舞狮、龙舟、坝坝电影、评书、戏剧表演等丧失吸引力正逐渐淡出居民的生活。居民文化生活相对单一，所以麻将棋牌较为盛行，影响社会风气。

（三）微行动不力

1. 治理共识度不高

基层社区微治理主体多元，站在不同的角度，需求有所不一。比如我们先前调查问卷中表现出来的居民对于社区治理的态度不同，对自身在社区治理中的角色定位、价值贡献不一样；加之居民每个人的心愿不一样，关注点和兴奋点不一样，而个人往往会从自身切身利益息息相关的角度去评价治理的重心和治理的效果，从而不够客观。

2. 微心愿表达不足

在社区微治理中，社区居民的微心愿表达受个人处境、环境、条件、学时、思维等各个维度的影响较大，对社区治理所持有的态度不一样，存在不善于表达、不愿意表达或者不能表达的微心愿。因此，社区微治理中，有时会存在只照顾了个别群体的利益和愿望，导致群众对治理效果的印象打折扣。

3. 居民自主行动力不强

就个人而言，村（居民）作为社区治理的主体之一，很少有这种思想的转变。他们认为基层治理都是政府的事，是基层干部的事，自己只是被管理者，没有把自己摆到基层治理的主体地位上，所以不主动，不积极，不重视基层治理。加之居民本身素质千差万别，治理行动水平和能力也有较大差别。

三、乡镇社区微治理的路径探索

（一）理顺治理机制

1. 治理去行政化

在微治理中，推动治理主体思想转变，从管理向精细服务转变，即将治理思路从“要把群众管理好”转变为“要为群众服务好”，立足群众需要，开展菜单式服务。推动基层党建向深入引领转变，充分发挥基层党组织战斗堡垒作用，在组织动员群众、工作总结协调利益关系、化解矛盾纠纷中发挥作用，努力解决基层治理“力量散”“管理乱”等问题。

2. 培育微组织

推动社会组织从分散游离向聚集协同转变，政府一方面破除“大包大揽”行为理念，一方面正视社会力量、社会组织在基层社会治理中能够发挥的重大作用，灵活运用购买服务、项目外包、保险等方式和市场机制，激发社会组织协同活力。

3. 建立协同机制

树立“参与”理念。通过加强信息沟通、加强宣传教育，引导社区群众了解社区基本的党建、财务、重大事项等基本情况，引导群众、理解、参与、支持社会治理。在治理中，充分尊重人的主观能动性，采取一定的激励手段，如榜样引导、积分制管理、党员干部引领、比学赶超等方式，让群众树立主人翁意识，推动基层群众从徘徊观望向共建参与转变，全面营造良好的“社会治理共建共享”的氛围。

（二）加强资源保障

1. 多元化保障经费

加强财政预算，县级财政部门应预算专项资金，保证社区基础设施建设、维护及相关经费供给。民政部门要明确工作经费和补贴项目、标准和运行方式，保障并逐渐提高办公经费标准，落实好“权随责走、费随事转”原则。乡镇政府按村（居）民人数摸排，按人头确定资金投入标准，每年将基层办公经费、党建经费等列入预算，做好经费保障。

争取支持发展，以党建共建为契机，争取挂联机关事业单位和非公企业赞助基层建设，通过联合开展公益活动，形成比较稳定的基层建设资金来源。认真关注村（社区）中走出的能人，加强互动联系，随时向他们宣传党的政策，通报家乡发展情况，争取他们支援家乡建设。

发展集体经济，基层要开源节流、拓宽工作思路，充分盘活现有集体资源，充分利用熊克武故居，探索创办服务型第三产业，开发旅游+教育功能，发展现代种植业等，发展集体经济，广开社区集体经济财源。

2. 多角度培育人才

基层干部是基层治理的领头雁，基层干部素质能力的高低直接影响基层治理水平。要配齐配强基层领导班子，并加强领导班子的培训、管理、监督、检查，在服务群众中识别干部，在急难险重任务中考验干部，加强干部激励，鼓励干部创新方式，不断推进基层治理科学化、现代化。

社区工作者承担联系服务群众最直接的责任，而社区工作者的选拔、培育却是一个短板。因此，基层要加大对现有社区工作者的岗位培训，通过社区治理理论学习、业务培训、岗位锻炼、参观考察等方式，不断提升职业素养，提高服务水平。国家层面，要注意把社区工作作为一项专业来开设，从源头上培育与时俱进、高素质的社区服务人才。要优化对社区干部的考核，敢于为在创新实干中做出贡献的干部撑腰，建立容错机制，提升干部待遇，解除社区干部后顾之忧，更加投入地进行工作。

3. 多途径整合资源

首先是整合项目，争取政策支持，盘活社区现有的文化旅游资源。研经社区因熊克武先生故居，被民革中央授予“民革党史教育基地”称号。社区工作人员对熊克武及故居耳熟能详。所以，要充分发挥资源优势，加大文旅开发，与特色明清小镇建设一道，整体打造，并结合研经网红烧烤等特色美食以及蚕丝被、桑葚等特色产品，逐渐形成可以深度游览、深度探索的小镇游。

其次是充分利用研经社区开发的微信公众号、抖音公众号等平台，加强对研经宣传力度的同时，充分利用流量效益，做好研经特色产品销售，并承接广告业务，为社区创收。

（三）提升微行动力

1. 变社区为家园——增强归属感

在社区微治理中，要充分树立以人为本的理念，尊重人的个性发展，同时通过行业协会组织行业标准研究、生产一条龙服务紧密业缘关系，联合发展的同时增强心理沟通。通过老年协会、留守儿童之间等具有年龄特色的组织，通过家庭中最值得关注的老和小两个群体，解决老无所乐、老无所为的问题和幼无所育、幼无所扶的问题，通过以老小为纽带的各项活动，使居民亲子关系、邻里关系更加和谐，增强居民的归属感。

2. 变微心愿为同心圆——增强凝聚力

首先在群众中宣传征集微心愿。通过公众号、社区宣传栏、坝坝会、发放问卷等，向居民征集微心愿。比如，你想要什么样的环境？你觉得宠物可以上街吗？你觉得广场舞可以跳吗，如何去规范？你想有什么样的邻居等。通过微心愿的征集，巧妙地把我们需要弘扬什么，反对什么，崇尚什么，改正什么等问题通过居民自己的心愿表达出来。

在此基础上，完善、推广乡规民约、创新社区管理规章制度和社区成员的行为准则，强化规范约束，发挥民导向、正民心、树新风的积极作用。坚持以文养德，继承和发扬优秀传统文化和传统道德，广泛开展社会主义核心价值观宣传教育，倡导社会成员讲道德、尊道德、守道德。坚持以评弘德，全面实施道德工程，通过评议个人、家庭、社会的道德状况，形成鲜明的舆论导向，带动整个社会道德水平的提升。坚持家风建设，倡导良好向上的家风，正向推动社区德治良性发展。

3. 变家人为主人——增强主动性

增强居民的参与感，增强居民为社区做事，实现自我价值的机会。尤其是很多社区居民，受到阅历和经历的局限，迫切需要自我认同和自我价值的实现。所以社区要努力实现“市场能做的交给市场做，社会能做的交给社会做，居民能做的交给居民做”，保证公共利益最大化，确保实现社区成员的个人权益和个人意愿。健全自我管理、自我服务、自我教育、自我监督的基层社会自治体系，形成自己参与并处理自己的事务，社区“事事有人管”，合法合情合理解决问题，以群众参与监督社区事务等良性互动，促进社区和谐。

作者简介：

李兰英（1980—），女，汉族，四川井研人，中共井研县委党校副校长，高级讲师，主要研究方向：公共管理。

宋智平（1973—），男，汉族，四川井研，中共井研县委党校常务副校长，主要研究方向:乡村振兴暨农村基层社会治理。

曾静（1974—），男，汉族，四川井研，中共井研县委党校高级讲师，主要研究方向：行政管理。

李进（1981—），男，汉族，四川井研，中共井研县委党校讲师，主要研究方向：经济学。

王竞（1978—），女，汉族，四川井研，中共井研县委党校讲师，主要研究方向：法学。

疫情防控背景下践行党的网络群众路线的实践创新研究

李明　赵平　李芸洁　干旭敏

【摘　要】网络群众路线是新时代党的群众路线的丰富和发展，也是疫情防控的新空间、新方式和群众监督的新平台。本文通过对新时期网络群众路线的发展现状和疫情防控背景下践行网络群众路线的主要困境分析，提出新时期践行网络群众路线的主要对策建议：坚持“以人民为中心的发展思想；确实维护网络意识形态安全，牢牢掌握网络意识形态工作主动权；主动提升积极防控和有效治理的意识与能力；全面改造宣传引导机制，多样化打造网络宣传主阵地；加强网络安全立法和普法教育工作。

【关键词】疫情防控　网络群众路线　实践创新

群众路线维系着党和人民的血肉联系，是中国共产党在长期的革命实践中形成的，并在社会主义建设和改革阶段一以贯之的生命线和根本工作路线。网络群众路线是新时代党的群众路线的丰富和发展。中国共产党通过借助网络工具实现群众路线的实践创新是在新时代与时俱进优秀品质的体现。

走好网络群众路线要求当代党员干部要做到从群众中来，到群众中去，收起官话、空话、套话说实话，接受网民的监督，与网民诚恳沟通。疫情当头，群众工作显得尤为重要。网络群众路线也是疫情防控的新空间、新方式和群众监督的新平台。当前疫情防控已成常态化工作，此背景下如何有效践行网络群众路线是一个非常值得深入研究的问题。

一、新时期网络群众路线的发展现状

根据中国互联网络信息中心发布的第 45 次《中国互联网络发展状况统计报告》统计，截至 2020 年 3 月，互联网普及率达 64.5%，但我国网民已经突破 9 个亿，其中手机网民就占据 8.97 亿，占比 99.3%。同时，网络新闻用户有 7.31 亿，占网民整体的 80.9%；手机网络新闻用户规模达 7.26 亿，占手机网民的 81%。我国即时通信用户规模达 8.96 亿，占网民整体的 99.2%；手机即时通信用户规模达 8.9

亿，占手机网民的 99.2%。

这意味着在“互联网+”时代，中国社会大众的交流方式产生了显著变化，网民不断通过微信、微博、论坛、视频等社交网络表达意愿，网络空间日益成为汇聚民意的新渠道。既然新时期群众工作面临的环境发生了深刻变化，这就要求我们的党和政府要革故鼎新，与时俱进，在新的条件和形势下，走好网络群众路线。根据第 45 次《中国互联网络发展状况统计报告》统计，截至 2020 年 3 月，我国在线政务服务用户规模达 6.94 亿，占网民整体的 76.8%。以南充市三国源论坛为例（如表 1），该论坛设有网络问政板块，网民诉求广泛涉及城建、交通、就业、环保等领域，然后由政府根据网民诉求，充分调查情况，积极做出回应，力求及时妥善解决老百姓所遇到的种种问题，实现了党群之间的良好互动。

表 1　近年来三国源论坛网络问政帖文数据统计

年份	网民问政贴文量（条）	政府回复贴文量（条）	政府回复率（%）
2015	924	352	38
2016	1 202	590	49
2017	1 780	1 120	63
2018	2 134	1 490	70
2019	3 054	3 043	99

网民发帖数量逐年增长率为 17%～19%，政府回复率由 38%增长到 99%，目前基本上已实现 100%的回复，发展势头良好。

再以三国源论坛 2021 年 1 月 5 日的网络诉求处置情况为例（如表 2）：

表 2　三国源论坛舆情处置记录表（1 月 5 日）

日期	舆情编号情况	舆情简要	反馈部门	回复内容
0105	368184	清理西河南路道的面道处路上许多玻璃内胆	市环卫处 处理时间 2021-01-06	已对该处残渣进行了清扫
0105	368193	南充交警支队，还有一条左转道哪去了？	交警四大队 处理时间 2021-01-08	我大队已收悉
0105	368197	南充交警支队，请把告示牌回收（二），谢谢	交警一大队 处理时间 2021-01-08	根据反映的情况，我大队已积极向施工方进行联系沟通，并督促其尽快收回

续表

日期	舆情编号情况	舆情简要	反馈部门	回复内容
0105	368198	顺庆区江天一色小区竟有业主擅自在承重墙上打洞	顺庆区北城街道 处理时间 2021-01-18	经查勘，该墙面不属于承重墙，但江天茶坊涉嫌违规装修，城管执法人员已对其开具限期整改通知书
0105	368199	能不能将正阳东路口标线像安风路口一样	交警一大队 处理时间 2021-01-08	根据反映的情况，我大队将派工作人员进行现场查看，并根据实际情况进行优化
0105	368219	阳光白马城一区围墙何时修建？		
0105	368233	南充北站地下广场何时投用？	顺庆区建设局 处理时间 2021-01-07	火车北站地下空间正在进行抗震、人防、消防等专项验收和设备调试，待相关事项完成后即可投入使用
0105	368240	清风北路通车才几个小时，人行道的砖翘了很多	顺庆区建设 处理时间 2021-01-08	该路段因部分人行道铺装养护未到位，致使部分地砖松动，目前施工单位已安排专人对人行道松动部分进行检查整改，确保铺装质量

2021 年 1 月 5 日至 1 月 11 日，三国源论坛共接到 35 个咨询、投诉，均由论坛发布并转到相关部门调查处理。其中，已回复舆情 25 个，一周舆情回复率为 71%，其余未回复舆情相关部门正在进行调查处理。同时，将近期未回复帖文也在网上公开，主动接受群众督促和监督。这是一种践行网络群众路线很好的方式，值得推广。

二、疫情防控背景下践行网络群众路线的主要困境分析

在疫情防控成为常态化背景下，党的网络群众路线工作主要存在以下问题：

（一）党员干部的防控意识和治理能力还有待提高

1. 部分党员对党建工作的思维定式短期内难以根本扭转

一些党员领导干部不适应新媒体为党的建设创造的新语境，不善于利用新媒体推进党建工作方式方法创新。有些党组织和党员领导干部仍然习惯于利用传统媒体传播方式，以受众的角色被动接收信息，还不善于主动利用新媒体发布信息做好宣

传，并扩大党组织的影响力。

2. 一些党务工作者还没有新媒体思维

部分党务工作者自身对新媒体的重要性认识不足，甚至有些同志还担心会丧失对信息的控制权，从而产生抵触心理，不能积极利用新媒体沟通民意。一些党务工作者虽然了解微信等工具的操作与运用，但更侧重于宣传和教育功能，对沟通中群众所表达的诉求不能做出有针对性的回应。还有一些同志，尽管意识到新媒体的强大作用，但没有充分掌握新媒体平台的规律，缺乏沟通艺术和技巧，导致沟通效果不佳。

3. 网络防控意识不足

目前，从总体上看，网络信息安全处于被动的封堵漏洞状态，许多党员干部在网络安全问题上还存在不少认知盲区，从上到下普遍存在侥幸心理，没有形成主动防范、积极应对的安全意识，更无法从根本上提高网络监测、防护、响应、恢复和抗击能力。近年来，国家和各级职能部门在信息安全方面已做了大量努力，但就范围、影响和效果来讲，迄今所采取的信息安全保护措施和有关计划还不能从根本上解决目前的被动局面，整个信息安全系统在迅速反应、快速行动和预警防范等方面还普遍缺少方向感、敏感度和应对能力。

（二）网络民意的合理化表达还比较欠缺

网络民意作为网络时代一种新兴的民意表达方式，已经受到各界的广泛关注。网络民意本身具有议题设置快速有效、表达直接尖锐、立场易向权益倾斜等特征。

当前我国网络民意表达存在的问题主要体现在以下方面：

1. 存在非理性倾向

网络的便捷性让网民可以随时随地对他人评头论足，同时网络的隐匿性，又让网民在网络中无须承担太多责任，因而无所顾忌，跟帖时经常带有很大的情绪化和宣泄性特征。

2. 网络传播中容易体现出道德的缺失和客观性偏移

网民知识储备与专业素养不一，决定了网络民意表达中难免良莠不齐，甚至不乏常识性的法律错误。这些都给各种虚假、不实、恶意言论提供了温床，给政府权威、社会稳定和经济发展带来了不利影响。

3. 网络暴力舆论频发

网络暴力舆论是近几年网络中一种新兴的现象。其弊病主要体现在网络舆论监督权利使用不当而造成的侵权，也即我们所说的网络暴力。网民的过激言论往往源于不对称信息或自身利益的受损，而某些匿名制度让网络暴力更加肆无忌惮。

（三）政府网络公共服务平台尚待进一步完善

根据最新发布的《2020年全国网民网络安全感满意度调查统计报告》显示，当前我国政府网络公共服务平台建设方面还存在以下不足：

1. 政府网络公共服务的渗透率不够高

调查显示，政府网上服务的渗透率排序情况是：交通领域占65.52%、社保领域占63.51%、教育领域占58.43%、医疗领域占58.10%、税务领域占39.54%。数据说明政府网上服务应用越来越广泛，但总体上涉及领域的广度和渗透率的深度都不够，还有待于进一步拓展。

再从新媒体电子政务服务的渗透率排序情况来看，政务微信占62.14%、政务APP占56.03%、政务微博占37.03%、政务抖音号占21.79%、政务头条号占20.32%。数据显示新媒体电子政务服务应用越来越广泛，特别政务微信和政务APP这两种平台的渗透率接近或超过六成。说明新媒体电子政务平台数量总体上仍然偏少，质量也还有待进一步提升。

2. 政府部门政务平台处理举报投诉的结果满意度不够高

根据政府部门举报平台处理举报投诉的结果满意度评价情况来看，参与调查的公众网民对政府部门举报平台处理举报投诉的结果表示非常满意的占10.81%、比较满意的占25.55%、一般占28.06%；有5.83%网民表示不满意、4.44%网民表示非常不满意；还有25.31%的网民表示不清楚，没有投诉过。数据显示对处理结果表示满意或非常满意的网民占36.36%，还不到五成。而表示不满意或非常不满的也有10.27%，若加上一些不明确的因素，也会影响最终的满意度。虽然总体评价是以满意为主，但存在的问题仍不容忽视。

（四）网络安全问题还比较突出

随着网络信息社会发展，互联网已与人民群众日常生活密不可分。网络在提供各种生活便利和沟通便捷的同时，其威胁也在日渐增长。网络攻击、病毒传播、垃圾邮件等屡见不鲜；利用网络进行诈骗、盗窃、敲诈勒索、窃密等案件的数量逐年上升；特别网上色情、暴力等不良和有害信息的传播，正在严重危害青少年的身心健康。如何加强网络安全社会治理、保障广大人民群众上网用网安全，日益成为社会广泛关注的重大问题。

根据《2020年全国网民网络安全感满意度调查统计报告》问卷调查显示，网民常遇到的网络安全问题首先是网络骚扰行为（包括垃圾邮件、垃圾短信、骚扰电话、弹窗广告、捆绑下载、霸王条款等），发生率高达 71.1%；其次是违法有害信息（淫秽色情、网络赌博、网络谣言、侮辱诽谤、违禁物品信息、暴恐音视频、虚假广告等）发生率为 54.68%；第三是侵犯个人信息（采集规则不规范、过度采集、个人信息泄露、个人信息滥用、注销规则不完善等）发生率为 49.42%；第四是网络入侵攻击（病毒木马、Wi-Fi 蹭网、账号被盗等）发生率为 32.97%。

其中个人信息的保护特别引起网民关注。根据调查显示，网民对我国个人信息保护状况的评价情况是：认为较好或以上的占 30.41%，31.72%认为一般，37.87%认为不太好或非常不好。差评高于好评，相差 7.45 个百分点。网民遇到个人信息被泄露或被滥用最多的途径有：一是推销电话（84.44%）；二是推销短信（83.20%）；三是垃圾邮件（77.37%）；四是陌生人加好友（65.08%）；五是服务协议默认勾选（50.46%），说明当前网民受到个人信息被泄露和滥用的情况非常严重。

网民认为个人信息保护做得不好的应用领域有：社交应用占 66.99%、电子商务占 52.73%、网络媒体占 49.45%、生活服务占 43.65%，数字娱乐占 42.65%。数据说明网民对住房、教育、医疗、就业等领域保护个人信息安全比较关注。从容易发生信息泄露的服务领域看，住房占 56.15%、教育占 53.92%、医疗占 52.81%、就业占 50.58%、社保占 49.62%。余下的是旅游（48.15%）和交通（41.42%）。这说明网民日常生活密切相关领域的网络应用在个人信息保护方面仍存在较多问题。

虽然此前我国网信办等有关部门已经相继出台了《中华人民共和国网络安全法》等相关的法律法规用以维护广大网民群众合法权益，但总体看来，还远远不够，我国网络平台健康化发展依然任重而道远。

（五）网络不良信息泛滥

根据《2020 年全国网民网络安全感满意度调查统计报告》中不良信息遇见率调查显示：第一位是标题党现象（使用夸张标题，标题与内容严重不符），占 83.51%；第二位是炒作绯闻、丑闻、劣迹，占 72.47%；第三位是人肉搜索、泄露他人隐私，占 66.05%；第四位是传播暴力、色情、涉赌信息，占 63.50%；第五位是流量造假，占 63.43%。数据显示当前网络空间不良信息乱象比较严重。

再从近一年来不良信息渗透率来看：排第一位的是低俗、恶意炒作、违反公序良俗的言论，占 74.53%；第二位是散布谣言，扰乱社会秩序，占 70.89%；第三位是网络盗版侵权，占 51.63%；第四位是网络诈骗，占 49.01%；第五位是个人信息非法买卖，占 48.31%。数据显示网络上不良信息主要是低俗信息、谣言等比较泛滥，渗透率超过七成。亟待有关部门出台相关法律法规或相应举措进一步清理整治。

三、新时期践行网络群众路线的主要路径分析

在疫情防控背景下，面对新形势新挑战和新任务，要求广大党员干部要努力创新工作方式方法，积极践行网络群众路线，才能更好地服务群众、引领群众，增强民族凝聚力和向心力。

（一）必须坚持“以人民为中心”的发展思想

人民立场始终是中国共产党的根本政治立场。因此坚持“以人民为中心”的发展思想也是疫情防控背景下走好网络群众路线的基本出发点和落脚点。

1. 积极主动团结最广大的网民群众

疫情防控背景下践行党的网络群众路线也是党同全体人民群众共同的事业。坚持“以人民为中心”的发展思想，就是要直面疫情防控短板，心系民生健康和安全，始终以人民群众利益为中心，借助网络途径努力实现与广大群众的密切联系和积极沟通，极力同最广大的网民群众打成一片，凝心聚力一起构建疫情防控背景下群众工作的同心圆。

2. 要积极营造更开放、更健康的治理环境和舆论氛围

疫情防控期间，更重要的是营造更开放、更健康的社会治理环境和国家舆论氛围。战“疫”之初，各种信息发布、舆论发声工具都没有缺位，微博微信等媒介的舆论影响力持续显现。但战“疫”中少数不良媒体发布虚假信息仍时有发生，容易扰乱民众视听，导致平复群议周期加长，代价加大。引导媒体营造开放、清朗、健康的舆论氛围，直接影响到国家形象、政府公信力和民众的向心力、社会凝聚力乃至国民精神面貌，进而影响国家政治、经济和社会安全稳定。

3. 要抓好重大突发公共卫生事件之下的舆情治理

这需要医学相关的科学专业知识做支撑，需要政府治理能力、新闻媒体正向监督与信息发布系统、各大机构公共危机应对体系、国民科学素养和公民素质教育等协同应对。舆情治理中应善于区分谣言与真相，用正确的价值观引导客观、科学、正向的诉求，依法惩治恶意传播虚假信息、煽动恐慌情绪的行为。注重用科学和理性引导人们尊重生命、增强心理承受能力，养成现代社会社交方式、生活与消费习惯，筑牢疫情防控共同体。由于疫情防控的紧迫性、专业性与舆情治理的艰巨性、复杂性，因此必须得到政府体系化的宏观指导、精细化的政策引导和强有力的民众支持。

（二）切实维护网络意识形态安全，牢牢掌握网络意识形态工作主导权

1. 认真落实网络意识形态工作责任制

按照分级负责和谁主管谁负责的原则，落实党委履行意识形态主体责任。党委书记是第一责任人，要旗帜鲜明地站在网络意识形态工作第一线，带头抓好网络意识形态工作，带头管好网络意识形态工作阵地，正确引导网络意识形态工作导向，加强队伍建设，带头批评错误观点和错误倾向，重要工作亲自部署、重要问题亲自过问、重大事件亲自处置；分管党务和宣传的领导是直接责任人，应协助党委书记抓好统筹协调指导工作，切实推动网络意识形态各项工作落实；各成员根据工作分工，按照“一岗双责”要求，抓好网络意识形态工作，对职责范围内的网络意识形态工作负领导责任。

2. 要严把网络信息审核关

建立严格的审查制度，对网站上发布的信息进行审核把关，网上发布的信息必须经分管领导初审，报主要领导审批通过后，方可发布信息。因信息不实，未经审核而造成负面影响的由相关责任人负责。

3. 要健全网络意识形态工作长效机制

加强对各类意识形态阵地的管理，绝不给错误思想、观点和言论提供传播渠道，切实做到可管可控。要按照网络与信息安全的有关法律、法规和工作要求，制定网络与信息安全管理规章制度。要明确网络与信息安全工作中的责任，切实做好网络与信息安全保障工作。使意识形态工作耳聪目明，防患于未然。

（三）主动提升积极防控和有效治理的意识和能力

1. 要正确引导网络舆情发展，防范化解网络重大风险

参与《2020年全国网民网络安全感满意度调查统计报告》问卷调查的网民对正确引导网络舆情发展提出了不同看法：分别有 76.63%、76.26%和 75.19%的网民主张应该通过教育提升网民网络素养、加大网络环境的监管力度、建立并完善相关管理制度规范；主张增强技术手段对网络信息实时监控的占 61.05%；46.75%网民认为应当培养大量的“把关人”，全流程把关；认为应低调处理和不需要引导的分别占 5.62% 和 1.45%。数据显示大部分网民认为应该采取教育、加强监管、完善制度等手段加强对网络舆情发展的引导。疫情防控背景下，防范化解重大社会风险，是各级党委、政府和领导干部的政治职责。在践行网络群众路线方面，更需要各级领导干部坚持守土有责、守土尽责，把引导网络舆情发展，防范化解网络重大风险工作做实做细做好。

2. 要积极加强个人信息保护

参与调查的网民认为应当重点加强个人信息保护方面的选择情况是：第一位是加强立法，选择率为 86.91%；第二位为企业自律，选择率为 74.83%；第三位、第四位为监管部门增加受理渠道和举报平台，选择率为 69.84%和 65.97%；第五位为社会组织等加强培训和宣传，选择率为 56.22%。数据显示公众网民期望政府发挥更大的作用。

特别在疫情期间最应采取个人信息安全保护措施。首先，疫情期间，任何实体在收集个人信息时应说明其目的和用途；疫情结束后，相关个人信息数据如有其他用途，需要提前告知，同时对涉疫个人信息进行封存或销毁；其次，公安、网信等相关部门应开展专项行动，针对买卖、非法利用疫情数据的“黑灰”产业，加大排查打击力度；再次，应该及时完善应急管理相关法律条款，建立个人信息分级分类采集标准。其他还有相关政府部门及时公开必要的疫情信息，如感染者的行踪信息等，动态删除疫情数据，如删除超过一定期限后体温未见异常者的个人信息。总体上，疫情防控期间网民对于加强保护个人信息的措施，打击各种滥用，规范个人信息采集利用行为等措施是非常欢迎的。有关部门应该在巩固已有成果基础上，加强个人信息保护措施和力度，同时大力清理不良信息渗透，积极营造风清气正的网络新空间。

（四）全面改造宣传引导机制，多样化打造网络宣传主阵地

1. 要允许批评

面对疫情舆论压力，党委政府和有关部门要主动发声，正确引导舆论走向。要以权威机构和主流媒体公开通报的疫情为依据，不回避，不逃避矛盾和问题，积极作为，勇于接收群众批评和自我批评。可控范围内允许有正义感和大局观，敢讲话又不乱讲话，有操守的独立媒体和媒体人的存在，同时允许科研团体、学术组织实行有限自治和适度自我管理，尊重学者和文艺工作者的合理创作，不随意干涉其言论和创作自由。

2. 要认真对待

疫情防控是关乎国计民生和国运走向的大事，更需要上下一心，群策群力，众志成城，才能共渡难关。疫情防控背景下，领导干部如果不会说群众语言，一味打官腔，将举步维艰、寸步难行。就民意而言，无论微博上激烈的集体情绪，还是微信上澎湃的群体认知，都值得认真对待和积极引导，但更重要的是要营造更开放、更健康的社会治理环境和讨论氛围。

3. 要科学宣导

一方面，搞好正面科学教育和舆论宣传。以《人民日报》和中央电视台等主流媒体宣传口径为依据，以钟南山、张文宏等权威专家的论断为标准，号召广大基层群众相信科学，相信党和政府，不信谣不传谣，为防控疫情做出积极贡献。另一方面，应针对不同年龄、阶层、群体，灵活采用多样宣传策略，以目标受众喜闻乐见或容易接受的方式来推广正确的科学理念。

（五）加强网络安全立法和普法教育工作

在亟待加强的网络安全立法的内容方面，参与调查的公众网民对亟待加强网络安全立法的内容总体上十分关注。有 82.63%的人关注个人信息保护；68.8%的人关注数据安全保护；64.96%的人特别关注未成年人上网保护；移动网络平台责任和网络安全标准化建设的关注率分别是 60.6%和 59.11%。

第二个特别受网民关注的领域是网络安全普法教育工作。根据网络安全普法教育工作薄弱环节调研数据显示：排第一位的是媒体（宣传），关注度 73.95%；第二位的是政府（规划），关注度 68.85%；第三位的是学校（教育），关注度 65.73%。

因此，党和政府应当在已经颁布的《中华人民共和国网络安全法》等法律法规的基础上，以深入推进“网络综合治理体系建设”为契机，大力加强网络安全立法和普法教育工作，管好用好网络阵地，使互联网这个最大变量变成事业发展的最大增量。始终坚持“正能量是总要求、管得住是硬道理、用得好是真本事”，做大做强网上正面宣传，大力推进依法治网、技术治网、信用治网，推动实现互联网由“管”到“治”的深刻转变。

总之，民间有智慧，网上存真理。疫情防控常态化背景下，走好网络群众路线就是守住党的生命线，只有把网络群众工作进一步做实、做细、做好，才能让人民群众远离病毒及其不良影响，更加健康、安全和幸福！

作者简介：

李明（1976—），男，四川内江人，乐山市委党校副教授，主要研究方向：马克思主义中国化。

赵平（1976—），男，四川乐山人，乐山市委党校副校长、副教授，主要研究方向：党史党建。

李芸洁（1985—），女，四川乐山人，乐山市委党校副教授，主要研究方向：行政管理。

干旭敏（1977—），女，四川乐山人，乐山市委党校副教授，主要研究方向：行政管理。

乐山市农村实用人才队伍建设面临的问题与对策思考

韩琼慧　葛子靖

【摘　要】乡村振兴战略的实施对农村实用人才队伍建设提出了更高的要求。目前乐山市农村实用人才主要存在总量不足、结构不优、培训体系不健全、内生动力不足、资金投入不够等问题。鉴于此，本文着重从完善制度供给、培训体系、考核机制等方面来优化人才结构等方面提出对策和建议。

【关键词】乐山市　农村实用人才　队伍建设

一、乡村振兴背景下农村实用人才队伍建设的必要性

进入新时代，我国社会主要矛盾发生了改变，最突出的问题是发展的不平衡和不充分，而这种不平衡和不充分最突出的体现就在农村，受发展不平衡不充分影响最大的就是农民。如果这个问题解决得不好，将直接影响到我国全面建成小康社会以及社会主义现代化目标的实现。因此，任何时候都不能忽视农业、忘记农民、淡漠农村。十九大提出实施乡村振兴战略，为新时期农业农村改革发展指明了方向，明确了重点。而乡村要振兴，产业要发展，人才是关键。早在20世纪60年代，美国学者舒尔茨就明确提出在实现农业改造三条路径中，相较于现代生产要素的引进和制度、技术的保障而言，人力资本是农村经济增长的最主要来源。习近平总书记也明确指出，"要坚持把培育壮大乡村人才队伍，发挥乡村人才作用作为乡村振兴的第一要素和基础保障"。农村实用人才队伍作为全面建成小康社会、全面实施乡村振兴战略的生力军，可以很好地带领广大农村群众脱贫致富、实现小康，有效助力农业强、农村美、农民富。这支队伍建设得如何，作用发挥得怎样，将直接关系到乡村振兴战略实施的进程和效果，意义重大。

然而，从历史和现实的角度看，长期制约我国农村经济社会发展的关键因素始终是人。一方面，由于我国农村很大程度上仍然沿用传统农业生产方式，导致大量农村人口整体素质较城镇人口仍有很大差距。另一方面，随着我国高考制度的实施以及城镇化和工业化的推进，大量农村青壮年劳动力离开农村外出就学、务工，"农村空心化、农业非农化、农民老龄化"现象日益严重，进一步加剧了我国农村劳动力素质和结构供给予农村社会经济发展需求之间的矛盾，从根本上制约了农业农村经济的发展。而乡村振兴战略的实施，不仅需要新型职业农民，而且需要大量的专

业人才；不仅需要大量培育本土人才，而且需要大规模引进外来人才。就目前来看，我国尤其是西部欠发达地区农村实用人才队伍的数量还远远不够充足，年龄、文化、专业和层次结构还不尽合理，作用发挥的也还不够明显，难以适应乡村振兴的客观需求。因此，必须加快农村实用人才队伍建设，有效破解农村人才瓶颈，为推进农业供给侧结构性改革和乡村振兴战略的实施提供人才支撑和智力保障。

二、乐山市农村实用人才队伍建设的主要做法

2018 年以来，乐山市委、市政府始终严格按照“产业兴旺、生态宜居、乡风文明、治理有效、生活富裕”的总要求，以实现农业高质量发展为主线，以增加农民收入为核心，全面实施乡村振兴战略。作为四川省重要的农业经济区域之一，乐山市目前已形成了茶叶、林竹、畜牧、蔬菜、中药材五大优势产业。然而，乡村要振兴，乡村产业要发展，乡村人才的建设尤为关键。基于此，乐山市各级政府相关部门按照发展现代农业、推进幸福美丽新村建设的总体要求，坚持政府主导原则、服务发展原则、需求导向原则、以用为本原则、分类施策原则来进行农村实用人才队伍建设，不断加快乐山现代农业“一区六带”建设进程，促进全市农业农村经济又好又快发展。

（一）转变观念，强化组织领导

为深入贯彻落实《四川省农村实用人才队伍建设“十三五”规划》文件精神，乐山市及时制定了《乐山市农村实用人才队伍建设“十三五”规划》，认真扎实开展农村实用人才工作。各区市县也积极响应，按照“培养一大批具有一定知识技能、会经营善管理、示范带动能力强的农村实用人才，造就一支懂农业、爱农村、爱农民的‘三农’工作队伍”的人才工作理念，找准切入点，成立了农业农村局人才工作领导小组，坚持“一把手抓人才”工作。同时，各区县相关部门也出台了相应的人才引进计划、人才开发专项资金管理办法、优秀人才特殊支持办法、乡土人才创新创业扶持计划等来狠抓乡村人才队伍建设，强化乡村人才智力支撑。

（二）整合资源，按需开展培训

为推动全市乡村振兴战略实施，乐山市加大了对农村实用人才队伍培育力度。2019 年乐山市共培育新型职业农民 1 998 人，其中省农科院、省水产学校、省农广校等培训现代青年农场主 49 人，省市农业教育中心培训农业职业经理人省级 10 人、市级 43 人，各区县培训新型农业经营主体带头人 1 896 人。另外，全年分别在陕西梁家河村和湖北星光村完成了农村实用人才带头人 70 人的培训，在凉山州农业学校

安排了三个深度贫困县（金口河区、峨边县、马边县）共 75 人的农村实用人才免费定向培养以及安排了从“两县一区”省定贫困村遴选的 98 名村级农技员参加培训，圆满完成了《四川省人才工作领导小组办公室关于下达深度贫困县人才振兴工程 2019 年工作计划的通知》中下达的定向培养和在职培训等贫困县农业人才振兴工程任务。除此以外，积极开展农技员培训，提高队伍素质。2019 年共安排基层（县级、乡镇）农技人员省级调训、市级集中培训 788 人，开设了骨干人才培训、农业生态环境保护、农产品质量安全、动物疫病防控、中药材生产经营等相关专题。同时，为广大基层农技人员征订了《四川农业与农机》等科技期刊，开通了农业科技网络书屋。

（三）统筹推进，开展职业农民职称评定

作为四川省新型职业农民试点市，乐山市积极开展职业农民职称评定试点工作来推动乡村人才振兴，在全市范围内全面启动了生产、经营、技能、服务四类农村实用人才高级、中级、初级职称资格评定试点，市县两级也分别建立了职业农民职称资格评审委员会，依托家庭农场、专业合作社、农技协会等新型农业经营主体组织职业农民申报职称资格，圆满完成了一年一度的职业农民职称评定，为农民实行职业化管理奠定了良好的基础。同时，为了充分体现政府、社会对农民技能水平的认可，促使农民从被动选择“身份”向主动选择“职业”转变，职称资格申报评审不受学历、年龄限制，主要在业绩贡献、经济社会效益和示范带动作用方面进行评价和激励。

（四）多措并举，加大基层农技推广服务

截至 2020 年上半年，乐山市共组建了农业产业综合技术指导专家服务团 13 个，对有 20 户以上贫困户的 744 个非贫困村全覆盖落实农业技术巡回服务小组 183 个，大力推广农业适用技术和优良品种，对全市 259 个省定贫困村也已全覆盖实现了一村派驻一名农技员（其中农业部门 192 人、林业部门 67 人）。另外，积极协助和支持省市专家服务团在我市开展决策咨询、技术指导、人才培养和成果推广工作，2019 年省科技扶贫万里行活动派到我市三个深度贫困县共 14 个专家服务团，其中农业方面就有生猪产业、家禽养殖、蜂产业、蔬菜产业、猕猴桃产业、水果产业、食用菌产业、中药材产业、茶叶生产共 9 个专家服务团。

同时，乐山市还注重让取得职称资格的职业农民，就地就近开展农技培训加强村级农技服务，带头流转土地开展适度规模经营，推动全市特色农业产业发展，改善了乐山脱贫攻坚、乡村振兴“最后一公里”人才断链的局面。

（五）搭建平台，加快农民工回引

乐山市立足地方实际，紧紧围绕农业供给侧结构性改革背景下农业农村经济发展对人才的需求，有针对性地制订了《关于支持农民工和农民企业家返乡创业的实施意见》《乐山市创业担保贷款管理办法》《乐山市市级创业担保贷款贴息资金管理办法》《支持农民工返乡下乡创业 23 条政策措施》，为优秀农民工返乡创业提供技术、资金、土地等保障。2017 年、2018 年、2019 年省外回流省内农民工分别为 3.28 万人、3.15 万人、2.96 万人，累计回流 9.39 万人（其中，回流市内 6.42 万人），回流后实现转移就业 9.03 万人，再转移率 96.17%。近 3 年回流人员中分别有 4 831 人、4 663 人、5 626 人实现返乡创业，主要分布在农业种养殖业、农产品加工、乡村旅游、餐饮、电子商务等，带动了乡村经济的快速发展，为乡村振兴、全面建成小康社会提供了有力的人才支撑。

三、乐山市农村实用人才队伍建设存在的主要问题

近年来，随着乡村振兴战略的实施和地方经济社会的发展，乐山市农村实用人才队伍建设也迎来新的发展契机。但总体上来看，目前乐山市农村实用人才无论从纵向看还是横向比，与国内甚至是省内一些地区都还有较大差距，总量不足且结构不优严重制约了乐山市乡村产业的发展和乡村的振兴。

（一）人才外流严重，总量不足

截至 2019 年底，乐山市全市共有农村劳动力 141.453 5 万人，转移就业 101.197 8 万人，转移就业率 71.54%。其中，省外转移 98 027 人，占转移总量的 9.69%；市外省内转移 134 558 人，占转移总量的 13.3%；市内转移 779 393 人，占转移总量的 77.01%。转移就业主要集中在居民服务业、制造业、建筑业、住宿和餐饮业、信息技术服务业 5 个行业，共计吸纳农民工 99 万余人，占转移农村劳动力总量的 70.36%。转移到省外农村劳动力平均年龄为 40 岁，47 岁以下农村劳动力 63 876 人，占省外转移总量 65.16%，大专及以上学历 2 443 人，占比 2.49%，中职、技校及高中学历 13 904 人，占比 14.18%，初中及以下学历 81 680 人，占比 83.33%；转移到市外省内农村劳动力平均年龄为 38 岁，47 岁以下农村劳动力 94 354 人，占市外省内转移总量的 70.12%，大专及以上学历 6 121 人，占比 4.55%，中职、技校及高中学历 22 434 人，占比 16.67%，初中及以下学历 106 003 人，占比 78.78%。

由此可见，乐山市农村劳动力外流现象严重，大量青壮年、高学历、高技能优秀农村劳动力扎堆转移到东部沿海城市和省内以成都为中心的周边城市，对外转移

的农村人口年龄相对较年轻、受教育程度相对较高、思想观念相对较新，属于农村的优质人力资源，而留在农村从事农业生产经营的相当一部分从业者年龄偏大，文化程度偏低，接受知识能力较弱，很难适应乡村振兴和农业农村现代化的需要，人才“荒芜化”“老人农业”现象突出。

（二）人才素质不高，结构不优

调研中发现有些乡镇和村级相关工作人员对农村实用人才的标准界定把握不清，如将外出务工发展不错，富有一些、房子建的漂亮一些的人，通通认定为农村实用人才，总量数据被无形高估。即便如此，相对于发达城市地区，乐山市农村实用人才较农业人口的比例仍然比较低，示范带动作用不明显。

就目前被认定为乐山农村实用人才的人来看：一是文化程度偏低。绝大多数农村实用人才是靠在生产实践中积累经验和自我学习逐渐成长起来的，虽然技术熟练、经验丰富，但并没有受过系统全面的普通和专门技能教育，甚至于接受系统的基础教育的年限都较短，高中及以下文化程度的占实用人才总数 90%以上，平均受教育年限距国家规划要求的到 2020 年达到尚有一定差距，这就决定了他们知识面比较窄，普遍对现代科技知识的运用感到力不从心，进而导致他们视野不够开阔，总体素质不高，发展后劲也不足。二是年龄结构老化。“倒三角形”的乐山农村实用人才队伍年龄结构分布，使得农村实用人才的总体创新能力下降，发展空间不大，接受新思想、新观念、新技能的能力弱化，知识更新速度往往赶不上经济发展的速度。三是新兴人才短缺。乐山市农村实用人才中从事传统种植业，养殖业的人数较多，仍以传统的生产型为主，而从事农副产品精深加工及市场营销、旅游管理与开发等新兴产业的人才较为短缺，经营管理型、科技服务型、既懂技术又懂管理的复合型人才更是少之又少。

（三）政策保障和资金投入不足

近年来，中央、省、市相继出台了加强农村实用人才队伍建设的相关政策措施，极大改善了农村实用人才的成长环境，但是与他们创业发展的实际需求相比，目前的政策、资金等尚未形成完备的支持体系，扶持与激励机制不健全，各方面服务保障力度也还不够。

一是政策保障不足。乐山市促进农村实用人才队伍建设相关政策措施大多比较宏观，基层部门在落实时主观性、随意性较大，甚至有些地方部门出现误读文件等现象。另外，就政策本身而言，对农村实用人才的激励措施大多停留在精神奖励层面，仅在少部分地区少部分领域推行部分物质奖励。二是资金投入不足。由于农村实用人才培养具有长期性、系统性、专业性的特征，需要投入大量的资金。就目前乐山市各级农村实用人才培养经费投入情况来看，主要依靠上级财政拨款，县、乡两级政府对农村实用人才资源的开发与培训都尚未纳入预算，也没有设立专项用于农村实用人才队伍建设的资金，更没有建立起多元化的资金投入机制，尤其是缺乏社会培养资金的投入，导致有限的经费投入与日益增加的培训需求之间的矛盾不断突显，资金的缺乏很大程度上制约了乐山农村实用人才开发与培训工作的开展。

（四）人才培训体系不健全

一是由于缺乏强有力的监督和管理，部分组织培训的职能部门存在完成任务的现象，盲目性和随意性较大，“短，平，快”的速成培训只追求数量的增加而非质量的提升，培训空心化、知识碎片化现象严重，培训实效不明显。二是由于缺乏主动性、自觉性和紧迫感，部分组织培训的职能部门缺乏培训前期对培训对象的主观需求、农村产业发展趋势和人才队伍的结构优化等方面的调研，以至于很难做到分类培育、精准培育，培训内容存在主观性、打包灌输等现象。三是培训师资储备不足，培训力量参差不齐。部分授课老师未对农村产业结构的现状及农民参训需求进行深入了解和分析，授课形式仅注重理论辅导，缺少实践操作。四是现有培训项目大多集中在种植、养殖技术的低水平重复培训，而针对市场营销、农民创业、旅游开发管理、现代信息技术等方面的培训项目较少，培训的内容难以满足农村实用人才多元化的学习需求，农村实用知识和技术结构难以得到升级。五是由于人手不足、精力有限以及培训对象流动性强等原因，大多数培训单位仅将重点放在培训过程上，但在培训结束后，往往忽视了对培训对象进行训后跟踪服务，进而造成了培训效果如何、培训产生了多大实际效益、培训对象学到的知识和技能能否转化为生产力，培训单位都无从所知。

四、乐山市农村实用人才队伍建设的对策探讨

乡村振兴战略的长期性和全面性决定了农业农村发展不仅需要农业经营型、管理型、技能型等方面的人才，而且需要文化、教育、卫生、经济、金融、社会服务等领域方方面面的人才。因此，我市农村实用人才队伍建设不仅要立足于乐山，更要面向全省；不仅要注重第一产业人才的培养，更要注重一二三产业融合型人才的培养；不仅要注重专业技能的培养，更要注重综合素质的提升；不仅要注重人才的短期发展，更要注重人才的长期可持续发展。

（一）提高认识，完善制度供给

乐山市各级党委政府应牢固树立人才是发展第一要素的理念，高度重视农村实

用人才在推进乐山现代农业“一区六带”建设进程和乡村振兴战略实施过程中的重要作用，紧紧围绕农业农村发展和乡村振兴目标实现来制定农村实用人才队伍建设相关政策、措施、方案等。为了如期完成到2035年农业农村基本实现现代化的目标，建议乐山市尽快出台2020年以后到2035年期间针对农村实用人才队伍建设方面的中长期规划和指导性意见，以进一步增强农村实用人才队伍建设的方向性、规划性和指导性。另外，应创新税费优惠、财政支持、金融服务、返乡创业园建设等方面的激励机制，以更优惠的条件吸引农民工、农民企业家、高校毕业生、退役士兵、大学生村官等人员返乡下乡创新创业，领办或创办农民合作社和家庭农场，壮大农村实用人才队伍。

（二）科学组织，完善培训体系

首先，政府职能部门应加强农村实用人才管理队伍业务能力培训，不断提高其履职能力，为农村实用人才工作营造良好的管理和服务环境。其次，创新培训方式。在线培训、远程培训、送教上门相结合，以提高培训灵活性，降低培训对象参训的时间和经费成本；理论培训、实地操作、互动讨论、现场指导相结合的同时设置菜单式培训内容，突出培训重点，调动培训对象参训积极性，进而增加培训的实效性。再次，鼓励支持有条件的农业企业、农民合作社、农业园区建立实习实训基地、创业孵化基地和田间学校参与农村实用人才培育工作，鼓励支持省市农业科研院所、大专院校以及各类人才服务机构组建服务团、选派科技特派员深入乡村一线面向农村实用人才开展智力服务，培训指导农村实用人才。

（三）按需定培，突出产业导向

乐山市应紧紧围绕我市建设现代农旅融合发展特色区和打造茶叶、林竹、蔬菜、中药材、养殖、休闲农业产业带的“一区六带”建设对人才的需求，加强农村实用人才队伍建设，科学设置培训内容，适时更新培训课程。并根据乐山市农业农村经济社会发展需要分类施策，针对生产型、经营型、技能服务型、技能带动型、社会服务型等不同类型的人才特点，因地制宜、因材施教，突出重点、分类推进，最终达到培训由简单化“办班”向系统性“育人”转变，由“重数量”向“重质量”转变的目标，实现农村实用人才队伍建设协调发展。

（四）加强管理，构建考核机制

科学合理的监督考核在很大程度上反映了现阶段农村实用人才队伍建设的进展和成效。因此需要，一是通过实行项目化管理和目标责任制，针对乐山市各区县、乡镇农村实用人才工作开展专项督促检查，并纳入各级各部门年度目标考核，同时准确地对各职能部门在实用人才队伍建设方面的工作做出综合性评价。二是建立乡镇党政领导联系人才制度，对实用人才进行跟踪管理，及时了解实用人才在才能发挥、技术攻关、成果转化、示范带动等方面的情况，积极探索适合农村实用人才的考核体系，科学设定考核内容，坚持客观、公正的原则实行定期考核，并通过考核实现动态管理、优胜劣汰，不断调整优化农村实用人才队伍结构。对技术水平高、实际业绩突出、考核表现突出的农村实用人才，给予精神和物质双向激励，激发更多的农村实用人才创新创业的动力。

（五）加大投入，破解资金瓶颈

农村实用人才队伍作为实施乡村振兴战略的重要智力支撑，其建设需要长期且较大的资金投入，但在调研中发现，各培训单位在不同程度上都存在资金不足的问题。因此，乐山市应努力探索形成以“政府投入为主导、农民投入为主体、社会投入为补充”的多元化投入机制，各级政府应加大财政支持力度，充分发挥财政资金的杠杆引导作用，切实从每年人才工作经费中拨出一部分专项资金用于农村实用人才培养进修、表彰奖励。同时加大对返乡创业园建设补贴、创业补贴、吸纳就业补贴、土地流转补贴、创业活动及服务的财政支持力度以及通过以奖代补、贴息、担保等方式引导各类社会资本向农村投资，共同致力于农村实用人才队伍的建设。

（六）双引结合，优化人才结构

优化农村实用人才队伍结构另一个有效途径就是吸引更多优秀的人才进入，尤其是要做好农民工回引和高层次农村实用人才的引进。

一是做好农民工回引工作。从近几年乐山市劳务开发暨农民工工作统计情况来看，受乡村振兴、返乡创业政策的吸引，我市农村劳动力回流呈“逐年回流、略有减缓”的趋势，部分在外积累了资本、经验、技能的优秀农民工陆续开始返乡创业。鉴于此，应紧扣我市产业发展需求，依托乐山驻外招商分局、商会，挂牌“农民工工作站”“引才工作站”，成立优秀农民工回引工作小分队，开展乐山籍在外务工农民工走访、动员活动，推介宣传家乡政策，为优秀农民工回引兴业、维权护航等提供坚强服务保障。另外，确保优秀农民工回引实效。对回引的农民工应切实做到降低返乡创业门槛，简化返乡创业登记方式，放宽经营场所登记要求，放宽注册资本登记条件，培训指导返乡农民工等人员从事农业创业，纳入新型职业农民培育计划，参与新型职业农民认定。

二是加大高层次农村实用人才引进力度。根据我市现代农业“一区六带”重点产业、重大项目的实际需要，制定高层次农村实用人才引进规划，通过高薪聘请、技术合作、技术入股、投资办厂等方式达到引资、引项目和引才、引智相结合。另外，搞好土地流转服务，鼓励工商企业人才参与农业开发和现代化建设。通过政策引导、完善服务，吸引更多其他行业的人才到广阔的农村发展产业，服务农业。落实定向减税和普遍性降费政策，全面落实支持农业发展、扶持小微企业发展、支持科技创新、吸纳失业人员就业等各项税收优惠政策。

作者简介：

韩琼慧（1982—），女，四川邛崃人，中共乐山市委党校副教授，主要研究方向：区域经济与管理。

葛子靖（1984—），男，汉，四川青神人，中共乐山市委党校经济学讲师，主要研究方向：区域社会经济。

构建共建共治共享社区治理机制的思考
——以乐山市为例

王京星　沈建军　李雯瑶

【摘　要】社区是城市的细胞，是现代社会管理的基础，也是巩固党的执政基础的重要基石。加强和创新社区治理，成为衡量基层治理水平、治理能力和治理成效的关键。课题组通过对基层实践样板的调研，分析当前社区治理中存在的定位不准、资源匮乏、矛盾复杂、公益性弱化等突出问题，提出以公益服务为改革目标，构造共建、共治、共享的新型社区治理和服务体系。
【关键词】社区治理问题　改革目标　共建共治共享

一、乐山市市中区柏杨街道在推进新型社区治理和服务体系建设中的主要做法

乐山市市中区柏杨街道成立于 2009 年，地处乐山市中心城区，总面积 5.27 平方千米，下辖牛咡桥、高墩子、茶坊、通江 4 个社区，户籍人口 8.6 万人，流动人口约 4 万人。辖区内有行政事业单位 78 家，有 1 000 余家商贸服务网点，中小学、幼儿园 7 所，医疗机构 10 家，住宅小区 158 个。街道党工委立足中心城区社区建设和发展的特点，按照市委市政府对乐山城市发展的总体要求，着力推进新型社区治理和服务体系建设，社区已发展成为基层管理、服务群众和开展社会工作的重要基础和平台。近年来，街道办事处先后被授予国家级安全社区、省安全社区、全国和谐社区建设示范街道、四川省法治示范乡镇（街道）、四川省首届“119”消防奖、全省先进基层党组织等荣誉称号。

1. 构建区域化党建联盟

为迅速扭转社区党建与城市发展不适应的局面，街道党工委采取将社区范围内有影响力的单位党组织负责人吸纳为兼职委员或与社区结为共驻共建对子的形式，先后将 13 个有影响力的市区单位或“两新”组织吸纳进了党建联盟，在市中区率先构建起了“街道‘大工委’、社区‘大党委’”的区域化党建格局。

2. 创新开展社区服务体系建设

街道办事处完成了街道便民服务中心和 4 个社区便民服务代办点的建设，统一设置党建、民政等 6 个窗口，实现了社会事务的“一口式”服务模式。高墩子社区构建“4311 +”社区服务体系，打造社区便民代办点、日间照料中心、减灾防灾中心、公共文化中心、科普 e 站、计生妇女之家等社区公共服务机构，为社区居民提供全方位、个性化的社区公共服务。

3. 搭建组织管理“网格化”平台

街道办事处根据 4 个社区的实际，划分了 113 个网格，落实了网格长和网格信息员，对辖区实有人口（单位）、实有房屋、实有地址信息进行采集，建立了包括社区办公管理、安全隐患排查、纠纷调处和居民生活信息于一体的网格化管理服务信息系统，每个网格明确一名落实待遇的网格员，配备了手持终端机等工作设备，让居民在网格内就能享受到社区提供的各类服务，同时让各类矛盾纠纷也在社区网格内及时得到调处和解决。

4. 积极培育社会公益服务组织

茶坊社区组建了全市首个由社区培育的民办非企业志愿服务组织——乐山市嘉州 518 党员志愿服务中心，开通了谐音为“我要帮，我要帮你”的 5185180 电话热线，为全区党员志愿服务活动提供了平台。目前，中心共招募党员志愿服务者 2 000 余人，组建党员志愿服务队 24 支，依托嘉州 518 志愿服务中心开展了“快乐读书会”“儿童跳蚤市场”“天使助学”“安全科普”“义务理发”“关爱空巢老人”等形式多样的志愿服务活动，辖区党员志愿服务的覆盖率达 100%。

5. 创新服务工作方法

高墩子社区创新 365 工作法，即三支队伍、六项服务和五项制度。建立起以社工、党员、志愿者为主体的三支服务队伍，推行社工轮岗、错时上下班、电话预约制，方便群众办事。形成以党建引领服务、综合便民服务、网络信息服务、社会公益服务、特色订制服务和公共文化服务为主要内容的六大服务板块，搭建“一站式”服务平台、社区数据库网络平台和公共文化服务平台，为特殊群体提供个性化服务，形成组团式的社区大服务格局。优化完善信息收集、快速处置、监督管理、回访群众、评定考核五大机制，做到信息收集全面、问题处置及时、干部监督有力、群众回访到位、评定考核规范。

6. 完善小区治理结构

高墩子社区针对辖区内小区入住业主分散、利益诉求多元化、日常管理矛盾突出等问题，充分发挥基层党组织领导核心作用，将党支部建在住宅小区，进一步扩大党建工作覆盖面。社区内百诺园小区在2015年9月前，业委会换过历任领导但均无法长久有效地运转，造成小区出现公共环境、设施、治安以及业委会财务管理方面的诸多问题，小区业主意见较大。街道党工委和社区积极寻求解决出路，2017年6月百诺园小区成立了小区党支部，小区76岁的军转干部周金华当选支部第一任书记。在党支部的领导下，小区业委会顺利完成工作交接，业委会班子凝聚力进一步增强，通过党支部发动、党员带头、业委会落实、业主广泛参与，百诺园小区形成了完善的自治管理公约、业委会财务管理等一系列管理制度和重大事项业主代表民主协商机制。目前小区物业费维持在每平方米每月0.2元的收费标准，小区管理井然有序，业主活动丰富多彩，小区业主的归属感、安全感和舒适感进一步增强。

7. 开展社区法治德治教育

街道办事处按照“依法治市”要求，以国家级“安全社区”建设工作为契机，整合辖区范围内交警、消防、公安等力量，成立了“安全社区”建设推进委员会，通过居家、道路交通、公共场所等8个项目、42个干预措施的实施，消除了辖区153处安全隐患，建立起伤害事故监测、预防、消除等一整套的机制，实现了全员参与、整合资源、持续改进的目标。2015年，街道通过了国家级“安全社区”现场验收。依托街道“大调解中心”，成立街道调解委员会，下设4个社区人民调解委员会，努力将矛盾纠纷化解在“萌芽”状态。2014年至2017年，受理各类矛盾纠纷678件，调解成功676件，调解成功率达到99%。创新成立了街道驻派出所矛盾纠纷调解室，充分发挥党员干部在做群众工作上的优势，聘请退休党员领导干部和法官作为义务调解员。自成立以来，已成功调解矛盾纠纷198件，协助公安化解各类矛盾561件，基本达到了小事不出社区，大事不出街道的目标。2014年，柏杨街道被民政部授予“全国和谐社区建设示范街道”。2015年，街道荣获全省依法治理示范单位。

二、当前社区治理中存在的主要问题

当前，中国特色社会主义进入新时代，我国社会主要矛盾已经转化为人民日益增长的美好生活需要和不平衡不充分的发展之间的矛盾。随着我国社会转型、企业转制和政府职能的转变，大量政府社会管理和公共服务的职能将向社区转移。随着城市化的不断发展，社区治理中存在的一系列问题凸显亟待解决。

1. 对社区定位不准确，社区成为政府责任的兜底

目前，随着基层政府事权的进一步细化，基层政府在社会治理中的事务愈加具体化、复杂化。社区作为与老百姓联系最紧密的组织，自然而然成为基层政府转嫁

工作的对象。上面千条线，落地一根针，社区往往需要面对政府多个部门所下放的工作事务，而这些事务却并非凭借社区能力所能完成。

有的地方政府将复杂的社会维稳任务按照属地管辖的原则交给社区来具体完成，让社区代替政府做重点人员的稳控工作。但由于社区对稳控对象的诉求并不了解，相关的矛盾纠纷也并非产生在社区，社区根本无力解决稳控对象的利益诉求。但在稳定压倒一切的形势面前，社区却不得不从紧缺的人手中抽调专人采取人盯人的方式压制诉求向上延伸。这种做法不但不利于社区集中人力搞好其服务主业，同时由于社区对于稳控对象诉求心理的不了解，为了完成上级交派的任务往往急于求成，进一步加剧了诉求矛盾。有的执法部门将诸如市场监管等需要具备专门技术条件和能力才能完成的管理行为转嫁给所属社区，让社区替代行政部门来协助执法。由于欠缺专业执法能力，社区在履行市场监管职能中显得力不从心。有的社区还承接了上级政府交派的征地拆迁任务，充当征拆工作的急先锋，社区工作的主业全部转移到征拆工作，进一步挤占了社区工作人员的时间，社区干群关系颇为紧张。此外，目前众多党委政府部门基于自身对统计数据的需要，在社区设置各类台账平台，频繁要求社区填报各类统计数据。这些数据有的属于重复填报，有的超越了社区的管理范围。社区面对纷繁复杂的数据统计要求，耗费了大量的人力，甚至有时为应付交差也存在随意填报数据等不得已之举。

2. 社区人员老化，发展资源匮乏

社区要提升公共服务能力，一要靠人，二要靠投入。目前社区工作人员除“两委”班子成员外，其余绝大多数社区工作人员主要通过政府购买公益性岗位来解决。而根据中央对公益性岗位的要求，由政府投资开发的公益性岗位要优先安排有劳动能力和就业愿望的 50 周岁以上的男性、40 周岁以上的女性、就业困难的下岗失业人员。这一年龄及选聘对象范围的限制，使得社区急需的有一定专业技能的大学生和转业士官无法进入公益性岗位选聘范围，不利于社区工作人员素质的整体提升。此外，公益性岗位收入较低，按照每月 1 650 元的工资标准，扣除养老、医疗等社会保险，每月拿到手的工资仅在 1 200 ~ 1 300 元，低工资无法留住人，人员流动频繁，人在曹营心在汉的尴尬状况长期存在。社区常常为增加社区工作人员收入而不得不四处“化缘”，通过自筹经费对公益性岗位进行一定补贴，比如让社区工作人员身兼多职，担任居民组长额外补贴 400 元，担任社区网格员额外补贴 500 元，再加上如经济普查、人口调查等专项工作补贴，才能保证社区公益性岗位的收入勉强维持在 2 000 元左右。

与社区事权相对应的投入机制未能有效建立。目前社区的主要收入主要是由上级政府的财政补助收入、相关职能部门补助的专项工作经费、辖区单位企业提供的共建经费以及其他社区服务收取的费用组成。当前社区所对应的公共管理事务和公共服务事项日益增多，但相应的财政投入机制却未与之相伴随行，投入力度远远滞后于社区发展，社区运转经费和人员保障经费与社区复杂的事权不对等，挫伤了社区工作人员的积极性。相关职能部门只下放工作，不下放经费，社区筹钱为政府部门打工的问题比较突出。特别是在当前简政放权进一步减轻企事业负担的大背景下，社区向辖区企事业单位收取共建经费的纪律风险较大，社区无法从共建经费中获取持续的收入。社区虽然对外提供服务，但服务多以公益性为主，多数服务为免费提供，有的服务连人工工资、水电费都要社区倒贴。部分居家养老、儿童代管、家政维修等服务，虽然收取了一定费用弥补社区投入经费的不足，但与市场上提供的同类服务相比较，收费标准相对较低，与服务成本之间相差甚远，不能形成对社区公共服务供给的长期激励机制。

3. 小区自治矛盾突出，社区管理难度大

物业小区作为社区有机组成部分，也是人口密集程度较高的社区单元。物业小区管理的水平，决定了自治管理的实效。根据《四川省物业管理条例》规定，市、县级人民政府房地产行政主管部门负责本行政区域内物业管理活动的监督管理工作。街道办事处（乡、镇人民政府）具体组织、指导、协调本辖区内物业管理区域业主大会的设立和业主委员会的工作，督促业主大会和业主委员会依法履行职责，协调社区建设与物业管理的关系，调解处理物业管理纠纷。居（村）民委员会协助街道办事处（乡、镇人民政府）开展物业管理有关的工作。然而在实际操作中，房地产行政管理部门面对所辖范围内众多物业小区，往往显得力不从心，而街道办和社区作为与物业小区最接近的基层组织，纠纷的调处工作往往都落到街道办和社区头上，成为调处小区物业矛盾的主力军。

近年来，发生在业主委员会、物业公司及业主之间的矛盾纠纷日趋多元化、复杂化。由于房地产项目开发建设销售环节遗留问题、物业经营不规范、服务不到位所导致的纠纷长期困扰小区自治管理。以乐山某小区为例，由于项目是在部分拆迁土地上开发，新建小区住房既对外商业销售，同时也对原拆迁户进行安置，由此形成购房业主与拆迁还房业主之间基于物业管理、物业费收取等方面的纠纷不断出现，业委会无法正常设立并开展工作，业主多次到社区及政府部门反映要求解决。社区书记和工作人员不得不牺牲休息时间，利用晚上和周末业主在家时间，不厌其烦地到业主家中做思想工作，以统一业主意见帮助小区成立业主委员会。但由于业主诉求比较分散、利益难以统一，特别是既有的物业法律规定较为笼统缺乏具体操作性，成立业委会的前置程序严苛，加之部分业主持抵触情绪，导致通过业主大会表决设立业委会所需要的“双过半”条件无法达到，小区自治管理长期处于停摆状态，社区管理压力较大。

4. 社区公益性组织发展存在瓶颈，缺乏政策支持

社区公益性组织是社区提供公共服务的重要载体。只有公益性组织蓬勃发展，才能为社区居民提供多样化、可持续的社区公共服务。社区公益性组织要持续发展，首先必须解决组织开展活动的合法身份。按照《社会团体登记管理条例》的规定，成立社会团体必须具备会员人数、固定住所、专职人员以及 3 万元以上活动资金等条件。这些条件对于规范社会团体有序发展无可厚非，但对于社区公益性组织而言，其会员招募主要是志愿者服务群体，绝大多数都是利用工作间隙义务从事社区公益性服务。且这类组织基于其公益性服务的特点，主要依托社区活动场所开展服务，本身不具有营利性质，没有必要也没有能力购买或单独租赁场所。特别是 3 万元以上活动资金需要在设立时筹集，社区财力有限不可能为社团的成立提供固定的资金支持。这些因素都成为社区公益性服务组织向社团变身的阻碍。

三、以公益服务为目标，构建共建共治共享的社区治理机制

党的十九大报告指出:“加强社区治理体系建设，推动社会治理重心向基层下移，发挥社会组织作用，实现政府治理和社会调节、居民自治良性互动。”《中共中央国务院关于加强和完善城乡社区治理的意见》提出，全面提升城乡社区治理法治化、科学化、精细化水平和组织化程度，促进城乡社区治理体系和治理能力现代化。

社区治理体系建设必须树立公益导向，坚持以党建为引领、以政府治理为主导、以居民需求为导向、以群众满意为标准，通过平台共建、家园共治、服务共享，构建起以社区党组织为核心、居民为主体、社区各方力量共同参与的新型社区治理和服务体系。

1. 对社区准确定位，推动社区“减政”“减负”

社区作为联系政府与群众的纽带，其主要职能是为所辖社区居民提供就近便捷的公共服务。必须准确界定社区服务职能，厘清政府部门、街道办事处与社区的职责边界。只有从根本上为社区松绑，通过“减政”“减负”，合理确定政府与社区之间的关系，准确定位社区职能，才能使社区真正回归其服务本位。

第一，建立社区工作准入门槛。对党政部门将自身工作和职能延伸至社区的，要实行严格的准入报批制度。对不属于社区服务职能范围内的事项、超越社区自治职权范围以外的事项以及依法不能委托社区来完成的行政执法事项，一律不得向社区转移。确实需要属地社区配合完成的，也应当明确党委政府部门的主体责任和社区参与配合的范围，通过政府购买服务的方式向社区转移事务，坚决杜绝名为“协助、配合”，实际强行转嫁摊派事务责任的行为。

第二，建立社区权责清单制度。依法厘清政府和社区之间的权责边界，通过权责清单明确社区应当承担工作事项以及协助政府完成的社区工作事项。对清单以外的工作和职能，各级党政部门一律不得要求社区完成。

第三，建立经费补偿机制。对社区参与配合的上级事务，应当明确对社区开展工作的经费补助方式和标准。通过工作经费资助、业绩考核奖励等方式对参与完成事务的社区工作人员予以经济补助，以激励社区参与积极性。

第四，建立统一的社区基础大数据平台，负责信息收集、分析研判、分流交办、调度指挥、反馈督办等，实现基层信息“一个口子进、一个口子出”。对目前各个部门基于自身工作需要所设置的数据台账进行有效整合，按照社区管理和服务职能的特点，由社区常态化的将涉及社区自治管理、公共服务的基础数据录入平台，数据信息由各部门共享，将社区从繁杂的数据工作中解脱出来，实现基层数据一次采集、资源多方共享。

2. 为社区公益性服务组织发展搭建制度平台

按照中央“简政放权”的要求，就是要把市场能办的多放给市场，社会可以做好的就交给社会，政府管住、管好它应该管的事。政府主管部门应当为社区公益性组织发展搭建制度平台，进一步降低其成立社团的前置许可要求。放开对社团人数的限制，允许创设小微社团；允许公益性社团组织依托社区工作场所开展活动；不再对公益性社团设立设置活动资金要求；允许社团工作人员兼职兼薪。主管部门对公益性社团组织的管理，主要是管政策、管规则、管监督，通过制定政策法规、行业规划、标准规范，对公益性社团组织的发展提供指导和规范，并通过事中和事后的监督，对其活动进行有效监管，防止社团活动偏离公益性目标。

建立社区志愿者服务平台，将志愿者、志愿者组织、志愿项目纳入平台管理。按照“菜单式提出要求、组团式提供服务”的模式，社区根据服务需要定期发布志愿服务项目清单，合理引导志愿者和志愿者组织有序提供志愿服务。对志愿者参与志愿服务的时长、形式以及服务效果进行登记，通过积分制进行管理。志愿服务获取的积分，可在社区其他服务机构换取服务或获取物质奖励，真正实现“人人为我、我为人人”的志愿服务理念。

3. 强化人才支撑，大力推进社区工作者队伍建设

社区工作者是社区建设和发展的主力军。必须立足社工队伍社会化、职业化、专业化的发展目标，建立健全社工选拔、培养、使用、评价、激励机制，建立职业化发展体系，打造一支高素质专业化社工队伍。建立面向社会的社工公开选拔机制，重点选拔有一定学历水平的大中专毕业生、有基层工作经验的大学生村官和三支一扶志愿者，以及退伍转业军人和长期在社区服务的志愿者。对招录的社工实行团队

制管理，由有经验的社工实行一对一的传帮带，以帮助其尽早融入社区工作。建立社工薪酬保障机制，将社工工资以及五险一金纳入财政预算。对社工工作业绩定期开展组织考评和第三方满意度测评，由社区居民对社工工作进行打分，对打分不合格的社工予以淘汰。对服务满意度高的社工给予物质奖励外，还可以在招聘公务员和事业单位工作人员时对其社区工作经历予以加分，以进一步增强社工的职业荣誉感和认同感。

4. 以党建为支撑，引领物业小区治理法治化

物业小区是住房商品化、货币化改革的产物，物业纠纷是居住结构从“单位人”向“社会人”转型过程中产生的社会问题。必须通过组织搭台，完善依法治理，充分发挥小区业主的主动性，共同为小区治理出谋划策。

切实发挥基层党组织在小区治理中的领导核心作用，鼓励和支持业主中有工作能力和服务意识的党员积极参加小区管理事务，充分发挥党员的引领、带头和示范作用。对有条件的物业小区，在党支部的指导下通过依法建立业委会开展管理工作，积极向广大业主推荐优秀党员通过选举进入到业委会领导班子。建立物业管理委员会代行管理制度，对不具备成立业主大会（业主委员会）条件的或者具备成立条件但因内部矛盾无法通过选举产生业委会的小区，由社区、小区党支部、建设单位、业主代表组成物业管理委员会，代行业主大会和业主委员会职责。建立小区党支部、业委会、物业公司三者之间的协调、沟通、监督机制。业委会在党支部领导下开展工作，及时解决业主诉求，增强业主对业委会的信任。党支部、业委会充分发挥沟通桥梁的作用，对业主与物业公司之间的矛盾纠纷及时介入调处，解决物业公司在经营发展中遇到的问题，督促物业公司提高服务质量和服务水平。小区党支部通过社区和街道党委，及时将小区物业管理中存在的问题向上反馈，争取政府相关部门的政策、资金支持。

建立小区法治、德治宣传平台。通过微信群、QQ 群等广大业主喜闻乐见的宣传方式，对小区业主开展党的政策、国家法律法规以及小区好人好事、便民服务信息的宣传，积极引导小区业主参与到对小区的自治管理过程中来，引导小区形成积极向上的舆论氛围。

尽快出台针对现有物业管理法规的具体实施细则，进一步明确街道办事处、社区居委会在物业管理中的监督管理职责。简化业主大会表决程序，在签订《前期物业服务合同》时明确业主代理制度和物业应急管理制度，就诸如危及物业安全应急启动维修基金等问题做出制度安排，解决物业管理中业主一方主体长期缺位而导致的小区管理停摆问题。推进行政管理部门执法进社区，明确住建、公安、消防、城市管理、环境、绿化、工商、物价等有关部门在小区物业管理中主体责任，防止出

现推诿扯皮现象，各部门各司其职协同社区共同做好小区自治管理。

5. 加大对社区投入力度，鼓励社区开展有偿服务

社区服务能力的提升，需要持续的投入保障。要进一步加大对社区的财政投入力度，建立政府购买社区服务的常态机制，通过购买服务、直接资助、以奖代补、公益创投等方式，加大政府财政资金对社区公益性服务组织的培育孵化力度。引导社会公益资金进入社区服务领域，通过建立公益项目创投机制，搭建资源对接平台，推动公益资助方和服务受益方的有效衔接。创新社区服务方式，在非营利性原则的前提下，鼓励社区以需求为导向，通过提供居家养老、家政维修、子女代管等多样化的社区服务，并向服务受益者收取合理的服务费用，以弥补服务成本和工作人员收入，提升社区提供多样化优质公共服务的能力和积极性。

作者简介：

王京星（1981— ），男，四川乐山人，中共乐山市委党校法学副教授，主要研究方向：应用法学。

沈建军（1968— ），男，四川眉山人，中共乐山市委党校法学教授，主要研究方向：应用法学。

李雯瑶（1982— ），女，四川乐山人，中共乐山市委党校讲师，主要研究方向：应用法学。

五通桥区关于构建复合型养老服务体系的探索与思考

杨红　张进　廖黎

【摘　要】目前，人口老龄化现象日趋严重，县级城市五通桥区也同样面临日趋严重的人口老龄化问题。对此，区委、区政府高度重视，在提升养老服务水平方面，积极探索，采取多项措施，并且卓有成效。本文首先对五通桥区养老服务体系的基本情况进行详细分析，指出存在的问题，并就问题提出建议。

【关键词】老龄化　养老服务　策略

随着人口生育率降低和人均寿命延长，全球人口老龄化问题日益严峻。在中国，也面临同样的问题，老龄人口越来越多，老龄化进程不断加快，养老问题变得愈加重要。五通桥区人口老龄化现象日趋严重，面对当前的严峻形势，区委、区政府高度重视全区的养老问题，采取多种措施提升养老服务水平，不断适应全区人民在养老方面的需求，取得了较好的成效。中共五通桥区委党校调研组围绕五通桥区探索复合型养老服务体系主题展开调研，形成此调研报告，希望该调研报告反映的情况、提出的建议能为改善全区的养老服务工作起到积极的促进作用。

一、目前五通桥区养老服务的基本情况

据 2019 年底数据统计显示，五通桥区 60 岁以上的人口合计为 81 749 人，占全区总人口的比例为 26.36%，其中，60 ~ 80 周岁的人口总数为 70 085 人，占老年人口的比例为 85%，占全区总人口的比例为 22.6%；80 周岁及以上的人口总数为 11 664 人，占老年人口的比例为 15%，占全区总人口的比例为 3.76%；根据数据统计还显示，我区空巢老人 8 775 人，占老年人口总数的比例为 10.73%。以上数据表明，五通桥区的人口趋于老龄化、高龄化，并且空巢现象严重，养老问题日益突出。五通桥区委、区政府高度重视我区养老问题及养老事业的发展，针对我区人口老龄化、高龄化和空巢化等特点，在政策、资金等方面给予大力支持，并且把养老服务工作

列入了“十三五”发展规划，制定了中长期发展目标，引导和推动养老服务业加快发展，具体表现在三个方面。

（一）加大投入，不断加强和完善机构养老建设

1. 统筹全区资源、整合养老服务机构

针对五通桥区养老机构分散、服务能力弱等问题，三年来投入资金 1 947 万元，对全区养老服务资源进行了统筹整合，以期发挥更有效的养老服务作用。新建区福利院养护楼 1 幢（新增床位 110 张），将全区 13 所养老机构进行整合后重新配置。目前开展养老服务的机构为 10 所，其中：省级社会福利院 1 所、乡镇敬老院 9 所（撤销竹根镇、桥沟镇、金粟镇敬老院，其中桥沟镇在乡镇区划调整中已合并至金粟镇）；现有养老床位共计 1 155 张。

2. 改善养老设施、不断适应养老需求

先后投入资金 484 万元对五通桥区福利院老旧基础设施进行改造，以不断适应老年人的需求；在 2019 年，投入 492 万元对冠英镇养老院、西坝镇养老院等多个养老院进行设施改造，包括床位、消防喷淋系统等设施的改善。

3. 增加管理经费、逐步提高服务质量

2019 年、2020 年相继投入资金 20 余万元为全区公办养老机构购买养老机构责任险和雇主责任险，降低了养老机构运营风险；提高了公办养老机构管理费，从之前的 120 元/月增至 220 元/月，逐步提高养老机构服务质量。

4. 投资搬迁新建、助推软硬件上档升级

五通桥区杨柳镇敬老院由于周边环境所限，导致其入口道路狭窄、交通和就医均不方便等问题，现有条件已经无法满足目前新的消防相关规定要求，也无法满足院内老人的需求，引起区委、区政府高度重视，拟将该敬老院搬迁至交通、医疗、环境等各方面条件更好更便利的地方。因此，杨柳敬老院新建项目重新选址于我区鸿福山庄，此处交通、医疗等均非常便利，且环境优美，非常适合老人居住。前期已完成鸿福山庄房屋拆除工作、地勘、设计、图审、预算、财评，签订建设施工合同，2020 年 9 月 17 日开工，预计 2021 年底投入使用。杨柳敬老院建设工程是我区 2019 年中央预算内投资项目，将投入资金 1 025 万元，其中中央预算资金 830 万元，区级配套资金 195 万元。建设规模为：新建敬老院生活用房及附属设施，购置部分设施设备，床位 150 张。

（二）形式多样，不断尝试拓展社区养老方式

在重视机构养老的同时，五通桥区在社区养老方面也在不断地探索与发展。目前，我区已建成农村互助养老幸福院、老年活动中心共计 27 个，城乡社区日间照料中心 33 个。

一方面，采取“公办民营”的方式引入民间资本，建立了华诚助老服务中心、黄桷井社区体验中心，为城乡社区日间照料中心注入资金，提供全方位、高质量、低成本的保健理疗、文娱健身等多样化养老服务体验，覆盖中心城区 2 000 余名老人。另一方面，加强管理，对管理水平和质量进行科学、严格的考核。按照《乐山市社区老年人日间照料中心运营和管理办法（试行）的通知》精神，区民政局、区财政局每年都对符合条件的社区老年人日间照料中心进行考核评定，并按考评等级给予运营补贴，从而进一步规范了社区日间照料中心运营和管理。

（三）购买服务，稳步推进居家养老模式

早在 2014 年，五通桥区民政局、财政局就联合制定了《五通桥区政府购买居家养老服务实施细则》，将居家养老纳入政府向社会力量购买服务目录，鼓励社会力量参与到居家养老服务当中。

首先，于 2016 年在黄桷井社区建立了全市首个线下服务体验点，为政府购买服务的 3 700 名特殊老人提供服务。一方面，为这些特殊老人提供 24 小时线上服务，包括紧急救援、生活服务、预约挂号、关怀服务、精神慰藉等。另一方面，让老人不但享受到本社区日间托付、医养结合等特色服务，也为老人提供远程医疗、文化娱乐、家政服务、膳食供应、兴趣发挥、康复理疗、义诊义剪、健康管理、心理疏导、广场活动等服务。另外，老人们还可凭借“12349”的会员卡在平台协议医院、爱心服务商场享受到优质、优价、安全且舒适的服务。这些举措切实提高了老年人的生活质量，打造出虚实结合的“没有围墙的养老院”，让老年人感受到了满满的温度。

其次，从 2018 年起，五通桥区创新开展“上门服务 + 日间照料点体验”相结合的模式，服务对象可自行选择服务内容。按照每人每年 300 元的标准，我区每年投入 100 多万元，为全区 3 683 名困难家庭失能老人和 80 周岁以上高龄老人购买居家养老服务项目；针对部分贫困户家中有失能、半失能、重病老人，无法外出就业的情况，开展居家和集中救助，提供基本生活保障、医疗救助、护理服务等。2020 年以来，建档立卡贫困户集中救助及居家救助老人就达数百名，其中，集中救助标准为每人每月 750 元（包括生活费 550 元和护理费 200 元），居家救助标准为每人每月 550 元，均由政府出资。另外，随着消费水平的提高，我区也在不断提升高龄津贴标准，逐步改善老人们的生活水平。

二、目前我区养老服务存在的主要问题

老龄化进程在不断加快，随之而来的养老服务需求也与日俱增，养老服务产业发展工作也逐渐得到社会关注，五通桥区的养老服务工作仍在起步、摸索当中，在许多方面还不够完善，诸如养老设施不齐全、工作人员队伍参差不齐及相应管理机制不完善等，无法适应人们在养老服务方面的需求，这些需求越来越个性化、专业化及多元化。存在的问题大致有三种。

（一）养老机构服务水平普遍不高

首先，基础设施不完善，生活方面无法提供优质服务。一是床位数量不足，全区所有养老机构中，能提供 100 张以上床位的目前仅有 3 家，即五通桥区福利院、冠英镇敬老院和牛华镇敬老院，其余的每个养老院都仅有几十张床位，无法满足老人们的基本需求。二是配套设施设备不齐全，比如老人活动室、必要的医疗设备等，在全区所有养老机构中都严重缺乏。

其次，在医疗、康复、精神等方面的服务水平不高。养老机构作为养老服务的重要力量之一，应当提供的不仅只是生理上的养老服务，即基本的衣食住行等，随着社会的发展、物质的不断丰富，精神养老服务也必不可少。然而，在全区所有养老机构中，几乎都只能提供基本的生存和生活照料服务，无法满足老年人其他更高的需求，比如在医疗、康复、心理及精神文化生活等方面的需求，尤其忽视了心理、精神方面的需求。只有重视和精心养护老人们的心理、精神，才能保证老人的生活品质，才能使养老服务工作更加全面、更加适应当前的要求。在农村敬老院，因依附财政供养，而财政能提供的管理费非常少，仅能供养少量人口，因此，农村敬老院各方面条件更是有限，整体服务水平更低，基本的物质需求都难以满足，更不必说心理、精神上的需求，并且大多数农村养老院因经费不足难以为继。

（二）养老服务人才队伍力量薄弱

首先，养老服务人才队伍数量不足。整个五通桥区养老从业人员不足百人，每个镇敬老院负责人由政府工作人员兼任，其余员工大都为聘请人员，并且人数很少，一般不超过 5 人。其次，养老服务人才队伍整体素质不高。由于养老机构工资待遇低，工作强度大，因此大多数有知识、有文化、懂专业的人不会考虑从事养老服务工作，能聘请到的人员多数学历低、年龄大、未受过培训。目前，我区所有从业人员当中，40 ~ 60 周岁农村妇女及下岗失业人员约占 90%。上岗前，这些人员从未接受过任何与管理、医护康复、保健、心理等相关的专业知识培训，在工作期间，也从未接受过此类培训。

其次，养老服务人才队伍力量薄弱。一方面，养老院的工作性质是照顾老年人，有文化的年轻人认为这样的工作没有前途，不愿从事养老服务工作，造成现有养老服务队伍文化水平、年龄结构均不能满足行业需求。另一方面，高层次的康养管理、教育、研发等专业人才匮乏，尤其缺乏具备养生、医学、心理等相关专业知识技能的复合型人才。因此，就目前我区的养老服务人才队伍而言，已经无法满足人们的养老需求，也无法适应养老产业发展需要。

（三）养老产业发展后劲不足

养老产业是根据人口老龄化的发展趋势而发展的产业，是社会发展的必然产物，而老年阶段是人生的一个重要时期，养老也包含养生，老年人养生有非常明显的特殊性，养老不仅仅是将老年人当作照顾的对象，更重要的是充分发掘老年人的内在养生需求，针对老年人的实际情况，建立老年人养生养老服务体系。然而，诸多现实原因导致目前无法建立起更好的、令人更满意的老年人养生养老服务体系，严重阻碍养老产业发展，造成养老产业发展后劲不足。这些原因有以下三个：

第一，人们普遍观念陈旧、落后，已经不适应社会的发展需要。在多数人的观念中，普遍认为养老就是吃饭睡觉、看病吃药，忽视了老年人随着社会的发展对其他方面有了更高的需求，养老服务的意识普遍淡薄；而且受到传统文化的影响，相当一部分人认为无儿无女的人才会选择进养老机构，潜意识中仍习惯于居家养老，对于到养老机构进行养老持抗拒态度。很多家庭子女忙于工作和生计等，忽视了对老人的照顾，这时候，将老人送入养老机构不失为最好的办法，可以让老人在养老机构得到生活上更好的照顾，孤独得到一定程度的缓解，然而，很多人却认为让老人去养老机构是子女不孝顺的表现。即使有些老人心里愿意进养老机构，愿意给子女减轻一些负担，但也担心周围人的指指点点，说其子女对老人不孝，给其子女带来不必要的负面影响。其实，孝顺老人有多种方式进行体现，只要是按照老人的心愿，让老人晚年过得开心、幸福就是在尽孝，而不是取决于让老人在家养老还是到养老院养老。因此，随着老龄化社会的到来以及快速发展，无论老年人还是子女，其陈旧、落后的养老观念需要不断更新，才能更好地适应社会发展，老年人的晚年生活才会更加幸福、美好。

第二，养老服务产业规划滞后，相关工作缺乏引领和指导。由于对养老服务产业规划重视程度不够，甚至严重滞后，导致规划与现实不匹配，相应地放大了工作难度；缺乏统筹和协同机制，导致关联部门责任不清，任务不明，没有具体的配套实施方案、任务清单、路线图和时间表，无法满足养老服务产业的发展需要。

第三，民间资本进入养老服务业难度较大。对于养老，老人们的消费档次有差异，需求也并不完全相同，为了更好地满足老年人多样化、多层次的养老需求，引入民间资本进入养老服务业不失为一个好策略。然而，由于各种原因造成民间资本进入养老服务业难度较大，比如养老服务行业中，民营资本在融资服务、财政支持、土地使用、医保定点等方面没有相应的政策支持，无法享受公办机构的优惠政策，无法平等参与竞争；并且养老产业具有投资大、回报周期长、风险高等特点，受思想观念、配套政策和环境因素影响，难以吸引社会资金投入，因而产业发展后劲不足。

三、对策与建议

（一）精准定位，办好用好公办养老机构

现阶段，要进一步精准定位公立养老机构的功能：一是在“为谁服务”上，公立养老机构尤其是公建公营的养老机构应当瞄准贫困无依的老年人。二是在“服务什么”上，公立养老机构应向社会提供民办养老机构不愿或不能提供的服务，比如社会有需求而供给不足的护理型养老服务。目前，在贫困老年人的托底性养老方面，公办机构定位明确，而且制度安排也相对成熟。公办养老机构应该充分利用低成本优势，把服务定位在风险大、技术要求高的服务项目上，从而有效地弥补市场供给不足或市场失灵的问题。

（二）推进医养融合，实现健康养老

一是促进医疗服务进入养老机构、社区和家庭，建立社区卫生服务站与社区居家养老服务中心、卫生院与城乡福利院、中心医院与失能老人护理服务中心合作新模式，开展上门诊视、健康查体、保健咨询等服务。二是鼓励有条件的传统养老院改造或者与社会资本合作兴办医疗护理院，可依法向卫生行政部门申请设置康复医院、门诊部、诊所等医疗机构，取得医疗机构执业许可证，卫生行政部门要优先受理、审核。三是倡导医师多点执业，整合闲置医疗资源，可将医疗机构的在职医务人员充分整合，也可招募已退休及民间医务工作者组成志愿者团队，再将这些医疗资源合理分配到养老机构中展开医疗工作，填补医养结合中医疗的不足。四是优化养老床位结构。随着人口老龄化现象地不断加剧，失能半失能老人明显增加，老年人的医疗、养老和护理问题已经成为重要问题，因此，应保障失能、失智等老年人护理床位需求，护理性床位要占总数的 50%以上。

（三）加大扶持力度，提升持续经营能力

一是加快制定与养老服务相配套的规划用地政策、税费扶持政策、资金补贴制度、投资金融政策等具体措施。二是加强康养设施规划。按照人均用地不少于 0.1

平方米的标准制定城市规划，新建城区、小区要按照每百户不少于20平方米的标准配套建设康养服务设施。三是加大资金扶持力度。加大财政性投资康养产业支出，加大福彩公益金用于康养产业发展的力度，建立不低于全省平均水平的民办养老机构床位建设、运营资金补贴制度。

（四）建立、健全激励机制，吸引民间资本

国务院办公厅于2016年和2017年分别出台了《关于全面放开养老服务市场提升养老服务质量的若干意见》《关于进一步激发社会领域投资活力的意见》等重要文件，在《意见》中明确指出：养老服务业既是涉及亿万群众福祉的民生事业，也是具有巨大发展潜力的朝阳产业。对于社会资本参与到养老服务业，在《意见》中也进行了比较具体的规定，提出了这样的原则："深化改革，放开市场。进一步降低准入门槛，营造公平竞争环境，积极引导社会资本进入养老服务业，推动公办养老机构改革，充分激发各类市场主体活力。"面对五通桥养老服务业社会参与度低等实际问题，可结合国家相关的优惠扶持政策，不断深化简政放权、放管结合，不断加强优化服务改革，加快推进养老服务业供给侧结构性改革，只有这样才能做到积极应对我区人口老龄化问题，培育人们的健康养老意识，保障基本需求，从而繁荣五通桥的养老市场，提升养老服务质量，让五通桥的老年人充分享受到优质的养老服务，增强老百姓的归属感、获得感。因此，只有采取到位、落实相关优惠扶持政策，彻底放宽市场准入，建立、健全激励机制，完善监管体系，积极营造公平竞争环境等方式，才能充分吸引社会资本进入养老服务产业，使我区的养老服务产业欣欣向荣、发展壮大，让人们养老无忧。

（五）发展社区嵌入式养老，满足不同人群的养老需求

机构养老具有很大的局限性，比如成本较高、养老观念守旧及资源的不足等等，推广起来会遇到很大阻力；而传统的居家养老也面临诸多问题，比如覆盖范围有限、部分设施闲置、使用效率不高等问题，具有很大的局限性，此时产生了一种新型的养老模式——嵌入式养老，这种养老模式既在一定程度上结合了机构养老和居家养老的优势，又克服了两者的一些不足之处，目前已在部分地区进行了试点，并且取得了良好效果，是一种值得借鉴的新型养老模式。

"嵌入式"养老模式具体是采取机构养老和社区居家养老这两种模式有机融合在一起，相互补充、相互整合，以社区为载体，引入嵌入理念（资源嵌入、功能嵌入及多元的运作方式嵌入等理念），通过竞争机制在社区内嵌入一个市场化运营的养老模式，这种模式可整合周边养老服务资源，为老年人就近养老提供优质的服务，这

种养老服务更专业、更便利、更具个性。我区可以在条件相对成熟的区域开展“嵌入式”养老模式的尝试，发展社区嵌入式养老，建议可以采取以下做法：一是盘活现有闲置资产，采用公建民营或低价出租等方式，引进社区、社会组织 、社工“三社联动”力量，大力发展社区嵌入式养老服务。二是落实养老机制备案制度和减费降税政策，出台评估考核细则，开展星级评定，给予运营补贴，让企业能够稳步运营，把更多的精力投入到提升养老服务质量上。

（六）加强顶层设计，增强扶持政策的体系性

“老吾老以及人之老”，衰老是一个生命的必然过程。养老服务是一项涉及多领域的社会性公益事业，这项事业的好坏决定了人在老年时期的生活质量，关系到整个社会的系统性工作。养老需要一个系统完整的服务体系，养老政策的出台一定要系统化设计，既要从我国的国情出发，又要结合本省市区的实际情况，要跟上本地人口老龄化的形势，为全区养老事业的发展提供良好的政策环境。按照 2018 年 12 月新颁布的《中华人民共和国老年人权益保障法》，围绕“居家养老为基础、社区养老为依托、机构养老为支撑”的总体框架，应将着力点放在完善各项措施，研究多层次制度建设来系统地回答各级政府如何落实责任、如何监管养老机构、如何培育人才队伍、如何发动社会力量等相关具体问题。如何与社会保障改革、医疗改革、人口政策等相协调，逐步使养老服务领域内法律、法规规范性文件和政策措施打造成内容完整的有机体系，做到养老事业有政策保障、有标准可循；当行业内出现问题时做到有法可依、有据可查。把养老产业做成一个真正的朝阳产业，实现“让老年人拥有幸福的晚年，后来人就有可期的未来”的目标。

作者简介：

杨红（1976—），女，四川乐山人，大学学历，中共乐山市五通桥区委党校副校长，研究方向：党建、基层治理。

张进（1971—），女，四川乐山人，大学学历，中共乐山市五通桥区委党校教师，研究方向：信息化、社会管理。

廖黎（1981—），女，四川乐山人，大学学历，中共乐山市五通桥区委党校办公室主任，研究方向：党建，基层治理。

网格化在基层治理中的应用研究
——以乐山市沙湾区为例

窦永忠　施庆柯

【摘　要】城乡基层治理要重点围绕城乡的街道和社区来展开。针对社区区域面积大、人口数量多、社区类型复杂的实际，如果不创新思路，凝聚大智慧，服务大民生，势必难以实现社会治理的精细化，而城镇社区网格化治理就是社会治理方式的创新发展方式之一。充分运用现代信息技术，将辖区内的人、地、事、物、组织等社会要素纳入网格，将社会服务资源和力量整合到网格，将社会问题尽可能解决在网格，缩小区域面积，将复杂社区简单化，推动社会治理力量下沉、资源整合、方法创新、效能提升。

【关键词】基层治理　网格化　体系

城乡基层社会治理是国家治理体系和治理能力现代化的有机组成部分和重要基础，加强和创新基层社会治理，关乎党长期执政、国家长治久安和广大人民群众的切身利益，意义十分重大。党的十九届四中全会做出的《中共中央关于坚持和完善中国特色社会主义制度 推进国家治理体系和治理能力现代化若干重大问题的决定》提出坚持和完善共建共治共享的社会治理制度，强调完善党委领导、政府负责、民主协商、社会协同、公众参与、法治保障、科技支撑的社会治理体系，建设人人有责、人人尽责、人人享有的社会治理共同体。这体现了我们党社会治理理念的升华和对社会治理规律认识的深化。

深化网格化管理是社会治理方式的创新发展。党的十九届四中全会提出，要“健全社区管理和服务机制，推行网格化管理和服务”，为深化网格化社会治理创新提出了科学指引和根本遵循。网格化管理是指充分运用现代信息技术，将辖区内的人、地、事、物、组织等社会要素全部纳入网格，将各种社会服务资源和力量整合到网格，将社会服务责任全部落实到网格，将社会问题尽可能解决在网格，推动社会治理力量下沉、资源整合、方法创新、效能提升。沙湾区自 2013 年率先在全市推行网格化服务管理工作以来，既有成功经验也有不足之处，为推动基层治理提供了经验借鉴。

一、沙湾区网格化工作现状

2013 年底，沙湾区率先在全市推行网格化服务管理工作，将全区 147 个行政村（社区）划分成 204 个网格，包括农村网格 127 个，社区网格 20 个，共选配网格员 204 名，其中沙湾镇社区专职网格员 40 人，并在区级层面设立社会管理网格监管中心，在乡镇设立网格化服务管理站，形成了“区—乡镇—村（社区）—网格员”的四级网格化治理模式。通过近年来的探索与实践，沙湾通过推行网格化治理，有效汇聚了各方力量共同参与社区治理，公共服务水平得到全面提升，实现了“小网格”成就“大民生”的预期效果。

一是各方治理力量得以有效整合。通过全面推行网格化服务管理，有效整合了党委政府、社会组织、人民群众三大社会治理主体的力量。党委政府充分发挥了社会治理的主导作用，在实施管理中为社会组织和广大公众参与社会治理提供空间、搭建平台。建立由社区民警带领社区网格员、治安巡逻员和“红袖标”等群防群治队伍，着力延伸天网视频监控覆盖面，建立的无缝对接，为治安防控体系建设夯实了基础，提供了保障。人民群众充分发挥社会治理的基础作用，群防群治，从社会治理的旁观者变为真主人。

二是公共服务水平得到全面提升。通过网格 E 通系统各种信息互享、资源共用，上下联系快速化，随时提供精细化管理和服务，一大批事关群众利益的“小问题”得到及时解决。2019 年，沙湾区四级网格服务处置各类公共管理和服务事件 34 116 件，其中劝解矛盾纠纷 719 件，收集社情民意 5 177 件，参与特殊人群服务 2 856 件，宣传政策法规 10 712 件，办理民生服务 13 070 件，参与治安防控 1 516 件，突发事件报告 66 件。发现治安隐患 40 件。流动人口、社区服刑、吸毒人员、刑释人员、严重精神病患者等特殊人群走访全覆盖，走访完成率 90%以上，消防隐患排查 2 100 余次，排查单位 1 300 余家。全区网格月均活跃度 95%以上，位居全市前 3 名。

二、沙湾区网格化工作存在问题

一是网格作用发挥受限。在以往的基层实践中存在“什么都可以往网格里装”的现象，导致网格员“责任无限大”，又加之多数为兼职网格员，承担着社区或村上其他事务，从而造成事务繁杂、工作压力较大的局面，影响到网格化治理预期效果。同时，由于网格员身份受限，其自身并不具备行政执法等主体资格，在日常工作中职能仅仅局限于“发现—上报”，问题的真正解决还是要靠职能部门或乡镇来处理，网格员在开展工作中往往陷入“单打独斗”局面，作用发挥十分受限。

二是信息沟通互不对称。网格化治理的实质是打破信息孤岛，实现信息共享。然而在实际中，各部门都有自己的信息系统，但相互之间又未打通，导致相关部门间仍存在数据壁垒情况。部门与部门之间的信息不对称，也在一定程度上影响网格员工作开展。

三是社区自治能力不足。目前，网格化治理在化解矛盾、维护社会稳定方面起到了立竿见影的效果，但过度推崇网格化，使得部分社区抱有网格“兜底”思想，存在“网格员拼命干，群众旁边看”的现象，社区应当承当的职责有所松懈，削弱了社区自治的作用。另一方面，在当前社会治理政府主导模式下，群众参与网格化治理缺少有效途径，挫伤了社区居民参与公共事务的热情，也导致了社区自治能力逐步退化。

四是要素保障不够健全。网格化治理的关键是网格员的配备，而在实践中网格员补助标准低,且补助不能足月发放已经成为影响网格员工作积极性的最主要因素。同时，网格员在开展特殊人群管理服务中，还存在人身伤害的风险，在工作中一旦造成人身伤亡，无法享受工伤保险等政策待遇，在很大程度上影响网格员参与社会治理的积极性。

三、创新网格化管理体系的思考

网格化治理工作应成为城乡基层社会治理的重要方式，不断构建和完善“人在网中走、事在网中办”精细化社会治理格局，以信息化手段让市民少跑腿、让政府服务更快捷，让城市管理、社会治理和惠民服务的应用更加智能化和便捷化，城市感知更加全面，城市服务更加精准，跨部门业务协同更加高效。

（一）创新网格管理模式

一是管理区域网格化。根据“任务相当、方便管理、界定清晰”的要求，科学、合理划分基础网格，明确管理区域，积极整合组织、政法、信访、公安、司法、市场监管、民政、卫健、环保等“多极化”力量融入基层网格工作，不断补齐基层管理网络，逐步构建起“横向到边、纵向到底”，从而实现管理服务的全方位覆盖，做到信息的上通下达。二是管理内容标准化。进一步延伸基层服务事项，在经济发展、城市管理、民生服务、社区治理、政务工作等方面推进多网融合、资源整合，实现一网兜起社区大小事。三是管理队伍多元化。在过去单纯依靠社区干部服务管理的基础上，整合各网格管理员、社区民警和巡警、专兼职群防群治队伍、党员志愿者服务队伍等，组建起一支熟悉网格居民情况、综合素质较高、具有一定组织管理能力的社区网格化管理员队伍，提升基层管理服务水平。

（二）加强网格员队伍建设

一是规范考核制度。实行网格员全区统一选任、按需选派、集中管理、量化考核制度。针对网格员工作特点和社会治理需要，制定网格员选任、管理、考核激励制度，吸纳部分有心理咨询资格、群众调解经验、法律法规知识的社会人士加入网格员队伍，增强网格员力量。

二是引入激励机制。适当提高网格员每月薪酬，并根据年终考核情况实行差额薪酬，对部分个案适当给予经济补贴、线索奖励，为网格员购买意外保险等，切实保障待遇。

三是加强业务素能培训。会同相关职能部门，针对网格员职能职责、工作程序、工作方法、特殊人群管理中注意事项，有针对性地开展任职培训，加强网格员职业化建设，提高业务素能。

（三）创新网格治理机制

一是科学设置职责权限。进一步规范网格化治理中的人、事、物的处置标准和程序，根据网格工作特点和职责权限，厘清网格员工作重点、工作权限，明晰网格员与相关职能部门的职责边界和工作任务，避免“眉毛胡子一把抓”，让“发现问题—上报问题—解决问题”有章可循，提高网格化治理的科学性。

二是因地制宜选派人员。随着城区面积地不断增加，应适当考虑增加网格数，并改变以往“一格一员”的配备方式，根据各网格社会治理工作内容、工作量大小决定网格的划定及网格员分配比例，为各网格“量身定制”选派适宜开展工作的网格员。网格员的选派以专职网格员为主，部分社会治理任务重的区域可采取“1 名专职 + 2 名兼职”的团队制。

三是构建“网格员 + N”治理新模式。对群众反映问题及时归口解决，加强与相关职能部门的联动处置。必要时采取“1 名网格员 + 1 名职能部门人员”的方式，会同公安、卫计、司法、交通、民政等部门及时处置，并将办理情况及时回复群众。充分发挥网格员协管作用，提高办理、回复率，避免没有执法权带来的治理“瓶颈”。

四是完善网格化绩效考核机制。将涉及的职能部门纳入网格化治理考核范围，避免出现上报问题得不到及时解决或出现相关推诿扯皮现象。

（四）提升信息化服务水平

一是加强部门间数据共享。针对跨部门数据共享难题，应循序渐进，通过社会发展方式来解决。如卫计、公安、司法、交通等涉及网格化治理职能部门数据，可在今后综治中心功能逐步完善中实现资源共享和有机衔接。

二是将公共服务接入网格化平台。针对网格员“问题发现得好”但“问题解决并不乐观”现象，可以将“12345”“119”“110”等公众服务热线接入网格化平台，实现公共事务“一口受理、一键转办、及时办理”，通过网格员向群众及时反馈办理情况。

三是以信息化打通服务群众“最后一公里”。逐步探索群众直接反映问题、表达意见建议、了解办理情况的多方参与信息平台，打通服务群众和基层社会治理的关键环节，实现服务群众精细化、扁平化。

（五）促进居民参与配合

一是畅通群众参与社会治理监督的渠道。网格化治理的良好运作、可持续发展依靠社区居民的参与热情与全情投入，需要社区居民的建言献策，发挥主观能动性，参与民主自治和民主监督作用。将网格治理信息共享制度化，保证网格工作内容的公开透明，便于社区居民参与监督。

二是丰富群众参与社会治理的模式。社区应为社区居民参与治理提供多种渠道，通过社区服务站、微信公众号、社区网站等社区信息公共平台，积极听取吸纳居民有益的建议，共促社区网格良性发展。社区在网格化治理过程中应有意识地引导居民融入基本网格单元中，成为社区网格治理的信息员、争端处理者、服务提供者。

三是鼓励群众参与同时还应支持社区居民加入社区志愿服务队伍、非营利组织、利益群体等社会力量，使其在满足自我需求、实现价值的同时成为网格治理的重要参与力量，形成居民认同网格、依靠网格、融入网格的局面，实现共建共治共享社区网格化治理成果。

我国城乡基层治理的基本态势，是由行政型向网格化治理的转变，由单一、封闭走向互动、开放的趋势。在推进城乡基层社会治理制度创新和能力建设过程中，应有计划、有重点、分阶段推进网格化社会治理，不断做实网格化社会治理基础性工程、建强网格化社会治理信息化平台、健全网格化社会治理保障性机制，着力推进网格化社会治理全领域覆盖，形成“党建引领，科学决策，群众自治，社会协同，制度执行”的共建共治共享社会治理格局。

作者简介：

窦永忠（1968—），男，四川乐山人，四川省委党校法律专业大学学历，主要研究方向：党建、基层社会治理。

施庆柯（1994—），男，四川乐山人，四川师范大学计算机科学与技术专业2016级学士，主要研究方向：行政管理、经济。

加快峨眉山市乡村旅游民宿发展的调查与思考

赵文娟

【摘　要】峨眉山市围绕建成世界重要旅游目的地，形成“两核两带五区”全域旅游格局，打造娥眉山居、悠然南山、古镇风情三大民宿聚集区，以乡村旅游民宿发展助推乡村振兴、天府旅游名县、国家全域旅游示范区、县域经济强县建设，努力打造峨眉旅游新亮点，推动景城一体发展。如何打造规范化、特色化、精品化的民宿，助推全域旅游发展大局，成为亟须解决的问题。

【关键词】乡村旅游　民宿发展　调查思考

近年来，峨眉山市坚持以习近平新时代中国特色社会主义思想为指引，践行“绿水青山就是金山银山”发展理念，按照峨眉山市“137”发展总体思路，以乡村旅游民宿发展助推乡村振兴、天府旅游名县、国家全域旅游示范区、县域经济强县建设，努力打造峨眉旅游新亮点，让乡村旅游民宿产业成为助推绿水青山典范城市的新业态、新引擎、新动力。目前，峨眉山市形成了以娥眉山居、王山民宿等为代表的民宿约 1 000 家，具有一定规模，但还存在品牌不突出、配套设施不够等问题。如何打造规范化、特色化、精品化的民宿，助推全域旅游发展大局，成为亟须解决的问题。

一、峨眉山市发展乡村旅游民宿的优势

（一）旅游资源丰富

峨眉山市共有国家 A 级旅游景区 5 家，包括峨眉山景区、大佛禅院佛教文化旅游区、旅博天地景区、农夫山泉峨眉山工业旅游区等，历史文化遗产丰富，佛教文化、茶文化、武术文化等交相辉映，现有全国重点文物保护单位 1 处，四川省重点文物保护单位 6 处，乐山市重点文物保护单位 12 处。2019 年，峨眉山市获评国家全域旅游示范区、全省天府旅游名县、实施乡村振兴战略工作先进县，名列西部百强县第 36 位、中国城市品牌（县级市）百强榜第 37 位。目前，峨眉山市已形成川主苦笋等一批乡村旅游产品，采摘、骑游、攀岩等一批旅游项目，老树院子、拈花溪等一批精品民宿，建成省级特色乡镇、精品村寨各 1 个，省级森林小镇及康养基

地 15 个，省级特色业态 6 个。依托峨眉山市国家现代农业产业园创建工作，深度实施农业产业园茶旅融合项目建设，推出了“秋季养生到茶乡”“峨眉山禅茶生态康养之旅”等茶旅融合精品线路，正加快推进 5 条茶旅融合乡村旅游线路和嘉峨茶谷等茶旅融合示范点建设，200 千米茶旅融合产业长廊正加速形成。依托民俗文化和自然田园风光，突出乡村特色，不断丰富乡村旅游产业的乡土文化、农耕文化内涵，积极举办李花节、桃花节、脆红李采摘节、农民丰收节、新农村旅游文化节等节庆活动。2019 年 1 月至 6 月，全市乡村旅游接待游客 367.81 万人次，同比增长 11.21%；实现旅游综合收入 55 918.85 万元，同比增长 6.95%。

（二）交通便捷，客源市场较广

峨眉山市是四川省对外开放的旅游城市，基础设施完善，交通十分便捷，成昆铁路由北至南贯穿全境，铁路站点在市境内设 6 个站，其中高铁站 2 个，乐峨快速通道减少了峨眉到乐山的时间，成乐高速与成绵乐城际铁路大大缩短了成都、眉山等地与峨眉山市的距离，正在建设的乐汉高速也从峨眉山市境内通过，交通辐射范围增大将增加游客的数量。目前，峨眉山市客源市场中省内游客占比达到 86%，外地在峨购房比达 47.7%，成都和乐山是重要的近距离客源市场，主要原因是距离较近，成本和时间花费较少，与峨眉山市社会习俗比较接近。通过对省内客源地分析，2019 年末，成都市常住人口 1 658 万，是峨眉山市重要的游客市场之一。随着成渝地区双城经济圈崛起，成渝中线高铁的建成，时空距离缩短，交通更加便捷，将使峨眉山市旅游客源市场进一步扩大。在“2020 年省委深改委审议通过的《成渝地区双城经济圈建设县域集成改革试点方案》中，峨眉山市入选首批试点名单”，将为推动县域深度融入成渝地区双城经济圈建设探索路径、积累经验、做出示范。

（三）经济发展良好

2019 年，“峨眉山市地区生产总值 328.44 亿元、增长 8.4%，地方一般公共预算收入 20 亿元、增长 24.4%，社会消费品零售总额 143.25 亿元、增长 11.5%，城乡居民人均可支配收入 37 499 元、19 266 元，分别增长 8.9%、10.3%，”经济社会发展继续走在乐山前列，被评为县域经济发展进步市、县域经济发展强县。经济发展提升了投资者对峨眉山市民宿发展的投资信心。

（四）政府高度重视，扶持力度较大

2019 年，峨眉山市政府出台了《关于加快峨眉山市乡村旅游民宿发展的指导意见（试行）》，加快乡村旅游民宿业发展，纵深推进全域旅游。《意见》分别就民宿建

设土地、税补、资金、配套、人才等方面做出了具体规定。政府的大力支持和优惠政策为推动乡村旅游民宿发展提供了坚实保障。2020 年，中央财经委员会第六次会议提出，要推动成渝地区双城经济圈建设，在西部形成高质量发展的重要增长极。随后，四川省、乐山市以及峨眉山市先后召开会议，做出重要部署。峨眉山市提出，要全面参与乐山市委“建设巴蜀文化旅游走廊世界重要旅游目的地”重大任务，持续深化“建设世界重要旅游目的地”“培育优势产业集群”等七大专项行动，努力建设国家生态文明建设示范市、世界重要旅游目的地、高质量发展先行区、高品质生活宜居地，实现“工作在成渝、旅居在峨眉”。随之而来的交通一体化发展、基础设施建设等都将有助于进一步推动民宿产业发展。

（五）休闲度假成为旅游新趋势，发展空间大

一是都市休闲游客增长迅速。随着都市休闲群体人数快速增长，旅游消费增长潜力巨大，2020 年占比将达到 36.9%，大众消费群体贡献约 50%的旅游消费金额。其中特色美食消费（增长率超过 20%）、度假消费（增长率超过 30%）、节假日文化等体验性强的旅游产品成为旅游消费热点。二是康养旅居消费趋势明显，高端养老市场空间巨大。山地、森林、乡村资源丰富，养生、医疗、保健、运动休闲、娱乐体验等休闲度假产品的旅游消费市场潜力较大。三是城市人群对田园体验的需求日益增强。消费主体的转变促使旅游消费从观光旅游向度假旅游转变，休闲成为旅游的基本内涵，休闲生活模式场景的塑造需求极为迫切。

二、峨眉山市乡村旅游民宿发展现状

围绕建成世界重要旅游目的地，峨眉山市形成“两核两带五区”全域旅游格局，布局打造娥眉山居、悠然南山、古镇风情三大民宿聚集区，推动景城一体发展，提升世界级旅游核心吸引物内涵。

（一）娥眉山居

以黄湾小镇为核心，大多采取家庭经营的模式，约 700 ~ 800 家民宿，2 000 张床位，非节假日房间价格为 100 ~ 300 元/间，节假日为 200 ~ 500 元/间，旺季入住率达 60%以上，淡季入住率 30%左右，均为外地游客。黄湾小镇于 2019 年 5 月成立了黄湾民宿协会，由天景社区党委书记担任法人代表，以社会成功人士和具有旅游发展思想和理念的各界人才为理事，以社区工作人员作为监事的管理模式，现有会员 198 家，办公场所设置在黄湾镇天景社区办公楼一楼。协会主要职能是对会员单位进行政策宣传培训，提供服务理论宣讲以及安全、诚信服务理论培训。经费通

过入会会员缴纳的100元培训费用，资金缺口部分通过天景文化艺术中心、社会乡贤资助。引入新媒体平台，采取互惠互利、合作共赢的方式与互联网企业合作，以旅游开发发展为主导，合作“码上峨眉”平台和菁弘旅游公司，为每一户会员定制专属二维码，方便游客一键查阅民宿情况。

（二）悠然南山

该片区以高桥镇、龙池镇、龙门乡为主，依托高桥镇优质的森林资源、龙池镇和龙门乡的中药材资源、龙池镇和大为镇的高山有机农业资源，以“康体疗养、旅游居住”为主题，输出峨眉山市康养旅居的精品旅游名片，建设成一个集旅游观光、避暑度假、森林养生等为一体的旅游综合度假区，带动区域内村庄发展。同时在峨眉山市全域范围内选择康养资源突出、基础设施配套完善、特色优势产业较好的川主、绥山等乡镇，把握连线扩面的发展趋势，因地制宜挖掘康养旅居体验亮点，打造品质化康养小镇，创建全域化康养基地。现已建成寨子村精品民宿、汪坎村民宿、王山村精品民宿、兴宏村民宿、川主玉龙山舍等。房间价格标间为200～400元/间，套房为500～800元/间。由于价格偏高，且生态环境良好，以度假养生为目的的外地游客特别是成都游客居多。

（三）古镇风情

指罗目古镇片区。罗目古镇为四川省历史文化名镇，始建于唐高祖武德元年（618年），相传是明清时期茶马古道从平原进入山区的第一站，至今保持着不少传统的手工艺和风味小吃，一砖一瓦都保留着原来的样子，营造了浓厚淳朴的生活气息。目前，古镇有小屋里（书中客栈）、角落客栈2家较成熟的民宿，占地面积500平方米，建筑面积600平方米，共有房间10间，床位13张，小屋里（书中客栈）平均房价350元，年营业总收入20万；角落客栈平均房价500元，年营业总收入30万。其中，一家民宿租用当地居民老屋经营，另一家为买入，均为外地资本投资，本地居民开办较少。民宿在原有木质房屋的基础上进行改造，以外地游客为主。

三、峨眉山市乡村旅游民宿发展存在的问题

（一）缺乏统一规划，品牌意识弱

浙江莫干山是我国乡村民宿发展的典型代表，它将民宿与自然、人文历史、建筑遗存等资源有机融合，不断创新服务，形成了具有较强品牌影响力的“洋家乐”。“高端乡村民宿产品，每晚价位基本都在1 000元以上，有的甚至高达5 000元，且

需提前预订。”而目前峨眉山市的乡村民宿中低端产品偏多，多数价格为 100～300 元/晚，有的经营者认为乡村民宿就是升级版的“农家乐”，所提供的服务和体验与一般农家乐大同小异；有的干脆照搬其他地区的成功模式，打造出一些“水土不服”的“四不像”产品，无法满足入住者的精神需求。目前虽然划分了民宿发展三大区，但精品民宿较少，民宿经营者品牌意识不强，大多数民宿只提供住宿、餐饮和果蔬采摘服务，少有文化类的产品服务，更没有深入人心的品牌。

（二）民宿产品千篇一律，缺乏特色，同质化严重，档次低

根据调研走访情况来看，部分民宿与农家乐区别不大，停留在“吃吃饭、喝喝茶、打打牌”的层面，消费档次低，客人住宿意愿不强，难以留住外地客人。没有结合当地实际，开发相关体验活动，游客参与感、体验感不强。大多数民宿入住率高峰期为法定节假日，高桥镇、龙门乡等地由于气候影响，夏季成为避暑地，入住率较高，其余时间入住率较低。市场影响力方面，峨眉山本身的品牌知名度以及世界遗产的市场号召力赋予峨眉山风景名胜区强大的市场辐射力，吸引了全国各地的游客。但峨眉山市乡村旅游资源或其他已开发景区（点）吸引力十分有限，乡村旅游尚处于产业链条的底端，无法满足各地游客的休闲度假需求。

（三）配套设施不够完善

想要做强、做精民宿，不仅仅是打造民宿本身，更要完善周边配套设施。一是部分乡镇交通条件有待改善。交通是旅游发展的先决条件，直接影响经济效益。比如高桥镇兴宏村，两年前刚开业时游客较多，但由于受交通条件限制（九沙路重车多、路况差），很多游客表示不愿再去，近两年一直处于亏损状态。二是民宿周边配套设施有待加强。峨眉山居片区污水管网不畅，严重影响游客和当地居民住宿体验；停车场缺乏、休闲场所打造也是大多数民宿面临的问题，大大影响民宿的经营状况。

（四）政策落地难度大，监管机制亟待优化

乡村民宿涉及旅游、安保、卫生等诸多方面，尽管峨眉山市在 2019 年 12 月出台了《关于加快峨眉山市乡村旅游民宿发展的指导意见（试行）》，但在落实方面存在难度。比如虽然规定“每年安排不少于 150 亩建设用地指标，专项用于乡村旅游民宿建设，对投资亿元以上的乡村旅游民宿项目，优先安排新增建设用地指标，供地价格不低于区域基准地价的 70%”，但在调研走访过程中普遍反映用地审批困难；规定“对总投资 1 000 万元以上的新建乡村旅游民宿项目，建成运营后给予一次性 10 万元奖励，对年入住率达到 60%以上、年销售额 100 万元以上的乡村旅游民宿，

给予一次性 1 万元奖励”，但能达到如此大规模的目前还没有，投资最大的在 100～200 万元，销售额也难以达到 100 万。意见明确了消防、用地、治安、食品安全等方面的主管部门，但目前乡村民宿还无明确的主管单位，也没有联合执法机构，同时由于法律的缺位，导致监管难度大。

（五）缺乏专业管理人才

目前，峨眉山市乡村旅游民宿主要分为传统型民宿和社会型民宿。传统型民宿是利用自用住宅，以家庭副业方式经营，表现为农家乐；社会型民宿是引进外来投资者，加以适当打造后经营。传统型民宿从业人员基本上是自家人或亲属，受文化程度、理念等影响，服务水平有限。外来投资者也是良莠不齐，有酒店管理公司也有建筑公司等，不能进行专业管理。

（六）群众参与度不高

根据调研走访，除峨眉山居家庭经营成片发展，民众参与积极性较高外，大多数地方民宿发展与群众脱离，群众参与度不高，成为“局外人”，涉及土地等问题时易产生矛盾。

四、加快峨眉山市乡村旅游民宿发展的对策建议

通过对峨眉山市民宿发展存在问题进行分析，充分借鉴莫干山民宿、彭州市“龙门山·柒村”等民宿建设的成功经验，课题组就如何加快峨眉山市乡村旅游民宿发展提出以下建议：

（一）坚持规划引领，强化品牌意识

坚持“规划先行”意识，统筹优化布局，做优做精乡村旅游民宿。一是要将乡村民宿发展纳入旅游业发展规划，与国民经济与社会发展规划、城乡建设规划、国土空间规划、村镇总体规划等相衔接，确保乡村民宿发展的协调性与可持续性。

二是强化品牌意识，打造高品质民宿。2020 年国庆期间，民宿市场表现出一个突出的特征——高品质民宿更受游客青睐。应以文化特色为底板，回归民宿情怀，给予游客安心、舒心的旅游体验。紧抓“文旅融合”旅游产业发展趋势，将文化元素注入主题旅游中，与乡村旅游深度融合，打造峨眉山特色文化体验品牌。依托峨眉山的品牌优势，大力培育具有区域特征和地方特色的乡村民宿品牌，推出一批本地区产品建设好、服务质量好、市场评价好、带动作用好、示范意义好的精品乡村

民宿，把峨眉民宿做出特色，助推峨眉山市全域旅游。

三是加强宣传营销。要把乡村民宿纳入本地区文化和旅游宣传营销体系，综合利用传统媒体和微博、微信、微电影等新媒体平台和大数据技术手段，发展社交电商、“粉丝”经济等网络营销新模式，建立一体化营销格局。可以依托旅游公共服务平台资源，采用“互联网＋旅游＋民宿”的模式进行宣传营销，在城市旅游宣传片中加入民宿的内容；积极组织开展“最美民宿”“最值得去的乡村民宿”评选活动，举办各种类型的“民宿＋”等活动，提高峨眉山市乡村民宿的知名度。积极与互联网巨头合作，建设具有权威性的峨眉山市乡村民宿专业网站，开发乡村民宿 APP，开通微信公众号，通过多种不同的渠道，提高预订率、扩大影响力。

（二）合理利用资源，打造特色产品

一是深入挖掘文化、生态资源。峨眉山历史文化遗产丰富，有佛教文化、武术文化、禅茶文化等，要注重挖掘文化资源，依托“峨眉学”研究成果，合理利用生态资源，注重与周边环境的良性互动，开发生态景观、生态乡居、生态度假、生态种养、生态科普等内涵丰富、特色鲜明、文化浓郁的乡村民宿产品。

二是增强乡村民宿的体验性。当前追求的旅游方式逐渐从观光型向体验型转变，应从本地实际出发，结合农业观光、文化教育、艺术体验、休闲娱乐等产业，丰富活动内容、提高活动内涵。充分利用民俗文化资源，在一些特色村落中开展民宿旅游，吸引外来游客“住”下来，让游客在与当地居民交流互动中体验风土人情。

三是结合实际打造特色产品。要按照峨眉山市全域旅游规划，打造三大民宿聚集区，结合区域内乡村文化旅游和生态资源优势来打造，完善审批制度，对不符合片区定位的乡村旅游民宿不予审批或取消相关补助政策，努力形成“一家一品、成片打造”的发展格局，塑造峨眉山市乡村旅游的“特色名片”，成为“留得住乡愁”的休闲游乐好去处。

（三）加强基础设施建设

基础设施和配套设施对乡村旅游民宿起着至关重要的作用，应根据乡村民宿主题定位，高标准建设乡村民宿旅游地点周边的道路、电力、燃气、供水、通信等基础设施和旅游厕所、停车场、标识标牌等旅游配套设施，打造良好的旅游民宿发展环境。

（四）完善相关政策，加强监管力度

一是加大《关于加快峨眉山市乡村旅游民宿发展的指导意见（试行）》落地力度，

根据试行情况调整相关政策。“明确乡村旅游民宿主管部门，建立联合执法队伍，对民宿食品安全、消防安全、环保要求、治安管理等进行监督管理。”二是落实属地责任，明确相应机构和相应人员，负责做好本区域内乡村旅游民宿的监督管理和协调服务。三是发挥政府、行业协会、市场主体和投资促进“四大作用”。可将峨眉山市黄湾小镇“党建 + 民宿”的发展模式扩展开来，辐射全市乡村旅游民宿，对接施工单位、住建局等相关单位，解决民宿周边路灯、污水、垃圾处理等问题，通过资源共享、功能互补、智慧共聚、多方联动、组织共建、活动共办、责任共担、合作共赢的发展模式，不断推动民宿行业发展迈上新台阶。

（五）加大人才培养力度

针对目前的民宿经营模式，农民自主开办民宿的从业水平普遍不高，政府应加强专业培训力度，提高从业者的专业技能和综合素养。一是与高校合作，完善培训措施。“与相关职业类院校开展战略性合作，完善相关课程，甚至量身定制，比如服务礼仪、历史人文、消防安全、基础设施检修、沟通技巧等，淡季时对相关从业人员开展短期业务培训，旺季时开通微视频、微课堂等形式在线答疑、指导一线人员，从而提高服务技能。”二是建立民宿人才“学分制”，提高培训效率。培训者在完成相应的课程，就能获得相应积分，积分达到一定标准，可获相应奖励或者优先享受扶持政策。三是完善奖励政策，推进民宿人才队伍建设。“在民宿人才奖励方面，浙江丽水已出经验。2017 年该市将民宿人才纳入技能人才队伍行列，评选出民宿养生技能大师，一次性给予 5 000 元补贴。”可借鉴丽水经验，建立人才奖励机制，每年定期举办技能型大赛，如地方特色厨艺大赛等，以赛带练，并给予一定奖励。旅游管理部门可将从业人员学分情况、大赛获奖情况等作为星级评定的依据，实施动态调整机制，激发民宿从业人员提高技能积极性。

（六）探索民宿开发经营模式，带动群众参与积极性

从目前峨眉山市民宿开发的模式来看主要有三种，即以村规划统筹、农户自主经营的模式（大多数的农家乐模式），企业为主体的“企业 + 农村集体经济”模式（高桥镇寨子村），以农村集体经济组织为主体的多种形式股份合作模式（龙门乡王山村等）。农家乐模式容易出现小、散、弱的情况，而以农村集体经济组织为主体的模式则能形成合力，打造优质产品，还能有效避免恶性竞争。在这一模式中，主要涉及村集体经济、农户、企业等。从目前的实践效果看，龙门王山村在带动农户积极性方面取得了一定成效。群众通过参与民宿经营可以得到三重收益：一是将闲置房屋出租、土地流转，在保留乡土气息的基础上让民宿公司进行维修改造，收取房屋租金；二是参与分红，约定每年收益的 18%让村民进行分红；三是解决部分困难群众

就地就业，民宿管理公司优先聘用当地村民，提供保洁、厨师、保安等多个岗位，带动农民增收。应采取“村集体建设为主体，社会资金投入运营”的方式，形成全民入股、联合投资、成立村投公司等多样化的民宿投融资方式，带动原住民，盘活林业、土地等闲置资源，实现群众从民宿发展“看客”向“主角”转变。只有注重共享理念，调动群众积极性，才能为乡村旅游民宿的发展注入鲜活动力，让民宿成为百姓增收致富的新亮点。

作者简介：

赵文娟（1986—），女，汉族，四川峨眉，讲师，主要研究方向：行政管理。

强化基层治理中党建引领“牛鼻子”功能创新路径探索
——以犍为为例

张强　吴玲

【摘　要】犍为县贯彻落实党的十九届四中全会及省委十一届六次全会精神，着力构建纵向贯通、横向协同的工作机制，实施城市基层治理“三联三建”行动，落实乡村治理十六条措施，构建组织领导、管理服务、评价考核、权责约束等治理工作体系，强化治理路径与模式的创新，重点领域重点作为，构建党建引领基层治理的新格局，极大助推了全面小康目标的实现。本文总结犍为治理经验，分析治理突出问题，提出了“综合治理、协同配合、多点发力，促进治理优势转化为治理效能”的应对思路和对策。

【关键词】基层治理　党建引领　路径创新

基层治理是国家治理的基石。犍为县围绕脱贫攻坚、乡村振兴、全面小康的中心和大局，在坚持和加强党的建设、强化基层治理方面持续探索，走出了一条极具传统农业县、人口大县、欠发达县域特点的治理和发展路子。本课题旨在深入研究强化城乡基层治理中创新发挥党建引领“牛鼻子”功能的犍为路径与模式，在分析现实状况、总结犍为经验基础上，针对治理中的突出矛盾探索解决思路和对策。

一、犍为治理的举措与成效

犍为县围绕脱贫攻坚、乡村振兴、村级建制改革、疫情防控与抗洪救灾等中心工作，突出发挥党建引领“牛鼻子”功能作用，大力实施城市基层治理“三联三建”行动，具体落实乡村治理十六条措施，有序地推进各项目标任务，抓实各项工作着力点，积极探索城乡基层治理的“犍为方案”。

（一）主要举措

1. 构建纵向贯通、横向协同的工作机制

全面组建县、镇两级城乡基层治理领导机构和工作机构，配套出台工作规则和运行制度，构建“县—镇—村（社区）—小区（聚居点）”纵向贯通的组织体系。明确将基层治理纳入各镇和县级部门年度目标考核内容，印发年度任务分工方案，分类制定城市、乡村治理工作方案，定期召开委员会全体会议和成员单位协调会。

2. 实施城市基层治理“三联三建”行动

实施党建引领城市治理“三联三建”行动，以社区党组织为核心组建社区“大党委”，推动 53 个机关事业单位、国企党组织与城区 12 个社区党组织结对共建，“一对一”签订共建协议，建立服务需求、服务资源、服务项目三张清单。指导成立小区党支部 19 个、选举业委会 46 个、成立部门和社区党员先锋队 72 支，对 800 余名无职党员“设岗定责”，下派 156 名机关干部担任“网格员”，选派 42 名检察官、法官、警官和律师进驻社区，构建“自治 + 共治”格局。打造书田街、学府街等“畅美街区”，整治书香苑、税务局宿舍等老旧小区，命名城市基层治理示范商户 10 家、示范岗位 30 个，评选星级文明商户 14 户，引导 1 500 余名社区居民志愿参与“创文创卫”、新冠肺炎疫情防控、抗洪救灾等工作。

3. 落实乡村治理十六条措施

制定《犍为县党建引领乡村治理十六条措施》，实施党建聚力、共管自治、崇法善治、德润人心、服务惠民、美丽乡村“六大行动”。结合乡镇行政区划和村建制调整改革，推广便民服务“代帮办”“一站办”等模式，推动社保、生活缴费等 10 余类事项实现“一网通办”。探索镇、村派驻聚居点治理工作组模式，试点并部署推行村民文明诚信积分管理制度，评选环境卫生、孝老爱亲等星级文明户 800 余户。推荐 3 个镇、18 个村、2 个社区、2 个小区为市级示范创建培育对象。

（二）主要成效

1. 体制机制有保障

犍为县率先成立了县委城乡基层治理委员会、基层治理办等领导机构和工作部门，在镇村级相应设立工作机构，配套工作制度，明确考核方案及任务，构建了健全高效的组织体系，工作体制机制得以保障。

2. 目标明确有措施

犍为县在城市治理中推行“三联三建”活动，在农村治理中强化“乡村治理十六条措施”，既有明确的工作目标，又有具体措施予以保障，建立了一套科学合理的工作布局优化系统。

3. 行动落实有成效

犍为县在推进城乡基层治理的具体行动方面是扎实有效的，特别是党建引领“三联三建”行动、社区治理、小区治理、“创文创卫”、新冠肺炎疫情防控、抗洪救灾、乡村共管共治、服务惠民等领域颇有成效，其经验值得总结推广。

二、犍为治理的体系与格局重构

犍为县在强化基层治理中，着力构建组织领导、管理服务、评价考核、权责约束等四大治理工作体系。坚持党的领导是贯穿基层治理的主线，组织领导体系是基础，管理服务体系是关键，评价考核体系是重点，权责约束体系是保障。犍为县在实践中大力加强组织领导、管理服务、评价考核、权责约束等四大治理工作体系建设，构建起领导有力、服务到位、保障有效的科学治理全方位工作体系。

（一）强化组织领导体系，把准党建引领“方向盘”

1. 地方党委统筹领导

建立县委领导下的城乡治理委员会，加强对城乡基层治理的总体部署，审议县级、镇级政府城乡基层治理工作规划；加强重大政策研究，出台解决全县城乡基层治理体制性障碍、机制性梗阻的措施办法；发挥统筹联动作用，加强重大工作统筹，协调需多个部门联动解决的问题。

2. 巩固基层战斗堡垒

全面提升基层党组织组织力，持续深化全县村（社区）党组织“三分类三升级”活动，扎实开展软弱涣散党组织整顿专项行动，实施优秀农民工回引工程，选优配强“两委”带头人，全面推行全县基层党组织书记主任“一肩挑”，不断优化党组织队伍结构。

3. “两新”组织示范引领

提升犍为县“两新”党组织覆盖面，以工业园区为龙头，在园区、专业市场等非公有制企业聚集区，突出行业相近、地域相邻、党委领导、企业参与的原则，广泛推行“党建组团”，实现党建与业务双向“抱团发展”。

（二）完善管理服务体系，打好党建群建“组合拳”

1. 推进城乡党建结对共建

犍为县组建区域化党建联席会，动员机关单位参与村（社区）建设，开展“共同上党课、共同召开组织生活会”，积极交流城乡党建“独家经验”，共享“家园党建”“红色商圈”等“一手资料”，实现组织共建、活动共联、资源共享。

2. 推行“街乡吹哨、部门报到”工作机制

犍为县坚持“以人民为中心”的思想融入基层治理全过程，推动管理服务资源和力量下沉，增强服务群众功能；建立健全群众需求的全响应机制，重点围绕综合执法、重点工作、应急处置吹好哨、报好到、办好事；坚持以群众满意为检验工作的“晴雨表”，以“下对上”为主要考核方式，及时回应群众诉求，打通服务群众的“最后一公里”。

3. 群团组织融入基层治理格局

犍为县组建多种群众性团体组织，吸引广大群众积极参与社会治理。在各个群众性组织中建立党小组，把各群众组织纳入社区党支部管理中，实现群众组织的“建”“管”结合。

（三）健全评价考核体系，提升干事创业“精气神”

1. 发挥考核评价“指挥棒”作用

犍为县把基层治理工作纳入各镇党委政府年度目标绩效综合考评，纳入各级党政领导班子和领导干部政绩考核，纳入党委书记抓基层党建工作述职评议考核，推动形成县、镇、村（社区）联动推进基层治理的新格局。

2. 建立精准考核、奖惩分明的评价考核体系

犍为县加强党员干部培训轮训，实行党员干部按需培训、精准调训，提升基层治理能力；建立完善容错纠错机制，鼓励大胆探索、改革创新，充分激发基层干部干事的内生动力。

3. 差异化设置考核指标，健全考核问责办法

犍为县建立完善地方党委分级评价考核标准，重点考核以居民满意度为主要衡量标准的分级考评体系；健全地方党委、两新组织、村（社区）组织等不同类型党组织考核评价机制，强化政府公共管理、公共服务、民生保障等基本职能，推动村（社区）集中精力抓党建、抓治理、抓服务，促进两新组织、社会组织在党的统筹协调下共商区域发展。

（四）加强权责约束体系，抓住制度建设“牛鼻子”

1. 健全基层党组织主导的决策议事机制

必须明确要求，凡属重大事务，应在党组织领导下，广泛听取建议，研究提出

议题并按照“两委”商议、居民代表决议等程序决策实施。建立村务联席会议制度，由村党组织书记召集并主持，村“两委”全体成员参加，村务监督委员会成员和村集体经济组织负责人列席。

2. 健全群众自治、民主协商、群团带动、社会参与机制

必须坚持落实村民大会、村民代表会议等群众自治制度，加大“村务、党务、财务”公开力度，保障人民充分行使民主选举、民主决策、民主管理和民主监督权利。建立多方参与的协商机制，在组一级建党小组、理事会、监事会等自治组织，形成民事民议、民事民办、民事民管的基层协商共治格局。

3. 健全党员干部联系服务群众机制

必须广泛建立群众直通交流平台，将集中专访、定期走访、专门回访相结合，使问题发现在一线、解决在一线。以推行为民服务代理为重点，建立便民服务体系，努力实现群众事有地方办；以扶贫帮困为重点，建立社会救助保障体系，努力实现群众困难有人帮；以提高社会管理水平为重点，建立社会治理体系，努力实现群众问题有人管。

三、犍为治理的路径与模式创新

犍为县在强化基层治理实践中，突出发挥党建引领“牛鼻子”功能，针对不同领域、行业差异性，努力创新手段、路径、方式等，构建党建引领基层治理全新格局，在全县脱贫攻坚、乡村振兴、村级建制改革、疫情防控、抗洪抢险等中心与大局工作中持续确保稳定、增进和谐、促进发展，进一步增强城乡基层治理的针对性和实效性。

（一）发挥组织联盟作用，共建和美居民社区

组建以社区党组织为核心的区域化党建联盟，推动驻社区机关事业单位、国企、金融机构和两新企业与所在社区结对，组建社区大党委，推动社区各类组织信息互通、治理联抓。落实社区工作事项准入备案，整合便民服务事项实现“一网通办”，开展机关党组织、党员到社区大党委“双报到”活动，常态化推行检察官、法官、警官、律师“三官一律”进社区服务，积极打造社区党群综合体，评选示范窗口、示范岗位，着力创建“和美社区”。

（二）发挥部门联动作用，共建畅美和谐街区

建立社区服务需求、部门服务资源、共建服务项目三张清单，推动驻社区单位与社区签订共建协议，实现活动联办、服务联动、秩序联防和“双向考评”。以小区、

商圈、街巷为单元将城区社区划分为若干个小网格，各共建部门下派机关事业单位干部担任社区“网格员”。结合综合执法、市场监管、交巡警等部门力量，围绕巩固“创文创卫”成果，着力整治街区卫生、规范经营秩序、强化交通管理，建立“网格员收集、大党委分配、部门解决”的横向联动机制。选树示范单位、商户等先进典型，推动创建书田街、学府街等一批“畅美街区”。

（三）发挥党群联心作用，共建洁美生活小区

依托社区党群服务中心、小区物业公司等场地建立“党群联心”工作站，围绕解决居民“急难愁盼”，分类治理老旧小区、安置小区和职工小区等“三无小区”，采取“小区支部＋业委会＋物业公司”或“红色业委会”模式，指导成立党支部、选举业委会、制定业主公约，由居民自主推选公认度高的党员干部或群众担任小区楼栋长，推动驻社区单位、社区成立党员先锋队，对社区“大党委”身体条件允许的无职党员“设岗定责”，同时发挥群团和社会组织作用，开展环境整治、结对帮扶、“接单式”服务等活动，构建“自治＋共治”小区治理格局，着力创建书香苑、江尚明珠等一批“洁美小区”。

（四）紧扣“一线三点”，提升农村聚居点治理效能

犍为县坚持把党建引领作为贯穿聚居点治理的“唯一主线”，把握治理重点、聚焦治理难点、突出治理亮点，探索党建引领农村聚居点治理的有效方案。同时，以农村聚居点治理辐射带动全县乡村基层治理高质量、高效能推进。

1. 把握“重点”，夯实党建引领聚居点治理的基础

构建“一个体系”：各镇成立由党委书记、镇长任组长的基层治理工作领导小组，每村明确一名专干，指导聚居点成立党支部、党小组，形成“县—镇—村—聚居点”纵向贯通、驻地村与户籍村横向协同的治理体系；用好“两支力量”：指导聚居点选举业主委员会或自管委，按照法定程序将聚居点党支部书记（党小组长）选举为业委会主任，委员会其他成员中党员占比 50%以上，完善业主委员会章程、议事规则和公开制度。动员无职党员、乡贤达人、志愿者等，组建环卫、治安、调解、便民代办等“微治理”小分队，充分发挥“群治”作用；建立“两项机制”：一是党组织领导治理机制，聚居点重大事项需经党支部（党小组）讨论后提交业主委员会审议。二是建立“双联机制”，拉近党组织、自治组织和村民距离，提升群众在聚居点各项事务中的参与度。

2. 聚焦“难点”，提升党建引领聚居点治理的内力

聚焦硬件“补短”：推动住建、自然资源、生态环境等部门职能辐射农村聚居点，

新建聚居点污水处理设施、生活垃圾收集池，修建党员活动室、健身广场、图书室，推动“雪亮工程”“平安犍沿慧眼工程”，实现聚居点监控全覆盖；聚焦民生服务“提质”：在聚居点设立便民事项代办点，整合社保、生活缴费等10余类事项“一网通办”。推广“党员干部责任田”，选派聚居点党员、离任村组干部、热心人士全覆盖联系楼栋，协助楼栋长工作，设立连心服务卡和民意收集箱，协调解决矛盾纠纷；聚焦村级集体经济发展“赋能”：以茉莉花、茶、姜、特色水果等产业为抓手，探索以土地资源、闲置房屋门市等入股，大力发展壮大特色种植养殖、乡村旅游等产业型、服务型集体经济，有效解决聚居点治理经费，开辟农民足不出村务工增收渠道。

3. 突出“亮点”，彰显党建引领聚居点治理的实效

着力打造农旅、文旅特色聚居点：发挥罗城古镇、清溪古镇、嘉阳小火车等文化品牌和“中国茉莉之乡”“金石井柑橘”“榨鼓生姜”等产业品牌作用，形成“聚居点+产业”发展格局：注重弘扬乡村优秀传统文化：引导村民把道德规范、文明礼仪等融入村规民约、家规家训中，组建聚居点“红白理事会”，整治农村婚丧大操大办、高额彩礼、厚葬薄养等不良习俗，推动构建和谐邻里关系和移风易俗新风：不断丰富群众精神文化生活：成立聚居点文艺队伍，开展诗词书画、技艺展示、戏曲表演、坝坝舞比赛等活动，在聚居点设立传统戏曲、武术、剪纸、根雕、绘画等传习室、活动室，开设老年人健康、青少年保护课堂，有效满足群众精神文化需求。

四、犍为治理存在的问题与应对

（一）犍为治理存在的问题

犍为治理存在问题的突出表现在以下几个方面。

1. 基层组织普遍弱化

基层组织普遍弱化表现为基层党组织核心凝聚能力不够强，基层党组织负责人选拔注重政治标准优先，引领经济发展能力不突出，不适应未来基层党组织、群众自治组织、集体经济组织领导者一肩挑的高素质要求。农村党员的学历、年龄、专业结构也有很大缺陷，引领发展能力有待加强。群众自治组织存在机制不健全、服务意识不强、服务能力低下诸多问题。集体经济组织先天不足，发展滞缓，“空壳化”较为严重。其他社会组织也受制于经济交通条件、人力资源流失等具体困难，发挥作用非常有限。总之，精英人才流失、治理能人不足，是基层组织普遍弱化的主要根源。

2. 密集性督查检查、问责追责引发治理新难题

镇、村各级干部在密集性的督查、检查、考核问责机制下面临巨大压力，基层干部忙于应付各类督查检查任务，浪费大量的人力、物力、财力。在正向激励、容错机制不足但考核问责压力愈增的工作常态下，基层干部倾向于问题式治理、应付式治理，主动服务群众、积极有效治理方面作为始终有限。

3. 基层权责不对等，事权财权不匹配

这是现行体制一大现实难题。责任下移、工作压力下移，但相应的经费跟不上配套，机制体制的弊端弱化了基层的治理服务能力。如调研了解到，基层治理中“厕所革命”、垃圾处理、农村生活污水处理等，考核任务指标各部门不断向镇村下达，所需配套经费却出现极大短缺或者拖延，导致群众配合度、积极性始终存在问题。

4. 集体经济先天不足，发展滞缓，导致治理能力弱化

由于历史诸多原因，农村集体经济“空壳化”严重，直接影响村级组织的凝聚力、号召力及乡村治理能力。集体经济发展也存在体制、人才、市场等方面的瓶颈和风险。改革发展、因势利导，势在必行。

5. 群众自治参与度不高，乐意共享，不乐意共建、共治

农村农业长期以分散经营为主要形式，农民传统观念中，“等靠要”思想突出、集体观念相对淡薄，参与共建、共治的主人翁意识不强。构建“共建、共治、共享”的农村治理格局，任重而道远。

（二）犍为治理建议

基层治理的好坏，关系乡村振兴战略目标和全面小康目标的质量和水平，是当前和今后很长时间内统领全县农业农村工作的总抓手，以上突出问题严重制约了基层善治的实现。课题组研究认为，总体的应对思路是：必须坚持综合治理、协同配合、多点发力，促进治理优势因素尽快转化为治理效能。具体应对建议有以下几个方面。

1. 强化基层组织建设，促进组织优势转化为治理效能

必须强化基层党组织建设，加强基层堡垒，增进党的领导核心凝聚力，坚持党建引领基层治理的基本方针，发挥党员在引领发展、服务群众方面的先锋模范作用，引导群众信党、爱党、跟党走；必须推进群众自治组织建设，促进村（居）民自治法治化、规范化、常态化，强化自治意识，提升自治能力与水平，让自治成为基层治理的主要途径和载体；必须发展壮大集体经济组织，为基层治理提供财力支持，

让村民在集体经济组织中共享红利，提升群众自治主人翁参与意识；同时推动各类社会服务性组织、经济组织建设，为全社会协同参与社会治理凝聚合力。

2. 培养“领头雁”，促进人才优势转化为治理效能

推行基层党组织、自治组织、集体经济组织“一肩挑”，务必精选优选带头人，应优先强调经济发展引领能力和管理水平，同时突出政治标准。合理配置领导班子，综合考虑年龄、学历、专业、经验等因素科学搭配，注重引进具有丰富创业经验的外地创业务工人才，打破户籍、地域等传统限制，真正让能人来带头，且不断强化任期培训、考核、激励机制，真正创建能者上庸者下的村级“一把手”任用平台。大量培育职业农民，鼓励发展规模适度的家庭农场，修复基层治理细胞单元（家庭）生态。积极搭建专合组织、家庭农场示范交流平台，持续加大奖励补贴力度，发现培养种植养殖业、农产品加工“土专家”人才，吸引更多优秀人才回流农村，尽力扭转农村“空心化”的劣势。

3. 发展集体经济，促进经济优势转化为治理效能

以推进“三变五合”改革为主要抓手，发扬爱国村、和平村探索形成的本土经验，大力发展壮大集体经济。以集体经济发展规范制度为导向，注重发挥激励、约束等功能，为强化基层治理奠定坚强的物质基础。坚决杜绝集体经济“空心化”，县、镇要结合实际，出台集体经济发展具体目标考核办法，让干事创业者有目标、有压力、有作为、有收获。增强群众的集体观念，克服长期家庭分散经营的单打独斗意识，引导村民树立强烈的股东、股权观，又能在集体经济组织中积极争取有为有位，进一步形成农业农村发展的强大活力。

4. 加强部门联动配合，促进协同优势转化为治理效能

注重发挥县基层治理委员会的平台作用，通过成员单位定期联席会议，协调解决需多个部门配合的问题，避免资源浪费和出现治理的盲区。尤其是需要整合部门资源，有效解决当前“厕所革命”、垃圾处理、污水治理、风貌整治等突出问题，既要调动群众参与，又要尽量整合资源资金，推进乡村治理。

5. 鲜明督查与考核导向，重“实绩”不重“痕迹”，促进管理优势转化为治理效能

这是基于基层宏观治理不断优化的考量。应坚决抵制镇村基层工作督查检查中的形式主义、官僚主义势头，对基层干部考察注重常态和一贯表现，注重任期工作目标考核，重“实绩”不重“痕迹”。纠正基层工作督查考核中凡事要求“痕迹管理”、一味追求“基层创新”的形式主义倾向，把有限的干部资源、财力资源、物力资源有效配置到推动改革发展、落实农村政策、具体服务群众中去。要建立基层干部创

业激励机制、容错纠错机制，既要调动其干事创业的热情，又要客观公正评价干部，为敢于担当者担当，免除后顾之忧，营造良好氛围。

6. 加大资金投入，改善城乡基础设施，促进政策优势转化为治理效能

积极争取中央和省级财政对农业农村工作、基层治理的专项补助政策，不断改善农村基础设施和人居环境水平，构建长效投入增长机制。通过创建政策激励平台，吸引优秀返乡农民工、优秀退伍军人、优秀大学生等人才群体在农村就业创业，刺激农村大量闲散资金投入乡村建设，在农村营造全民创业、共建共享的良好氛围。要极大地加强对规模农业、现代农业等主体的支持和服务力度，在土地供给、金融服务、技术支持、制度创新、政策补贴等方面给以持续关注、支持，稳定农业经营效益的持续增长，强化经营主体规范化建设和正确的发展方向引导，促进各项政策优势迅速转化为治理效能。

作者简介：

张强（1976—），男，汉族，四川犍为人，中共犍为县委党校副校长，主要研究方向：科学社会主义。

吴玲（1991—），女，汉族，四川沙湾人，中共犍为县委党校教研室工作人员，主要研究方向：公共管理。

村（社区）应对突发公共卫生事件的调查与思考
——以井研县研经镇应对新冠肺炎为例

王竞　汪志恒　李兰英　黄丽萍

【摘　要】突发公共卫生事件是对社会治理工作的严峻考验，也是基层社会治理的重要内容，它关系到百姓安康，民生福祉，关系到社会稳定，各项事业的发展。本文通过对井研县研经镇在新冠肺炎疫情防控中的做法及成效进行实地调查，分析面临的困难和挑战，提出对策和建议：以健全机制为抓手，促进应急预案落地落实；以村（居民）自治为基础，激发内生活力；以德治为先导，营造良好风尚；以法治为保障，践行法治精神；以智慧网络建设为载体，筑牢坚固防线。村（社区）只有坚持法治化道路，应对突发公共卫生事件时制度化、规范化，才能提高基层治理能力和水平。

【关键词】村（社区）　突发公共卫生事件　对策

公共卫生事件根据国家《突发公共卫生事件应急条例》定义，是指突然发生，造成或者可能造成社会公众健康严重损害的重大传染病疫情、群体性不明原因疾病、重大食物和职业中毒以及其他严重影响公众健康的事件。

2020 年 1 月，湖北武汉暴发新冠肺炎疫情，时值春节，大量人员返乡，疫情迅速蔓延至全国，生死攸关、形势严峻，是对我国治理体系和治理能力的一次大考。此疫情是我国继 2003 年非典疫情之后的又一次重大公共卫生事件。疫情暴发后，四川省启动一级响应，井研县共确诊新冠肺炎患者 2 人（1 人是输入性病例，1 人是二代病例），无新增病例。井研县人民政府根据《中华人民共和国传染病防治法》《突发公共卫生事件应急条例》以及《乐山市突发公共卫生事件应急预案》等相关法律法规，指导镇、村（社区）依法依规，科学防控，应对本次新冠肺炎疫情。本课题组着重对 1 月 24 日四川省启动重大突发公共卫生事件一级响应到 2 月 26 日将突发公共卫生事件应急响应调整为二级期间，井研县研经镇村（社区）在新冠肺炎疫情防控中的做法及成效进行实地调查，分析遇到的困难和挑战，并针对村（社区）在突发公共卫生事件中的应急处理提出对策和建议。

一、基本情况

井研县研经镇，又名研经湾（意为研究经学的地方），位于井研县东北部，距县城 11 千米，全镇面积 46.8 平方千米，辖 7 个行政村，1 个社区居委会，人口 28 652 人，约 8 600 户。全镇常年外出务工人数达 8 000 多人，占总人口数的 27.9%，是井研县第一农业人口大镇、防疫防控任务艰巨。

只有坚持依法防控，确保防控工作科学精准有力，才能经受住突发公共卫生事件对我国治理体系和治理能力的重大考验。那么，村（社区）如何依法防控，国家和我省对镇村如何处置突发公共卫生事件有哪些相关的立法呢？调研组通过查阅资料发现，自 1989 年后，国家和地方相继颁布了一系列关于处置突发公共卫生事件的法律法规，包括 1989 年全国人大常委会制定、2013 年修订的《中华人民共和国传染病防治法》，1991 年施行的《中华人民共和国传染病防治法实施办法》，2003 年非典疫情后国务院颁布的《突发公共卫生事件应急条例》，卫生部颁布的《突发公共卫生事件与传染病疫情监测信息报告管理办法》，四川省颁布的《突发公共卫生事件应急条例》实施办法，以及商务部颁布的《生活必需品市场供应应急管理办法》，最高人民法院、最高人民检察院《关于办理妨害预防、控制突发传染病疫情等灾害的刑事案件具体应用法律若干问题的解释》等，对有关主客体、行为、后果都做了详细规定。但因公共卫生事件专业技术性强，对镇村级如何处置突发公共卫生事件的规定较为原则而不具体。对于镇、街道、村级组织在突发公共事件中行为规定，仅有《突发公共卫生事件应急条例》第 40 条规定之“传染病暴发、流行时，街道、乡镇以及居民委员会、村民委员会应当组织力量，团结协作，群防群治，协助卫生行政主管部门和其他有关部门、医疗卫生机构做好疫情信息的收集和报告、人员的分散隔离、公共卫生措施的落实工作，向居民、村民宣传传染病防治的相关知识”。其他行为均按照上级政府指示命令要求执行，法律规范显得不足。而在疫情突发的特殊时期，依法防控更是举足轻重。

二、研经镇村（社区）防控措施

（一）迅急反应，及时部署

省市县连续召开疫情防控会议后，研经镇第一时间成立由党委书记、镇长为组长的防控工作领导小组，指导成立由村（社区）支部书记为队长的应急小分队 17 支，建立由党委政府、派出所、卫生院、村（社区）等组成的镇级疫情防控微信工作群，指导各村（社区）以户为单位，全覆盖建立村级疫情防控微信工作群，每户村民至少有 1 人进群，包片领导、联村干部及支部书记担任群主或管理员，实行“线上”宣传动员、“线下”研究部署的工作模式。制定疫情应急预案，实施 24 小时值班响应机制。

（二）全面宣传，营造氛围

1. 紧扣疫情，主题突出

研经镇社区开通“党群直播间—抗击疫情”专题，党员志愿服务队每晚八点，邀请各界专业人士开展“研经镇新型冠状病毒肺炎防控知识讲座（答疑）”直播，从医学、政策、法律法规等对疫情防控进行多方位的宣传，引导群众正确理解、积极配合、科学参与疫情防控工作。

2. 形式多样，全面宣传

各村通过党员私家车标语义务宣传、山头广播、群发防控短信、微信推送、LED 屏显示等多种形式，向全镇村（居）民传播科学防病知识，增强群众防疫意识。研经社区创新开展抖音直播，1 月 28 日首次直播点击量就突破 40 万，留言和点赞数上千条，此后，又陆续开展抖音直播 40 余次，在群众中产生了非常好的宣传效果。据统计，疫情期间，村（社区）共发放宣传资料 1 万余份，200 余名党员车辆粘贴宣传标语 400 幅，悬挂横幅标语 35 条，群发防控短信 6 700 余条，宣传引导 2.8 万人次，营造群防群治良好氛围。

（三）不漏一人，三步摸排

1. 户户见面全覆盖

疫情防控会后，迅速安排部署全覆盖人员摸排工作，采取户户见面，户户核实，户户登记的形式，第一时间锁定从武汉地区回乡过年人员 12 人，并迅速落实了全家隔离措施。

2. 扎实开展数据核实

从 1 月 30 日开始，镇政府工作人员、派出所人员、村（社区）干部等，对上级下发的 213 条大数据信息进行逐条核实、逐条跟踪、逐条分类落实，实现了数据核实的第一时间响应和零失误。

3. 建立动态摸排机制

依托到村到组全覆盖微信群，村（社区）干部每天两次上报本村本组的人员流动情况，对迟报漏报的村组干部予以通报处理，确保第一时间掌握村组人员流动情况。

（四）点面结合，严格管控

1. 快速响应，管控重点人员

制定了《研经镇人民政府关于做好疫情防控期集镇市场管理工作的工作方案》和《研经镇人民政府关于加强疫情防控期间各村（社区）卡口设置工作的通知》，在辖区 7 个行政村，1 个社区张贴《疫情防控告知书》4 000 余份。在全覆盖准确摸排的基础上，实行“一户一策一团队”方案，即“1 名镇干部、1 名医护人员、1 名党员志愿者”对从湖北返回的 30 人和途经湖北的 42 人进行跟踪管控，落实居家医学观察指导，积极开展政策宣传、心理疏导。对其他地区返乡人员，党员志愿服务队及时上门做好信息登记、筛查监测工作。

2. 落到实处，村组封闭式管理

按照市防控领导小组 5 号通告要求，严格落实村组封闭式管理要求，科学设立劝导点 44 个，对不戴口罩、扎堆聚集、随意进出村组的人员进行劝导。组建党员志愿服务队 18 支，深入全镇 7 个村，1 个社区，协助基层干部核实排查辖区内人员流动信息，建立流动人员台账，在辖区内各出入口卡点设岗 50 个，实行 24 小时轮流值班，对进出人员实时体温监测并及时做好登记，每日对公共场所和交通要道进行全面消毒。

3. 防扎堆，管控重点地域

各村（社区）组建的党员（志愿者）服务队，配合网格员、村干部，每天例行巡逻 3 次以上，督促“扎堆儿”群众自行解散。安排专人值守“雪亮工程”系统，每天对各村（社区）的 85 个重要节点网上巡逻 3 次以上，除了对交通、城乡环境治理、疫情防控卡口等情况进行检查外，对群众聚集情况立即交办辖区村两委进行处理。针对集镇社区人员密集的情况，采用无人机巡逻的方式，每天 10 分钟对集镇社区人员聚集情况进行抽查考核。农贸市场和人民群众生活息息相关，同时也是集镇人流密度最大的区域，为防交叉感染采取凭票进入、市场限时限商家的措施，较好地解决了防控要求和群众生活需求的矛盾。同时，设置“红色代办”党员志愿服务岗 17 个，通过即时呼应、集中采办、服务上门的方式，为在家隔离和自愿在家的群众代购生活物资。

三、研经镇村（社区）在疫情防控中面临的困难和挑战

（一）村居民法律意识弱

1. 我行我素，缺乏守法意识

疫情暴发时，正值春节，由于我们的传统，走亲访友、聚餐拜年已成习俗，新冠肺炎隐蔽性、传染性强，研经镇政府按要求依法向村（居民）发出公告。公告要求发

现湖北（特别是武汉）返乡人员，和具有典型症状（发烧，干咳，头痛等）的人员，都要立即报告村组干部；严禁群体性聚餐活动，在疫情防控期，自觉做到不赶场，不串门，不聚会；关闭茶馆、网吧、餐馆等人员聚集场所，继续营业的将按照《中华人民共和国传染病防治法》予以严惩。有个别茶馆老板、餐馆老板对公告置若罔闻、为了个人利益我行我素，村（社区）干部、镇政府工作人员三番五次做工作，宣传《中华人民共和国传染病防治法》《突发公共卫生事件应急条例》，督促关门停业。个别村（居）民缺乏遵章守法意识，对危机中危险认识不足，有些老年人怕麻烦，出门不戴口罩、喜欢扎堆，村（社区）干部劝导，他们对村（社区）干部有怨气、怒气。

2. 道听途说，不辨真假，信谣传谣

面对突然而至的疫情，研经镇个别村（居）民对新冠病毒肺炎认识不足，产生了恐惧，将来自非正规渠道的所谓信息，或者是道听途说的小道消息发到群里，他们不知《突发事件应对法》《突发公共卫生事件应急条例》对编造传播虚假信息、散布谣言的违法行为都有明确规定。研经镇纪委、派出所对发布不实信息人员进行教育，向他们宣讲相关法律法规知识并由党委政府对错误言论进行纠正澄清。

（二）村规民约约束难

村（居）民自治离不开村规民约，它不但是村（居）民的生活准则，更是党的政策和国家法律在基层治理中的具体体现。研经镇各村（社区）经过村民大会表决订立了村规民约。但是，在这次疫情防控中，村规民约作用发挥不明显。

1. 条文内容不熟

个别村制定了村规民约，村民大会通过了，然后贴在墙上就不管了。村（社区）干部日常事务繁杂，也没有精力来管村规民约的落实，既不检查也不和经济挂钩，村（居）民对条文内容也不热心。

2. 奖惩流于形式

村规民约上对村（居）民违反规定的行为有处罚，但都流于形式，实际上没有任何惩罚。在这次疫情防控中，对于出门不戴口罩、喜欢扎堆聚集的村（居）民，只依靠说服教育和劝导，效果不明显，村（社区）干部也百般无奈。在疫情防控的特殊时期、关键时期，村规民约没有发挥它应有的作用。

（三）防疫防控物资保障难

1. 无物资储备风险大

疫情暴发突然，村（社区）没有任何物资储备，防疫物资十分匮乏，特别是口罩的缺口十分大，全镇 4 所药店都贴出“口罩已售完”。有个别村（社区）干部没有口罩，有人一次性医用口罩戴两三天，入户摸排调查风险大。有个别村（居民）不戴口罩是因为没有口罩，或者是无法找到口罩。

2. 防疫防控物资来源窄

研经镇防疫防控物资来源，一是靠捐赠，结队帮扶单位住建局捐赠 300 余只医用口罩、消毒药水 2 箱，一次性餐具 2 000 套，一批中药。党员自发捐赠口罩 790 个，医用酒精 50 公斤，护目镜 36 个，额温枪 3 个，现金 4 000 元。二是靠县防疫指挥部发放口罩、消毒药水等保障性物资，数量小，无法满足一个 2 万多人的农业大县的消耗。在突发公共卫生事件一级应急响应中，防控物资缺乏成了村（社区）面临的最大问题，村（社区）走在疫情防控最前沿，但防护用具得不到保障。

（四）农村市场监管难

1. 执法检查人员不足

研经镇赶集日，除本乡镇外，高凤、东林、仁寿等交接地带的群众也习惯到研经镇赶集，研经镇政府在外围设置了 3 个检查点、14 个劝导点，在内设置了 1 个农贸市场进出通道。每个点都安排人员值守检查、测体温，需要 300 余人，把镇、村（社区）干部、民兵力量、志愿者都安排上，也缺一部分人，有执法权的人更是屈指可数。

2. 市场监管难度大

疫情防控期间，研经镇加大对农贸市场、活禽宰杀点拉网式排查，检查是否存在野生动物和活禽交易行为，经查全镇不存在野生动物交易行为，有活禽宰杀点即刻关停。但有群众反映，部分商家存在私下为熟人宰杀活禽的行为。全镇还对 4 家药店、生活超市、店铺的价格、日期进行检查，再三告知疫情防控期间，擅自涨价违反价格法规定，是违法行为。部分群众担心疫情影响生活，药店、超市、市场出现有大量购物的行为。这些现象告诉我们疫情防控期间市场监管难度大，力度还要加强，商家货物要充足、价格要稳定，才能稳定群众的情绪。

（五）交通道路管控难

镇村依法具有村道管理权，封路措施类似交警对公路的交通管制权。封路对于农村疫情防控来讲是一个成本低效果好的措施。但是管制交通道路、限制人员流动，给群众的生活带来很大不便、群众很不满意。如何协调封路与群众生活矛盾是防控最大的挑战。

四、村（社区）在突发公共卫生事件中应急处理的对策和建议

（一）以健全机制为抓手，促应急预案落地落实

1. 应急管理办法接地气

各个村（社区）邀请上级应急管理部门、专业机构，根据本村（社区）的人口、地形、环境等因素，制定出具有可操作性、适合本村（社区）的突发公共卫生事件应急管理办法。此应急管理办法应包括领导机构、分工，流程，分类措施，责任要求，日常培训，善后处置，事后评估等内容。这些内容可以根据疫情的等级动态调整，对于实施限制性、禁止性、强制性的防控措施要有严格的程序，经专家评估，依法防控，要减少损失、保障生产生活相对正常的秩序。通过建章立制，把重大疫情的预防，应急响应，联防联控，群防群治等环节依法贯彻落实到管理办法中。

2. 整合资源、储备应急物资

设立村（社区）应急物资专用资金，由财政统一划拨。整合资源，村（社区）可以采用代购合同的方式储备应急物资。具体的做法是：村（社区）与镇上的超市、药店和能提供应急物资的企业等供应商签订协议，使用他们自有仓库储存物资，平时他们正常使用，但是必须要保持仓库满足一定的储存量，以备村（社区）应急使用，村（社区）通过应急物资专用资金支付一定费用。

3. 加强演练、促应急预案落地

面对突如其来的疫情，一些地方政府和部门进退失措，犹豫不决，这与我们的应急预案形同虚设有关。为增强应急预案的针对性、实用性和操作性，建议村（社区）每年利用农闲时开展一次应急演练。具体由村（社区）制定演练方案，最好“一村一案”，分层次、分类别组织开展不同形式的应急演练。在演练结束后，上级主管部门、专家应及时组织演练评估、总结，村（社区）再有针对性地修改完善应急预案。

（二）以村（居民）自治为基础，激发内生活力

完善村（居民）自治制度，建强自治组织，创新自治活动，激发内生活力，就要以法律法规为依据，不断完善城乡公共卫生体系，逐步提高村（居民）自我管理、自我教育、自我服务的能力，推进“三社联动”（社区、社会组织、社会工作），增强抗“疫”活力。

1. 健全村（居民）委员会自治组织

探索建立“党组织领导 + 村民议事会议定 + 村民委员会执行 + 村民监事会监督 +

社会组织补充服务”的“一核多元”村级治理模式，明确各自职责范围，切实发挥村委会在社区治理中的中坚力量。对社区“三无”小区推动成立自治委员会，全覆盖实现院落自治、楼栋自治。

2. 调动社区自治力量

厘清基层政府与自治组织的权责边界，实行村（社区）工作事项准入制度。推进城乡社区民主选举、民主协商、民主决策、民主管理、民主监督，实现民事民议、民事民办、民事民管。鼓励社会组织、群众性自治组织参与基层治理，多股力量相互融合激发群众抗“疫”活力。村（社区）干部、党员、志愿者、群团组织、行业协会等是实现识别、防控、处置，防止疫情蔓延的关键，还可以让在职党员下沉到村（社区）提供志愿服务等方式，充分调动村（社区）自治力量抗“疫”的积极性、主动性、创造性。

3. 村规民约与时俱进

鼓励村（居）民参与村规民约的制定，可以将原本冗长的村规民约优化为群众易于接受的“三字经”形式。内容上与时俱进，特别是把公共卫生安全、生物安全、突发公共事件应对方案等写进村规民约之中。村规民约不是贴在墙上，而是要落到实处，有统一的计分标准，奖惩分明，对违反村规民约的人或事，可以每月进行一次“提醒式广播”，引导村民自觉遵守。

（三）以德治为先导，营造良好风尚

以德治为先导，健全德治体系，强化德治约束，激发德治能量，引导村（居民）自觉自律抗“疫”，提升抗“疫”内力。加强正面宣传和教育，积极引导疫情期间的舆情，深入挖掘“逆行者”“抗击疫情”的动人故事，为抗“疫”提供精神动力和道德滋养。

1. 深入开展村民积分制管理

细化“维护社会治安、倡导公益美德、参与新村建设、促进家庭和睦、获得荣誉奖励”5 大类 69 个评分项目，并赋予不同分值，每户村民每年获得基础分 100 分，并通过积极参与村公益事业、遵守村规民约获得加分。村党支部整合部分集体经济收益、社会捐赠资金、“红色”公益基金作为村民积分管理的奖励金，形成先进激励后进、后进赶超先进的良性循环。在疫情防控期间，主动参加一季度新冠肺炎防疫活动的家庭，移风易俗、红白喜事简办、停办的家庭都可获得加分，有利于形成了良好的社会风气。

2. 道德模范的示范引领

社区道德模范、身边好人要积极协助、配合当地党委、政府工作，参与乡镇、街道、社区的疫情防控。广泛开展社会主义核心价值观宣传，大力宣传“抗疫精神”，把抗击新冠疫情展现出来的中国精神、中国力量、中国效率转化为推动建设的强大力量，把抗疫斗争中彰显的制度优势转化为社会治理效能。完善社会、学校、家庭“三位一体”的德育网络，推进社会公德、职业道德、家庭美德、个人品德教育。

（四）以法治为保障，践行法治精神

面对疫情，各级党委和政府要以法治为保障，不断提高运用法治思维、法治方式防控疫情的能力，将疫情防控纳入法治化轨道，践行法治精神。推进严格执法、推动全民守法，为抗击疫情提供法律支撑，既要保障村（居民）合法权益又要打击违法犯罪，严禁发国难财，善用法治守护人民群众生命财产安全和身心健康。

1. 多形式普及法治理念

社区共同体需要法治来规范群己界限，保障合法权益、惩治违法行为。特殊时期，村（社区）要多途径、多形式宣传与疫情防控相关的法律法规、地方政策，让群众了解防疫期间的权利义务、违法犯罪追责等法律知识。（1）以画画法。井研是“中国农民画画乡”，疫情发生以来，农民画家以“众志成城、抗击疫情”“科学防控、人人参与”等主题创作了30多幅作品。这些作品贴近人民生活，色彩鲜明，深受群众喜欢，对宣传疫情防控有很好的效果，值得推广。建议将井研农民画制作成挂历，免费赠送给村居民，起到潜移默化的作用。（2）以案说法。用身边事例引导身边人，让群众从故事中潜移默化接受法治文化熏陶，构筑法治信仰。1月28日，井研县公安局对公然侮辱抗疫一线人员、咒骂武汉疫区群众的余某给予行政拘留15日处罚，并配合市中区公安分局对散布“井研一乡镇爆发多起肺炎疫情要被封乡”谣言的朱某给予行政拘留10日处罚，消除了恶劣社会影响。1月31日，井研县公安局对不服从人民政府发布的决定命令、擅自营业的两名茶馆业主左某和王某分别给予行政拘留 5 日处罚。发生在我们身边的鲜活的案例，有强烈的震慑作用，让群众知晓疫情防控期间，哪些可为，哪些不可为。（3）抖音直播讲法。研经镇创新利用抖音直播讲法，现场问答，让疫情防控相关政策法律法规走进群众心中。利用抖音直播讲法，更受年轻人喜欢，比灌输式、填鸭式普法更容易接纳。针对不同的对象，采用不同的普法方式，效果显而易见。

2. 多举措维护社会稳定

（1）处理好矛盾纠纷。加大平安社会建设力度，借鉴新时代“枫桥经验”，加大

诉前调解，依法规范信访秩序，尽可能将各类矛盾化解在基层。村（社区）“三三制”工作法，确保“小事不出组，大事不出镇，矛盾不上交”，化解基层不稳定因素。疫情期间，封路给群众的生活带来很大不便，建议封路封村不搞“一刀切”，在有确诊病例的地方启动，在没有疫情的地区不启动。封路封村也要有灵活性，为群众生活着想，开辟绿色通道，以便消防车、救护车通行。（2）践行好法治精神。在应对突发公共卫生事件时，对个人信息的保护，特别是湖北返乡人员、疑似或确诊病例的信息保护问题至关重要。对个人信息及隐私的保护，有利于正向激励，反之则容易产生对立情绪，引发社会恐慌。《中华人民共和国民法总则》《中华人民共和国刑法》《中华人民共和国传染病防治法》都有对个人信息予以保护的规定。在疫情防控期间，更应该践行好法治精神，妥善保护个人信息。（3）维护好群众利益。群众利益无小事，疫情防控期间，提倡联合执法，更多的执法人员来监管农村市场。“舌尖上的安全”、哄抬物价、制假售假等侵害群众利益的行为都应该从重从快处理。

（五）以智慧网络建设为载体，筑牢坚固防线

1. 运用网络科技，提升防疫能力

运用区块链、大数据、物联网、人工智能和云服务等前沿信息技术的集成创新和融合应用，及时推送疫情信息、防疫知识，引领村（居）民积极主动地做好自己健康的第一责任人。利用“大数据 + 网格化”做实返乡人员追踪，管理密切接触者，控制集体活动；利用天网地网和小区物业监控设备收集人员活动，车辆行驶的资料，以封闭管控的效果，构筑保护人民群众生命安全的第一屏障。

运用现代科技把防疫服务移到网上、连到掌上，推动“网上办”，用“小程序”“小服务”优化智能感知、完善监管体系，及时发现防疫征兆、准确判断防疫走向、适时推演防疫处置，以提升村（社区）防疫水平。同时，政府聘请专业人员建立信息化、智能化、互联互通式的防疫技术体系，可以推动防疫大数据应用以及分析、研判、预警水平的整体提升。

2. 疫情管理网格化，提高为民服务能力

以疫情防控为管理内容，以责任单位为责任人，通过网格化管理信息平台，将疫情管理服务网格化。把疫情防控的目标任务、职责职能、范围、内容、人员等信息网格化，积极引导传播正能量，消除群众的恐慌心理。每个网格配备网格长、管理员、监督员、网格警员、疫情信息员，将网格内人员基本情况、人口流动、身体现状、村（居）民诉求等信息进行全面、动态的掌握，以便有针对性地采取防控措施。同时注意个人信息的合法使用，避免泄漏，出现不良后果。

3. 多部门协作，构建抗“疫”同心圆

积极探索构建党委领导、政府负责、群团助推、社会协同、公众参与的抗“疫”同心圆。通过“互联网 + 单元格 + 责任人”的方式，实现数据共享，跨部门协调解决网格中的各类事项和问题，不断提高抗“疫”能力。同时，要发挥党支部功能，引领网格员、楼门长、党员与志愿者形成群防群治的格局。还要让村（社区）有协调统筹使用人财物等资源的自主权，保障村（社区）防疫防控物资和生活必需品供给。

村（社区）应对突发公共卫生事件需要整体性思维、科学性思维、创新性思维和战时思维相结合，采用“防—控—治”联动的系统性方案，合理有效地调配人、财、物等资源，实现“防中带控”“防控结合”“治中抓控”。以健全机制为抓手，以智慧网络建设为载体，自治、德治、法治相融合，利用好线上线下平台，推动“政府—社会组织—群众”共同行动，实现主动有序的合作；建立更加完善的联动防疫体系，促进疫情信息共享和防控策略协调。村（社区）只有坚持法治化道路，应对突发公共卫生事件时制度化、规范化，才能提高基层治理能力和水平。

作者简介：

王竞（1978—），女，汉族，四川井研，中共井研县委党校讲师，主要研究方向：法学。

汪志恒（1964—），男，汉族，四川井研，中共井研县委党校一级主任科员，主要研究方向：法学、党的建设。

李兰英（1980—），女，汉族，四川井研，中共井研县委党校副校长，高级讲师，主要研究方向：公共管理。

黄丽萍（1967—），女，汉族，四川井研，中共井研县委党校四级调研员，主要研究方向：行政管理。

井研县纯复镇红庙村脱贫退出后持续发展的调研

伍鹏宇　余海

【摘　要】纯复镇红庙村作为插花式的省定贫困村，2017 年底已实现整村脱贫。但红庙村脱贫退出后如何持续发展？作者深入走访调研，并结合伍鹏宇在红庙村全脱产驻村两年多的感悟，总结了红庙村的六点成绩，提出了六“不够”问题，并从夯实党建、创新模式、完善政策、拓展销售、改善环境、推进治理六个方面进行思考和探索，力争促进红庙村脱贫后持续发展。

【关键词】基本情况　主要做法　存在问题　发展对策

2020 年是脱贫攻坚的收官之年，是全面建成小康社会的实现之年。纯复镇红庙村作为插花式的省定贫困村，紧扣“两不愁、三保障”工作目标，真抓实干，2017 年底已实现整村脱贫，确保如期打赢脱贫攻坚战。但红庙村脱贫退出后如何持续发展呢？为此本文拟采用座谈、问卷、资料查阅等方式展开调查，并结合伍鹏宇在红庙村全脱产驻村两年多的感悟，就纯复镇红庙村脱贫退出后，个别干部能力不够强、集体经济模式不够好、红庙产业发展不够快、产品销售渠道不够多、基础环境建设不够美、部分村民素养不够高等方面做出思考与探索。

一、纯复镇红庙村的基本情况

红庙村距离井研县城 14 千米，土地面积 4.28 平方千米，其中耕地 2 536 亩，人均耕地 1.7 亩，实际耕种 1 736 亩，已流转耕地 800 亩。经济来源主要以传统种养植和劳务输出为主。全村常年在外务工人数约 460 人，近半劳动力外出。2014 年红庙村共识别精准贫困户 75 户 202 人，贫困发生率 14.43%。2017 年整村脱贫，2018 年五保贫困户 2 户 2 人脱贫。目前，全村建档立卡贫困户 75 户 202 人已全面脱贫，全村人均纯收入达 21 334 元。

二、纯复镇红庙村整村脱贫的主要做法和成效

（一）加强组织建设，发挥堡垒作用

1. 落实基层组织工作制度

驻村工作队和村“两委”严格落实党支部职责、“三会一课”、党员议事制度等党组织工作制度，把墙上、书本上的制度运用起来，协助村上转正党员1名。2019年党支部书记邹明波被乐山市委政府授予“全市脱贫攻坚奋进奖”荣誉称号。

2. 落实党务村务公开制度

按照“四议两公开”工作法，在村务公开专栏定期公示，自觉接受群众监督，密切干群关系。

3. 开展专题活动加强党性

开展“不忘初心，牢记使命”主题教育，到井研县竹园烈士陵园缅怀革命英烈，慰问困难党员活动等，发挥党员的先锋模范作用，激发党员干事创业热情，为红庙村发展提供组织保障。

（二）依靠帮扶力量，助力红庙发展

落实“五个一”帮扶机制，完善并落实管理制度和考核办法，驻村工作队扎实驻村，真走访，常慰问，促发展，抗疫情，解难题。驻村工作队与派员单位积极协商，为阻断贫困的代际传递，三个帮扶单位每年多次捐书捐物，辅导留守儿童，助力儿童发展；为解决个别贫困户思想问题，帮扶单位发挥自身优势，经常入户走访和集中宣讲政策；为助力红庙经济发展，帮扶单位累计投入红庙帮扶资金50余万，仅2019年为鼓励农户发展种植，一次就出资5万元作为红庙产业发展基金。因驻村帮扶工作成绩突出，驻村队员伍鹏宇被四川省委省政府评为“2019年脱贫攻坚‘五个一’帮扶先进个人——优秀驻村工作队队员”。

（三）发展集体经济，增加集体收入

红庙村利用“国家扶持集体经济发展”资金100万元，坚持盘活存量、优化增量、提高质量的原则，破解集体经济“空壳村”问题，增加集体收入。

1. 盘活现有资产

投入集体经济专项资金10万元，对30亩果场进行改造升级，引进业主发展，村集体经济每年获租金1.2万元。整治山坪塘5口，获承包金1.3万元。

2. 用活集体资金

投入集体经济专项资金 40 万元，发展光伏发电扶贫项目，村集体经济年收入约 2 万元。投入集体经济专项资金 50 万元，量化入股禾丰现代农业专业合作社，每年收益分红不低于 8%，即 4 万元。

（四）利用财政资金，完善基础设施

1. 改造住房

红庙村改造住房 130 户，其中易地扶贫搬迁 2 户；省级财政专项维修加固计划 2 户；农村 CD 级危房改项目 25 户；农村一般贫困户危房改造 53 户，农村土坯房、“三房户”共 48 户，其中有人居住的 12 户，无人居住的 36 户。

2. 改造水电

利用扶贫项目、水务项目等为缺水的村民打井 22 口，解决了村民用水难问题；积极实施农村电网改造，落实特殊贫困家庭用电帮扶政策，实现了用电安全和广电网络全覆盖。

3. 硬化道路

先后利用“一事一议”“易地扶贫搬迁”“移民道路建设”等项目硬化全村公路达 27 千米，通村通组路硬化率达 100%，入户路硬化率达到 98%以上，解决了村民出行难问题。

4. 整治环境

入户动员并验收 149 户农户实施厕所革命，推进农村人居环境整治；在 1 组 2 组实施乡村振兴示范点，打造美丽红庙。

（五）精准因户施策，补短板强弱项

对照“一超六有”要求，红庙村系统收集全村精准贫困户在住房、教育、产业、饮水等方面的需求，补齐短板，强化弱项，改建住房 86 户，教育资助 13 户，发展产业 39 户，解决饮水 18 户，改厨改厕 15 户，购买电视 22 户，全部落实了项目或资金扶持。

（六）强化宣传引导，转变村民观念

1. 集中宣传

利用各种与贫困户、村民有关的会议进行宣传，尤其是利用农民夜校集中授课

24 次，为村民宣传党的思想，使其深入人心；解读党的政策，使其落地生根；讲解种养技术，增强发展能力。

2. 走访宣传

工作队、帮扶人和村“两委”在入户走访时适时宣传，对其思想产生潜移默化的影响。

3. 网络宣传

积极利用微信网络，井研电视台，乐山日报等扩大宣传，增强红庙发展信心。如 2017 年 3 月 17 日，乐山日报头版头条专题报道了红庙村的脱贫典型，村民看后增强了自豪感和自信心，加快了红庙脱贫致富的步伐。

三、纯复镇红庙村发展面临的问题与挑战

（一）个别干部能力不够强

红庙脱贫退出后，对村组干部的综合素质能力提出了更高的要求，而村组干部在节庆活动主持、电脑操作、文稿写作等方面的能力略显不足，尤其是极个别村组干部对电脑自动化办公感到有些难度，有的甚至不会使用 Word 和 Excel。

（二）集体经济模式不够好

1. 山坪塘

山坪塘整治后，已经全部出租，一次性收取了租金，但在 10 年左右暂无租金收入，从而使集体经济收入相对减少。

2. 光伏发电

光伏发电每年使集体经济获得电费收入 2 万元左右，但光伏面板全部链接在一起，打扫困难，影响吸热发电量，进而影响集体收入。并且随着年限的增加，光伏面板吸热能力会逐渐降低，使集体收入逐渐减少。

3. 资金入股

集体经济专项资金 50 万元，由县上统筹量化入股禾丰现代农业专业合作社后，2019 年因合作社发展困难，4 万元收益分红款暂未到账。并且 2020 年将到期，到期后便无 4 万元收益分红，同时集体经济专项资金 50 万元如何使用，如何保值增值需要规划。

（三）红庙产业发展不够快

1. 种植业收益较慢

种植业主投资后，受种植业自身发展周期的影响，农户土地流转和入股投资后资产收益比较滞后，不能马上见效，且易受市场价格、天气、病虫害的影响具有不稳定性。

2. 养殖业风险较大

红庙村不少贫困户和农户养猪、养、羊、鸡、鸭、鱼。一方面饲料和农作物价格上涨，使养殖成本上升，利润降低；另一方面养殖技术和养殖条件有限，若受疾病疫情影响，减产损失较多。如去年受非洲猪瘟的影响，全村养猪数量从上千头降到几十头。

3. 大业主带动不够

红庙虽有养鱼近千亩的漆老板，种柑橘近 200 亩的苏老板，但在带动就业方面略显不够。漆老板可稳定解决 10 余人就业，每人每月增收近 2 000 元。苏老板在柑橘种植农忙之时，可解决 10 余人临时性就业，每人每天增收 70 元。两位老板带动就业 30 人左右，对红庙经济的发展做出了较大贡献，但相对于整个红庙劳动力人口而言，带动就业能力还可以进一步提升。

4. 小农户规模不大

个别贫困户和农户虽有养鱼，种植柑橘、李子，但规模都不大。养鱼在自家水田养，就算承包也只有三五亩。种柑橘、李子一般利用自家土地种植，面积 3 亩左右。贫困户帅某种植柑橘 10 余亩后，便不愿扩大规模。

（四）产品销售渠道不够多

农产品销售方式单一，沿用传统“一手交钱，一手交货”的方式进行，没有合作社进行统一销售，也没有利用网络微信、电商平台进行在线销售。

（五）基础环境建设不够美

1. 村组道路不够美化

全村基础设施建设比较完善，但因资金缺乏，对村组道路的保洁、维护和美化不够，路面枯叶泥渣等垃圾较多，有些路面因重车碾压而破损，有些道路两边护栏损坏，杂草丛生。

2. 厕污共治不够全面

厕污共治取得重大突破，完成 149 户，剩余 300 多户或因人不在家，或因嫌补足资金较少，或因在家老年人观念保守而没有进行改造，进而影响了红庙整体的村容村貌。

（六）部分村民素养不够高

1. 思想相对滞后

不少贫困户家庭成员多为老弱病残，文化程度比较低，甚至个别精准贫困户“等、靠、要”思想依然存在，尽管有子女照顾，各方面已达标脱贫，但为了能够享受更多的政策而否认子女给赡养费。个别村民虽有些劳动力，但也不愿意养些小家禽增加收入。

2. 生活习惯不良

村民养成生活好习惯有待加强，年轻村民中斗地主、打字牌、搓麻将的较多，跳舞健身的较少。个别村民家中物品摆放较乱、垃圾未扫，甚至人畜混居，影响了环境美观，助长了病菌传播，损坏了身体健康。部分村民参加各项会议活动及往返途中，乱吐痰、乱扔烟头、乱扔纸屑等现象较多，不利于村容村貌的整洁和维护。

3. 学习热情不高

因村民外出务工、忙于农活等因素的影响，使得在家村民对每半月组织的农民夜校学习积极性不高，学习人员相对固定为老年人。村民参加人社局组织的培训，多是奔着每天有 50 元误工补贴而去，学习热情不够高，培训效果不够明显。

四、纯复镇红庙村贫困户持续发展的对策与建议

（一）夯实党建引领，强化干部短板

1. 党建引领，落实机制

继续强化各级党委政府的领导和各部门的资金项目政策支持，继续强化基层组织工作制度、党务村务公开制度，继续落实“五个一”帮扶机制，继续开展专题活动，增强党员党性，发挥党员干部先锋模范作用。

2. 主动学习，强化短板

极个别村组干部要与时俱进，主动学习，强化短板，掌握新知识、新本领，提高业务能力，学习电脑办公，初步掌握 Word、Excel 等常用办公操作系统；学习相

关写作知识，适当利用空闲时间阅读写作方面的书籍文章，基本能完成工作计划、总结、报表等方面的文字材料；熟练运用 QQ、微信等传送资料。

3. 注重培训，提高技能

村组干部担负着把党的各项农村政策和任务落实到基层的重要责任，是团结带领农村群众维护社会稳定、全面建设小康社会的骨干力量。因此，要不断增强村组干部综合技能。

一是加强专业培训。村组干部，要充分利用党校、高校、远程教育、网络学习和现场教学等平台，通过理论授课、专业授课、网络授课、现场教学、模拟体验等方式，丰富知识储备，增强党务业务能力，不断适应新时代、新形势、新要求。

二是相互交流学习。一方面固定进行交流座谈，如每月座谈。村组干部探讨学习困惑，分享成功经验，在交流座谈中提升自己，展现自我。另一方面做好帮助指导工作。驻村工作队帮助村组干部提高电脑操作技能、公文写作能力、活动主持能力，传承优良作风，保障工作推进，增强村组能力。

（二）创新发展模式，壮大集体经济

1. 房地出租型模式

一是利用今年到期的 50 万集体经济专项资金，通过修建农家乐房屋院坝或改建空闲房屋，并简单装修，然后根据市场行情，以每年 6 万 ~ 9 万的价格出租给有意向的发展业主，从而获得资金收入。二是利用集体经济专项资金，请挖掘机把全村空闲土地整体翻新整理出来，再将整理好的土地打包出租给蔬菜、果园等种植业主，赚取整理土地前后的差价，从而增加村集体经济。

2. 收益分红型模式

寻找新的有实力、讲诚信的合作组织或大型个体业主，重签订合同。由每年收益分红不低于本金的 8%降为 6% ~ 7%，但改三年一签为一年一签，且每年合同到期时 50 万集体资金必须回到村上账户。这样一来虽然集体收入相对减少了，但资金也相对更安全一些。若对方发展困难，集体经济仅损失一年的收益，有利于及时拿回本金。

3. 劳务输出型模式

发挥村级组织的凝聚力，以贫困人口、困难群众等为主体，培育一批家政服务人员、保洁服务人员、餐饮服务人员、产业工人等，对外承接劳务服务。既可以带动一批群众通过务工增加收入，又可以增加村集体经济利润。

4. 公司合作型模式

村集体经济股份合作社引入专项资金，与本县的企业或家庭农场联合成立股份制公司，进行公司制管理、市场化经营，村集体经济股份合作社参与公司经营和管理，通过吸引财政资金投入，不断壮大村集体经济股份合作社的股份占比，促进产业壮大、公司发展、集体增收。

5. 飞地经济型模式

为充分利用本村 50 万集体经济专项资金，在确认本村无有效的土地资源可利用的前提下，由镇党委“牵线搭桥”，在本镇其他愿意提供闲置集体土地的村进行资源共享，争取本县农业项目资金，并与种养殖龙头企业合作，采取租赁养殖等方式，建立集体“种养殖场”作为两村集体共有资产，联合发展种养殖业，获得回报收益。

（三）完善政策支持，打造强势产业

1. 加强项目资金统筹

以全村为单位进行资金及项目规划，仅以贫困户为单位实施，补助资金较少，无法满足项目需求。整合资源，形成规模投资，提高农产品质量并形成规模，从而在市场占有率和价格上都能受益。

2. 适当修改实施程序

以前红庙村的产业扶持程序是先发展、再验收给予资金扶持，这种方式把本来就缺乏发展资金的贫困户拒于门外。在以后的产业扶贫中，建议改变财政资金的支持模式。

3. 完善政策吸引人才

制定返乡创业优惠政策，鼓励成功人士回乡创业，并留住劳动力。对返乡发展养殖的本乡人员给予优惠土地租用金，配套部分灌溉设施等优惠政策，对家庭农场创办农户进行宣传和环境治理帮助，带来更多的收益，留住人才。

4. 精心打造“美丽渔村”

依托 1 组水产园区油沙路，抓住申报省级乡村振兴示范点的契机，加大财政资金投入，加快美丽乡村建设，打造生态环境优美、村容村貌整洁、产业特色鲜明、乡土文化繁荣、公共服务健全、村民生活幸福的“美丽渔村”，带动红庙发展再创新高，提升村民群众幸福指数。

5. 努力发展乡村旅游

充分利用红庙村地理和环境优势，发展乡村旅游业。红庙村依托井研半小时经济圈和乐山 1 小时经济圈，鼓励有条件的农户或引进业主开设集种植、垂钓、采摘、餐饮、住宿等综合的农村旅游项目，如开办农村生活体验园，这样的项目收益快、对服务人员的年龄体力要求也不会太高。

（四）依托网络平台，拓展销售渠道

1. 提升品质品牌

结合红庙实际，注册品牌，发展土特产，如红庙稻田鱼，土鸡土鸭，纯天然蔬菜，绿色柑橘、李子。同时，若条件允许，可借助二维码、移动视频监控等新技术，实现生态农产品生产查得到、看得见、管得住，让消费者放心。

2. 筹建电商平台

建立红庙农产品电子商务交易平台，采取线上线下、买进卖出相结合的方式，采购和销售红庙特色农产品。一方面，要充分利用党校、高校开展电商专业化培训，提升村民的信息化应用水平，实现由“洗脚上田到洗手上网”的转变。另一方面，县、镇政府与乐山师院等高校商讨“党建共享·校地共建”合作模式，搭建大学生社会实践基地，为村委请来高校“电商专员”。

3. 增加快递服务

由红庙集体经济组织加盟快递公司，或申请快递公司在村委办公室开设网点，延伸快递寄递服务，实现产品的高效流通。

（五）美化基础设施，改善人居环境

1. 加大改善环境宣传广度

经常利用到村入户、村民会议、农民夜校、微信网络、宣传栏、广播站等，宣传农村人居环境治理，并积极发挥村组干部、党员家庭示范带动作用，营造“全村发动、全民参与”的氛围。

2. 增强基础设施投入力度

完善专人对村组道路的全面管护，为村民出行、农副产品销售运输提供方便；争取乡村振兴办的水利、卫生、场地、电力、电讯等配套设施建设项目，让年轻人觉得留在农村发展产业同样能享受和城市一样的生活，从而防止劳动力流失，改变农村滞后面貌。

3. 加强村组道路美化亮度

加强对村民的教育宣传，倡导分路段、不间断对道路进行义务保洁；号召村民

自主竹子编篱笆做护栏美化道路两边。同时，积极争取财政资金，统一购买花卉种子对道路两边进行美化，并对保洁美化人员进行适当补贴。

（六）丰富文化生活，推进社会治理

1. 完善村规民约，积极抓细抓实

立足红庙实际，征求村民意见，编制村规民约，并借鉴我县王家沟村的云平台积分管理办法，实施设置有“5 大类 69 个评分项目”的《红庙村村民云积分管理办法》。

云积分由基础分（100 分）、加分和扣分三部分组成，采取“线上 + 线下”的方式申报积分。按照“一月一审”和“线上 + 线下”的方式实时公示更新，并随时接受村民查询和监督，形成相互监督、学习、追赶的氛围。对上“红榜”一次加 10 分，上“黑榜”一次减 10 分，并“广而告之”。年终对积分排名前 10 名的家庭发放荣誉奖牌，并用村集体经济纯收入的 20%作为激励金，按积分比例进行奖励。

2. 开展宣传教育，提高村民素质

带领部分贫困户和村民外出参观学习，打开眼界，更新思维，感受其他先进村落的魅力，感悟外部世界的变迁。加强对精准贫困户和村民的宣传教育培训，既要开展实用技术培训，更要加强思想上的引导，帮助他们克服脏乱差思想，改变不良习惯；克服等靠要的思想，激发勤劳致富的内生动力。

3. 组建文艺队伍，丰富村民活动

成立文艺演出队伍。原村支书妻子能歌善舞，由其带领村里喜爱跳坝坝舞的人员组成红庙文艺队，精心编排歌曲、舞蹈等文艺节目，熟练后到各组开展“送文化入组”活动。通过群众喜闻乐见的形式，开展巡回演出、开展“送温暖活动”，宣传党和国家的路线、方针、政策，宣传勇抗疫情、敬老尽孝、好人好事，实现群众文化群众演，推进农村社会治理。

丰富老年群体活动。结合实际，组织村老年协会成员开展养生讲座、不定期开展棋牌比赛、重阳节等重大节日组织吃坝坝宴、开展近郊游、看望生病会员、悼念逝去会员等活动，让老年人不信迷信科学，频繁走动多接触，愉悦身心多幸福，留住乡愁更和谐。

4. 整合本地资源，擦亮金字招牌

2003 年，因农民画、舞龙等艺术形式多样，被国家文化部命名为中国民间艺术之乡。红庙村书画家有市委讲师团下派的第一书记黄方文，有本地土生土长的李伯

君、饶绍清等农民画家。红庙村可积极整合本村文化资源，充分发挥农民书画之乡的优势，以“文化致富”为引领，回引退休老干部、老党员、老教师等优秀人才，组建“农民画”团队，擦亮“农民画”这个金字招牌，利用农闲时间组织有兴趣的农户参加书画培训，使农户不进茶馆进画馆，发展农民书法和绘画产业。

作者简介：

伍鹏宇（1980—），男，汉族，四川乐山人，中共井研县委党校讲师（下派省定贫困村驻村队员），主要研究方向：党建专业。

余海（1981—），男，汉族，四川乐山人，中共井研县委党校副校长，主要研究方向：行政管理、党建专业。

沐川县推进现代乡村治理制度改革的实践与思考

朱明军　周录　罗武恒　徐雪梅　张群英

【摘　要】党的十九大提出乡村振兴战略，并强调要健全自治、法治、德治相结合的乡村治理体系，这是我们党在新的历史方位，对乡村治理做出的重要要求。沐川县结合县情实际，以村民自治组织为主体，以加强基层带头人队伍建设为切入点，以发展集体经济为核心，以文化引领为基础的乡村治理体系建设方面进行了积极有效的探索。本文总结了沐川经验，分析查找了存在的问题，提出了沐川县推进现代乡村治理制度改革的对待。

【关键词】现代乡村治理　改革

乡村基层治理既是国家治理体系的重要构成，也是实现乡村振兴的基石。党的十九大报告提出“加强农村基层基础工作，健全自治、法治、德治相结合的乡村治理体系”。2019 年中央一号文件明确要求“完善乡村治理机制，保持农村社会和谐稳定”。中共中央办公厅、国务院办公厅印发《关于加强和改进乡村治理的指导意见》，为新时代加强和改进乡村治理，夯实乡村振兴的基层基础明确了目标，指明了路径。四川省委十一届六次全会明确提出推进现代乡村治理制度改革的具体目标：到 2021 年，全省基层党组织领导下的各类组织关系更加清晰顺畅，基层公共服务、公共管理、公共安全得到有效保障，基层治理能力持续增强，在城乡基层治理制度更加成熟更加定型上取得明显成效；到 2035 年，全省城乡基层治理制度更加完善，基层治理效能显著提升，基本实现基层治理体系和治理能力现代化，为到 21 世纪中叶全面实现基层治理体系和治理能力现代化奠定坚实基础。

地处小凉山余脉五指山北麓的沐川县，坚持把加快融入成渝地区双城经济圈建设作为重大政治任务和发展使命，作为提升战略位势、增强自身能级、实现高质量发展的重大历史机遇，唱好“融入之歌”，既着眼当前，又立足长远，积极争创国家生态文明建设示范县，建设全省现代竹产业强县，打造现代农业产业示范县，努力打造西南生态旅游康养旅居地，建成成渝地区双城经济圈生态旅游康养旅居地的“后花园”为目标，紧紧围绕乡镇面积扩大、人口增加、资源整合、要素聚集、结构优化的改革目标，稳步推进乡镇行政区划调整和村级建制调整系列改革，如何做好“后半篇”文章，紧紧围绕建立现代乡村治理制度，优化乡村便民服务体系，做好脱贫攻坚工作衔接，加快补齐“三农”领域短板，前瞻谋划“十四五”乡村振兴发展，提升乡村治理效能这一主题，大胆探索。

一、沐川县开展现代乡村治理制度改革的主要做法

（一）大力推进乡镇区划调整，优化行政村布局

依法适当调整乡镇行政区划和村建制，切实增强中心镇、中心村的辐射吸纳和带动能力，提升发展县域经济。全县由原来的19个乡镇调整为13个乡镇，减少6个，减幅31.5%；全县共195个村，此次村级建制调整改革，全县建制村减少66个，减幅33.8%。坚持“六个不变”和“六个加强”，有效降低行政成本、提高行政效率，更好地发挥行政区划“1 + 1>2”的改革效果。为沐川集聚发展新动能、厚植发展新优势、优化城乡新面貌、提升城乡发展能级和发展品质带来历史性的机遇。

（二）探索完善乡村治理的组织体系

探索健全以党的基层组织为领导、村民自治组织和村务监督组织为基础、集体经济组织和农民合作组织为纽带、其他经济社会组织为补充的村级组织体系，实现村级各类组织按需设置、按职履责、有人办事、有章理事。沐川县严格按照省上《指导意见》要求，结合“一手抓疫情防控，一手抓村级建制调整改革”，坚持把稳定干部队伍作为改革的重中之重，做深做实“五个摸清”，严格落实“三必谈”要求，由30名县级挂联领导带队，采取座谈交流、实地走访等方式，对全县195个行政村逐个过“筛子”研判，对基层党组织和党员队伍建设、干部人才队伍建设、产业发展、村级治理等情况进行全面深入调研摸底，建立“一村一策”工作台账，同步建立撤并村拟任党组织书记人员台账、非撤并村党组织书记台账，为谋划全县村级过渡班子提供参考。调整后，村均常职干部职数由4.8个增加到5个，全县临时村党组织书记、工作委员会“一肩挑”占比达98.45%。在职数设置方面，立足户籍人口、村域面积、工作任务、撤并村数量等多方因素，综合考量确定“4、5、6、7”四类常职干部设置。一类村，原则上可以设4职，人口在1 500人以下；二类村，原则上可以设5职的村，即人口在1 500 ~ 2 500人；三类村，原则上可以设6职的村，满足人口在2 500 ~ 3 500人；四类村，原则上可以设7职的村，满足人口达到3 500人及以上。根据服务半径大小，面积超过20平方千米的村，或中心村、重点村、特色村，可增设1职，最多不超过7职。同时，明确纪检委员（纪检小组长）与村务监督委员会主任交叉任职，由不是村民委员会成员的常职干部兼任。按设定条件来划分村的类别后，全县129个村当中，设4职的村45个，占比34.88%；设5职的村49个，占比37.98%；设6职的村26个，占比20.16%；设7职的村9个，占比

6.98%。村建制调整改革后，全县 129 个建制村常职干部为 644 名，较 2016 年村“两委”换届后的 931 人（含纪检小组长 195 名），减少 287 人，减幅达 30.83%。全县 129 个建制村 644 名村常职干部中，“80 后”（40 岁及 40 岁以下）村干部 261 人，占 40.53%，较 2019 年提高 16.31%；“85 后”（35 岁及 35 岁以下）村干部 199 人，占 30.90%，较 2019 年提高 15%；“90 后”（30 岁及 30 岁以下）村干部 105 人，占 16.30%，较 2019 年提高 8.46%，形成合理年龄梯次结构。同时，结合扫黑除恶和开展前科劣迹村干部排查清理工作相关要求制定村干部“十不选”任职条件，确保将不符合村干部条件的人员挡在门外。有务工经历的返乡人员 57 人，占 44.19%，退伍军人 13 人，占 10.08%，致富能手 42 人，占 32.56%，机关下派干部 20 人。占 15.5%，专合社负责人 7 人，占 5.42%，乡村医生 2 人，大学生村官 1 人。

完善村党组织领导各类村级组织的具体形式，坚持以行政村为基本单元设置党组织，优化组织架构，探索多种形式发挥基层党组织和党员作用，健全村级重要事项、重大问题由党组织研究讨论机制，全面落实乡镇、村干部入户走访和党员联系农户机制，丰富各类村级组织协同参与乡村治理的方式。全县各村党组织书记设置方面，从优化村级班子队伍年龄、学历结构，全面实现“一肩挑”等方面考虑。原则上，新任的党组织书记为 45 周岁以下、高中文化程度以上共 31 人（其中：①撤并村 15 人，其中乡镇机关下派干部 13 人；②非撤并村 16 人，其中乡镇下派机关下派干部 7 人）；留任的村党组织书记不超过 54 周岁（考虑在过渡期后，还能再任满一届）、初中文化以上共 98 人（其中：①撤并村 44 人，其中初中文化 19 人，高中及中专文化 14 人，大专及大学文化 11 人；②非撤并村 54 人，初中文化 17 人，高中及中专 17 人，大专及大学文化 20 人）。本轮村建制调整改革后，预计全县 129 名村党组织书记平均年龄约 35 岁。其中：35 岁及 35 岁以下 33 人，占 25.58%，较 2019 年提高 12%；45 岁及 45 岁以下 64 人，占 49.61%，较 2019 年提高 9.5%；高中及中专以上文化 94 人，占 72.87%，较 2019 年提高 4%。建立有效的激励机制，拓宽乡村组织人才来源，充分发挥各类人才在乡村治理中的积极作用。

（三）发展壮大村级集体经济

党的十九大报告明确提出：“深化农村集体产权制度改革，保障农民财产权益，壮大集体经济。”发展壮大农村集体经济，是强农业、美农村、富农民的重要举措，是实现乡村振兴的必由之路。发展壮大村级集体经济，是促进乡村有效治理的保障。近年来，沐川县充分利用脱贫攻坚的历史发展机遇，积极探索，创新思维，推动村级经济发展快速发展采取盘活闲置资源，利用村内现有的各类土地、林地、荒地、水库、闲置的校舍、厂房、设备等集体资产，通过对外发包、租赁等方式实现资源利用效益最大化，收取租金，增强村级集体经济收入；投资经营资产。利用本地区位优势或产业优势，瞄准市场需求，建立配套的基础设施、购买附属设备，作固定资产对外出租，获取收益；领办实体经济。由村支部带头，采取集体自办的方式，发展种养殖产业，领办创办集体企业、专业合作社，实现集体收益；混合入股分红，采取“集体+公司”“村集体+大户”等方式将产业扶持资金、村集体资产等以股权量化模式投入实体项目中，以资金换股金，破解集体经济增收瓶颈。四川森态源生物科技有限公司，以“公司+协会+种植大户+贫困户”“公司+村委会+协会+贫困户”模式，带动全县 80 户贫困户和更多非贫困户种植魔芋，公司以高于市场价 200 元/吨的价格优先收购，贫困户每亩收入 6 900 元，实现种植一户、脱贫一户。同时，森态源还带动全县 25 个贫困村和 15 个非贫困村，将 631 万元产业扶持基金入股，公司每年支付入股资金红利给贫困村和非贫困村，实现村集体经济稳定收益，已支付各村红利共 75.72 万元。

（四）完善乡村权力监管和协调机制

建立健全农村小微权力监督制度，制定权力责任清单，探索形成农民群众、村务监督委员会和上级部门等多方监督体系，规范乡村小微权力运行。建立健全多渠道监督制约机制，坚持全县乡村党员干部述职、评议和讲评制度，敢于揭短亮丑，并严格执行《中国共产党党内监督条例（试行）》和《党政领导干部选拔任用工作条例》，表扬那些敢于大胆开展批评与自我批评，想干事、能干事、肯干事的干部，以实际行动促进党内批评的深入开展。建立农村党务、政务、村务、财务“阳光公开”监管平台，强化农村财务会计核算监督和审计监督，推进村民民主理财、民主监督。

（五）创新村民议事协商形式和治理体制

健全村级议事协商制度，创新方式和载体，丰富村民参与乡村治理渠道，激发参与乡村治理的内生动力。适应农村人口流动和经济结构变化，为本地村民、外来居民、企业和社会组织等不同群体参与议事提供平台，探索建立村民小组议事协商机制。拓宽村民议事协商范围，推进村民议事从经济事项向化解矛盾纠纷、开展移风易俗、维护公共秩序等方面拓展。按照健全党委领导、政府负责、社会协同、公众参与、法治保障、科技支撑的现代乡村社会治理体制的要求，探索加强乡村治理制度建设，实现多方参与的有效途径。落实党委领导责任，明确党委和政府部门职责，健全农民群众和社会力量参与乡村治理的工作机制，形成共建共治共享的乡村治理格局。

二、沐川现代乡村治理制度改革存在的问题

（一）乡村治理主体弱化现象日益突出

乡村精英人口的流失，乡村治理工作中的老龄化严重，乡村自治组织缺乏年轻

血液。一方面，目前乡镇政府的部分工作人员年龄老化严重，受教育层次相对比较低，对于乡村治理工作仍采用传统的被动治理模式，对于新的治理模式接受相对比较缓慢，导致其工作缺乏创新性。村委会班子成员较为年轻，但党支部班子成员岁数较大，老龄化现象突出，民主意识薄弱，民主作风欠缺，在事关群众切身利益的公益事业发展、惠民为民政策落实上，向群众宣传沟通力度不足，出现“替民做主”现象。另一方面，目前我国的乡村中基本仅剩老年人及幼童居住。大部分的青年人涌入城市工作，或大学毕业之后选择留在城市就业。加之城镇化进程的发展，冲击着乡村传统文化，使得乡村治理主体文化意识相对弱化。

（二）乡村集体经济薄弱，内生动力不足

沐川大部分的乡村，受地理环境、交通、配套等方面的影响，目前还是主要依靠农业种植、家畜养殖等维持生活。忽视当地对自然资源的保护，从而造成当地乡村资源使用不合理，阻碍乡村集体产业经济发展。一是部分村收入来源渠道单一。凡是无集体经营性收益的村，都没有固定的收入来源，村集体经济发展问题无从谈起。二是部分乡村“两委”班子人才匮乏，发展经济能力不强。三是村与村之间发展不平衡。近几年集体经济发展较快的村，大都集中在县城周边和产业优势明显的地方，班子成员稳定，集体经济舆论氛围也好，办法多，发展快。而有些产业发展滞缓村，原有的收入渠道趋于萎缩，缺乏新的稳定的收入来源。村集体没有可以对外承包的土地，村收入只能靠上级补助作为唯一来源。四是支农资金对集体经济起不到应有的作用。

（三）乡村村民治理意识薄弱

目前居住在乡村的村民政治参与意识比较薄弱，他们一般受教育层次比较低。对于乡村如何治理促进乡村发展，处于被动状态。一方面，由于乡村居民主要从事分散型的生产活动，因而在观念上比较保守、目光相对比较短浅。另一方面，村民认为乡村治理仅仅是政府的责任，与自己并无太多联系。目前乡村中部分村民仍然存在“等、观、望”思想。他们认为在乡村治理中，政府仍然会采用“大水灌溉”的形式。

三、沐川县推进现代乡村治理制度改革的对策与思考

（一）强化保障，增加基层组织能力

加强基层党组织建设，构建乡村基层组织建设体系。乡村基层党组织是乡村治

理体系的核心。只有坚持党委的领导核心地位，建立起科学高效的乡村基层组织体系，乡村治理才会有坚强的领导力量。因此要构建乡村治理体系，必须根据新时代乡村社会发展实际和乡村治理需要，加强基层党组织建设，不断完善基层组织建设体系。一是加强农村基层党组织建设。要充分发挥党组织总揽全局、协调各方的作用，选好配强党支部书记，通过派驻第一书记、驻村工作队和壮大集体经济等措施，强化村党支部的战斗堡垒作用，解决部分基层党组织“软、弱、涣、散”问题，增强农村基层党组织在乡村治理中的战斗堡垒作用和农村党员的先锋模范作用。二是加强农村党员干部教育管理。利用大数据、互联网等技术建立农村党员远程教育网络终端，开展常态化教育培训工作，切实提高农村党员干部的治理能力和水平。三是推进乡村基层组织治理方式创新。在乡村社会治理实践中，把乡村治理和服务群众有机结合起来，从群众最关心、最现实、最迫切需要解决的问题入手，通过国家与社会、基层政权与农民的合作共治，最终实现乡村善治的目标。

（二）聚集人才，破解人才缺乏难题

村党支部换届选举实行“两推一选”，先由党员推荐、群众推荐确定候选人，再进行党内选举，改变村支部选举“由少数人选少数人，在少数人中选人”的做法。党委会成员的选举实行“两票制”，先由全体村民对本村现有党员投“信任票”，然后从得票超过半数的党员中提名村党委会候选人，召开党员大会“正式投票”选举村党支部组成人员。完善选民登记和投票程序，在村委会选举过程中，加强对村委会选举的组织和监督，严查舞弊贿选，确保村民有效行使选举权。最核心的是要选优配强“领头雁”，坚持年轻化、知识化，注重从本村优秀农民工、退伍军人、农村致富能手、网格管理员、返乡大学毕业生等群体中选任村党组织书记，推动整体优化提升，以改变目前村干部年龄渐趋老龄化、学历偏低等难以适应新形势的现状。积极探索村党组织书记专职化管理，全面推行村党组织书记、村民委员会主任、村集体经济组织负责人“一肩挑”，进一步优化村党组织班子结构，健全完善村党组织全面领导的制度机制，不断提升政治功能和组织力。要全面推行村干部“基本报酬＋考核绩效＋集体经济创收奖励”报酬制度，强化激励保障水平，打造一支高素质的基层治理队伍。此外，要建立选派第一书记长效机制。第一书记要做好脱贫攻坚、乡村振兴、集体经济、乡村治理、人居环境整治等工作，做到与乡村振兴、乡村治理等的“无缝衔接”。

（三）壮大实力，全力发展集体经济

发展壮大村级集体经济，关键是选好班子，找准路子，以资源换资金、以存量换增量、以服务换创收、以出租换收益，坚持多元化发展。建机制，政策和策略是

党的生命，也是非常重要的调控和管理手段。上级党委、政府应该充分研究论证，借鉴先进地区经验，对于真正带领群众致富，走合作化、集体化道路的村级组织，给予充分肯定，并予以资金倾斜扶持，充分调动他们的主观能动性和智慧力量。对经济薄弱村，既要“输血”，更要“造血”，打牢自我发展的根基。部门帮扶，村企结对子，都要把增强集体经营性收入作为着力点，建立精准扶贫长效机制，扶上马送一程，确保帮扶成果不后退，农民收入不减少，集体经济壮大之路可持续。

建设一支优秀的村级干部队伍，努力提高农民的组织化程度。强化村两委班子，选好带头人。通过群众选举、公开竞聘、组织委派等方式，选派有口碑，有责任心、懂经营、会管理的高素质人才进入村两委班子。拓宽选人渠道，注重从大学生村官、致富能手、农民专业合作社理事长中选配村干部。同时，强化农村经管干部的配备和培养。经管干部熟悉党在农村的经济政策，熟悉村集体经济发展状况，是党委、政府指导发展村级集体经济的参谋者、实践者和参与者。必须进一步抓好经管干部队伍建设，提高指导村级集体经济发展的参谋能力、协调能力和指导能力；找路子，依托区位、交通、资源等比较优势，因情制宜，因村制宜，按照“镇抓产业、村抓特色”的思路，“一村一品”或“多村一品”，集中发展一批竞争力强的特色产业项目。建立农业产业园区，加大土地流转力度，通过专项资金，整治土地，完善基础设施，实行对外招商，引进发展产业。推行“农业 + 电商 + 旅游 + 文化 + 养生”，拉长产业链，提升产业链，让集体和农民有更多的收入。围绕苦笋、畜牧、猕猴桃、魔芋、茶叶等支柱产业，积极调整农业产业结构，发展壮大一批农业龙头企业，推进产业化、规模化经营，将农业资源优势转化为经济优势。加强旅游开发，景区、县城周边乡村发展康养、生态休闲旅游业，城乡近郊、国道省道临近村发展观光农业，花卉产区发展花卉旅游业。学习借鉴外地成功经验，大力发展“农家乐”旅游、建民宿，推出一批果蔬采摘、休闲体验、民俗度假等形式的旅游项目，多方拓宽收入渠道。

（四）推进改革，建立现代乡村治理方式

成立村民议事机构，由村“两委”成员、党员代表和村民代表组成村民议事委员会，通过村民议事委员会，把重大村务的决定权交给广大村民，凡村务大事，都要经村民议事委员会充分讨论后再决定，做到村干部、党员、普通村民三者决策的有机统一，使村民能够表达意见并参与决策，真正成为决策议事的“主角”。严格执行“一事一议”制度，充分发扬民主，严格履行程序。对村里的重大问题决策，先由村党支部形成决议，然后提交支委和村委召开的联席会议讨论决定，通过后提交村民会议和村民代表大会表决。凡涉及农村各项事业发展的重要事项，尤其是重大村务和财务，都要依法召开村民会议或村民代表大会讨论决定，努力提高村务管理和决策的科学化、民主化水平，确保村务管理公开透明、公平公正。改革财务管理

制度，探索每月到乡镇做账和每季度在联席会上公开账务和村级财务乡镇代管等制度，探索可行有效的村账审计方式，如第三方审计。

（五）抓实服务，全力聚焦群众需求

乡村治理正在从以管控为中心、以政府为主导向以服务为中心、以社会多元协同参与为导向转变。优化乡村便民服务体系，做好脱贫攻坚、乡村振兴工作衔接，加速乡村便民服务“一站式”，实现便民服务高效化。围绕乡村治理集成化、精细化、规范化、智能化，加快推进“放管服”改革和“最多跑一次”改革向乡镇和农村延伸，健全以政务服务中心为主体、乡镇（街道）便民服务中心为纽带、村（社区）便民服务站为延伸的三级政务服务网络，建立集综合治理、市场监管、综合执法、公共服务等于一体的统一平台和线上线下相结合的乡村便民服务体系，变“群众跑腿”为“数据跑腿”，加快实现“智慧治理”。

（六）加强宣传，提升思想文化道德建设的引领作用

以社会主义核心价值观为引领，大力实施道德建设、移风易俗、文脉传承“三大工程”，扎实推进基层组织政治建设、新时代文明实践中心建设、乡土文化人才队伍建设、文明家庭优良家风建设、村民思想道德文化建设“五大建设”。充分发挥新乡贤、道德榜样、村规民约、家训家风、生活礼俗的教化作用，制定出台专门针对薄养厚葬、封建迷信、酗酒赌博等旧风陋习的具体指导意见，实质性解决天价彩礼等问题，探索走出“以基层党支部为核心、五星级文明户创建为抓手、乡村文化建设为载体、各类道德模范和各级新乡贤队伍为骨干、农民群众广泛参与”的乡村文化建设新路。

作者简介：

朱明军，男，四川沐川人，中共沐川县委党校高级讲师，主研方向：生态文明、乡村基层治理等。

周录（1976—），女，四川农业大学高新技术与管理专业本科毕业，中共沐川县委党校常务副校长，主研方向：基层党建、乡村治理。

罗武恒（1966—），男，四川农业大学农学系作物栽培专业本科毕业，中共沐川县委党校教师，主研方向：公务礼仪、农村经济、基层治理、国际关系学。

徐雪梅（1974—），女，中共四川省委党校法律专业函授本科毕业，就职于中共沐川县委党校，主研方向：档案管理、生态文明建设、党建。

张群英（1971—），女，乐山师范学院本科学业，中共乐山市委党校讲师，主研方向：生态文明建设、乡村治理、心理学、政务礼仪。

山区县农村集体经济制度创新的调查与思考

段流华

【摘　要】农村集体经济是我国公有制经济的重要组成部分，它在中国特色社会主义市场经济发展壮大过程中做出了突出贡献，并在乡村治理、共产主义理想道德培育等方面发挥着重要作用。在新时代，山区县应当结合本地实际，加强农村集体经济制度创新知识能力培训，提高干部群众对农村集体经济制度创新的认识；努力建设县域制度创新人才平台，自主制度创新团队支撑农村集体经济制度突破性创新；以创新观念促进制度创新，突出制度创新引领农村集体经济发展壮大；建立山区县农村集体经济自主创新制度（机制），用制度创新威力破解山区县农村集体经济发展瓶颈，深入激发出农业及农村发展活力，更好地巩固脱贫攻坚成果，加快乡村振兴，发展壮大农村集体经济。

【关键词】山区县　农村集体经济　制度创新

历史的发展让大家认识到，只有农村集体经济制度不断创新，各项制度常常处于最优化，才能发展壮大农村集体经济，进一步激发出农业及农村发展活力，更好地巩固脱贫攻坚成果，加快乡村振兴。本文将以沐川县为例，从研究新时代山区县农村集体经济现行经济制度框架入手，采取走访调查、实地参观、座谈、查阅资料等研究方式，梳理出阻碍农村集体经济发展的制度因素，剖析制度创新存在的主要问题和激励机制，以此探讨新时代山区县农村集体经济制度创新问题。

一、沐川县基本情况

沐川县辖 13 个乡镇，共 129 个村，省定贫困村 43 个已经全部退出。“十三五”以来，沐川抓住乌蒙山区扶贫连片开发的历史机遇，围绕以林竹为主导，优质猕猴桃等为重点的“一主两优三特色”工作思路，加强国家级生态示范区，有效促进了山区绿色经济发展，生态环境质量不断提升，人民生活得到新改善，2019 年全县城镇居民人均可支配收入 32 637 元，增长 9.0%；农民人均可支配收入 15 717 元，增长 10.3%；城乡居民人均可支配收入倍差还是不低。全县基本消除了村集体经济空壳村，到 2020 年 6 月底，入股分红收益累计 10.8 万元，投资收益累计 280.8 万元，自主经营收益累计 25.7 万元，全县累计共 317.3 万元，但原村建制尚有 10 多个村未获得收益。

二、沐川县农村集体经济制度创新目前的主要表现

（一）县委政府重视，认真研究、领导农村集体经济制度创新工作

深入学习贯彻党的十九大精神，深化农村集体产权制度改革，探索拓宽农村集体经济发展路径，强化集体资源资产管理。借鉴脱贫攻坚工作的成功经验，研究推进乡村振兴战略中如何抓党建引领农村集体经济制度创新，持续深入抓党建促进农村集体经济发展壮大，保障农民财产权益，进一步巩固农村社会主义阵地。

（二）沐川县农村集体经济组织纷纷设立，发展农村集体经济各类制度逐步建立

1. 入股出租任自选，土地盘活收益高

大楠镇太平村等地实行的土地流转模式，让农民自由选择农地入股或者土地出租模式，农民以土地承包经营权入股，农业开发企业以现金入股，村集体经济组织以现金入股，共同成立农民合作社，农民通过这种方式可获得土地流转租金收入或股权分红，从而使土地转化成了资本，具有承担合作社债权债务的责任。

2. 集体资产量化到户，效率与公平两不误

原黄丹镇里坪村，村集体经济发展成果共享，较好地解决了效率与公平兼顾的问题。一是实行“二次量化”方案，创新村集体经济分配制度。优先照顾贫困群众，对鼓励发展村主导产业政策性补助 180.4 万元资金，按照“两个不低 70%”的政策要求，采取二次量化方案，即第一次每户贫困户先量化 1 万元，剩余资金第二次再按实际出资比例均等量化，村集体不参与量化，既鼓励、激发了贫困户参与发展的热情，又把利益重点向贫困户倾斜，保证了扶贫资金的扶贫属性和效益发挥。二是实行“到期收回”共有，创新政策性补助资金分段村集体经济持有制度。让发展成果惠及全村人，合作社所有成员在持有量化股 8 年后，政策性补助资金量化股将收回归村集体所有，村集体经济将有个质与量的提升。三是实行“产权质押”入股，创新混合所有制企业村集体经济控股制度。在充分尊重合作社社员意愿基础上，为解决当前合作社发展的资金缺口问题，用合作社已形成经果林产权质押方式，争取到县信用联社贷款 350 万元，作为村集体占股发展集体经济，有效兼顾了效率与公

平、当前脱贫与长远致富的矛盾问题。

3. 集体资源预流转，中介平台市场化

原沐溪镇阳雀村，创新机制推进村集体经济发展。一是创立“党建统领 + 老年协会 + 网络平台 + 公司 + 合作社 + 劳务队”的模式，实施“优秀农民工回引培养工程”，培育优秀农民工回乡创业创新机制。二是抢抓脱贫攻坚发展机遇，建成 3 个新村聚居点，发展 1 000 亩果蔬多元化产业园区，形成新村建设、产业发展、社会治理“三驾马车”齐头并进的良好发展态势和和谐社会氛围。三是坚持党支部主导，探索实行“土地预流转”模式，构建村集体、投资方、农户三方利益联结共融的产业发展新格局，通过“支付资源租金，作价资源入股”（反租倒包管理费、干股等）模式，让“村集体经济组织”和“现有民营经营主体”形成合股、合力，让村民、村集体、投资业主分摊风险。

4. 各地村集体经济组织陆续成立，村集体经济制度创新亮点纷呈

全县已有 9 个村成立村集体经济组织，部分村建立了村集体经济组织章程、村集体股份经济合作社财务管理制度、村集体经济组织成员选举产生制度等。通过各级党组织引领，打造了 7 个财政资金扶持村集体经济示范村，已经建立中央、省财政扶持村集体经济工作联席会议制度，制定了《沐川县农村集体经济组织财务管理办法（试行）》，启动实施后引领发展，政府财政支持农村集体经济资金购买农村经济企业，参与形成农村混合所有制。

（三）实施脱贫攻坚、乡村振兴战略，大大激发干部群众创新农村集体经济制度的愿望

近年来，实施脱贫攻坚、乡村振兴战略都清楚地表明实现脱真贫、真脱贫，乡村得以振兴的关键在于注重发展长效扶贫产业，尤其足够重视以集体经济组织为依托的第二、三产业，在一二三产业融合发展、强调改善人居环境的大背景下，通过加大引导和支持力度，发展壮大村集体经济，鼓励村集体经济组织参与“生产、供销、信用”三位一体集体经济组织建设、提供生产性服务。

（四）互联网、电子商务等现代服务业发展迅速，为创新农村集体经济制度提供新平台

有效开发农村市场，扩大电子商务进农村覆盖面，支持供销合作社、邮政快递企业等延伸乡村物流服务网络，加强村级电商服务站点建设，推动农产品进城、工业品下乡双向流通。建成农村电商运营中心和县乡村三级电商体系，乡村电商产业

逐渐形成。建成占地 1 500 平方米的沐川电商孵化基地，培育汇通、中通、韵达、EMS 等物流配送 10 余家，工商注册电商企业达 5 个，全县各类电商服务站点 200 余个，13 个乡镇、129 个行政村实现了全覆盖，带动了 2 000 余人就业创业。

三、沐川县农村集体经济制度创新中存在的主要问题

沐川县农村集体经济制度创新中存在的主要问题有：

（1）思想认识障碍是制约新时代山区县农村集体经济发展壮大的阻力。

（2）制度缺陷是新时代山区县农村集体经济发展壮大面临的困境。

（3）制度创新人才匮乏，创新能力低下，对发展农村集体经济贡献率低。

（4）制度创新动力不足、制度创新激励机制和保障机制尚未形成。

四、新时代山区县农村集体经济制度创新的对策与建议

（一）加强农村集体经济制度创新知识能力培训，提高干部群众对农村集体经济制度创新的认识

1. 加大宣传培训力度

营造村集体经济制度创新氛围。突出制度创新人才，加大企业制度创新主体培育力度，加强农村集体经济制度创新的宣传、培训工作，培养农民、涉农干部牢固树立农村集体经济制度创新驱动村集体经济的发展理念，改正在农村集体经济制度创新中存在的认识错误，增强农民及涉农干部的经济制度创新驱动农村集体经济发展壮大意识。坚持把舆论宣传引导放在突出位置，“网上与网下”结合、传统媒体与新兴媒体融合，加大宣传力度，营造正向激励的浓厚氛围，培育形成干部群众纷纷创新农村集体经济制度的生动格局。

2. 密切加强与高校合作

积极夯实村集体经济制度创新人才基础。充分发挥县行政学校、县农业广播学校培训农村集体经济制度创新人才的阵地作用，努力夯实农村集体经济制度创新人才培训基地。加快培训涉农干部人才村集体经济制度创新思维能力，笃定山区县发展壮大农村集体经济必须坚持制度创新思维和创新信念，培育村集体经济制度创新观念，强化与省市对接，争取人才政策、扶贫政策支持，加大农村集体经济制度创新人才开发投入力度，以提高自主创新能力为目标，加强与乐山师院、川农大等校（院）的合作，采取委托或与高校联合、在职与脱产相结合、校内与校外相结合的方式，培养一大批农村集体经济制度创新型人才。

3. 把握农村集体经济螺旋式发展规律，实现农村集体经济制度颠覆性创新

宣传新时代农村集体经济思想，借鉴脱贫攻坚、乡村振兴的发展经验，总结集体经济发展的优势，制作宣传图册或到村庄开展宣讲会，展示脱贫攻坚、乡村振兴实践在发展集体经济后农民生活的巨大变化，调动农民参与农村集体经济建设的积极性。践行新时代中国特色社会主义思想，丰富农村经济集体性质，农村是市场经济最薄弱环节，也是集体经济最容易建立的地方，巩固社会主义基本经济制度的地方，农村集体经济组织聚焦短板弱项探索农村包围城市道路，新时代中国特色体现在市场经济中主要就是集体经济得以发展壮大，这是农村集体经济的螺旋式上升，农村混合所有制经济，是福利性质的、扶贫性质的，是新时代山区贫困地区农村政治经济制度的颠覆性创新。

（二）建设县域制度创新人才平台，自主制度创新团队支撑农村集体经济制度突破性创新

1. 加强组织建设，成立村集体经济创新管理机构

成立农村集体经济工作小组，邀请经济学人才担任农村集体经济职业经理人，为工作小组提供理论与技术指导，为农村集体经济发展提供人才支持。成立县农村集体经济工作委员会，可将扶贫办转型为县农集经办。积极探索发挥农村基层党组织领导核心作用的有效方法、途径，推荐村党组织成员作为兼任村集体经济组织的董事会、理事会、监事会负责人的候选人，实行村组级各类农村集体经济组织定期向村党组织报告工作制度，增强农村基层党组织在集体经济领域中的领导力和影响力。

2. 破除人才发展制度性障碍，探索农村集体经济人才制度创新

建立双向兼职、人才驿站等柔性引才用才模式，制度创新人才政策配套以引导人才走向，以经济制度创新人才创新制度留住人才。一是各级政府应出台发展壮大农村集体经济人才制度创新意见，实施以高校毕业生为主体的现代青年农场主培养计划，支持其以资金入股、技术参股等方式加入农民专业合作社等经济组织，尤其是含有集体经济的混合所有制经济组织，鼓励其兴办家庭农场，投身精准扶贫和乡村振兴，这是新时代中国特色社会主义实践形势需要。大学毕业生获得基层经验，同时有利于振兴新乡村，一举两得。这当然要求进一步打破户籍、地域、身份、学历、人事关系等制约，推动政策互通、资格互认、信息共享，加快人事档案管理和社会保险关系转移接续的信息化建设，为高校毕业生跨地区、跨行业、跨体制流动提供便利。二是破解城乡二元结构，鼓励城乡人才平等交换和自由流动，多让城镇人才进村来，农村集体经济制度创新自然就会活跃起来，并出台一系列人才配套政策，从户籍、医疗、就业到养老资源的统筹协调，形成城乡互动。三是企业家要做

制度创新发展的探索者、组织者、引领者，勇于推动农村集体经济生产组织制度创新、技术制度创新、市场规则创新，重视创新技术研发和人力资本投入，有效调动员工创造力，努力把农村集体经济组织打造成为强大的制度创新主体。

3. 鼓励大众投身农村创业，带动村集体经济制度创新

农村集体经济组织是中国特色社会主义市场经济的重要市场主体，是中国经济的特色力量载体，培育农村集体经济组织，保护农村社会生产力，千方百计把市场主体保护好，激发市场主体活力，弘扬农村企业家精神，推动农村集体经济组织发挥更大作用实现更大农村经济发展，为中国经济发展积蓄基本力量。通过政策扶持，吸引更多农民创业，支持进城农民工返乡创业，鼓励养老人群、复员军人、都市白领、高校毕业生、企业主、农业科技人员、留学归国人员等各类人才心无旁骛、长远打算，以恒心办恒业，形成长期稳定发展预期，让农村集体经济组织经纪人吃下定心丸、安心谋发展，下乡扎根农村集体经济，深耕农村集体经济，发展壮大农村集体经济，驱动农村集体经济制度创新。

（三）以创新观念促进制度创新，突出制度创新引领农村集体经济发展壮大

1. 创新村集体经济党建引领制度，激发新时代农村市场主体活力

一是发展壮大村集体经济，必须坚持党建引领，村党支部要挑大梁、唱主角。二是借鉴脱贫攻坚领导责任机制建立实施全面推动村集体经济发展领导责任制，五级书记抓全面推动村集体经济发展工作，加强党对全面推动村集体经济发展的集中领导。建立全面推动村集体经济发展联系帮扶机制，加强领导干部联系集体经济薄弱村制度，由县委总揽，县委组织部牵头协调、县农业农村局等职能部门具体负责抓好落实，明确乡镇党委书记是发展村级集体经济的第一责任人，村党组织书记是抓村级集体经济的直接责任人，与脱贫帮扶机制略有不同的是，帮扶干部不适合一律责任到户，最好只到企业或村集体经济组织，最多到班组。三是坚持以农村基层党建为抓手，不断强化基层组织建设，通过依托各村优势，因地制宜挖掘资源，让各村凝聚起发展壮大村集体经济的共识，将党建与其他各项工作有机地结合在一起，以基层党组织的战斗堡垒作用和党员的模范带头作用影响和带动群众顺利完成各项工作。四是借助党建引领农村集体经济发展壮大平台，健全农村党组织体系，整顿提升软弱涣散党组织，充分发挥纪检监察机关在农村集体产权流转、集体收益分配方面的监督职责，促进党建与村集体经济建设双双取得显著成效。

2. 创新农村集体资产监管制度，进一步完善和加强农村资源监管

一是有效发挥农村集体经济组织功能作用，把被农户侵占的公房、河滩、荒坡、荒地等集体资产全部收回，有效地维护集体经济。通过确权、颁证、土地流转等合

法程序，使农村资源变资产、资金变股金、村民变股民，落实集体所有权，稳定土地承包权，放活土地经营权，成功实现“三权分置”，同时使集体与村民个人各类产权关系更加清晰、权益归属更加明确。盘活农村闲置资源，坚持一村一策，成熟一个推动一个，运行一个成功一个，促进农村集体资产保值增值，为实现集体统一经营和集体经济的发展壮大奠定良好的基础。二是深化农村集体土地制度改革，稳妥推进农村集体经营性建设用地入市改革，允许农村集体经营性建设用地入市，鼓励农民利用闲置宅基地入股农村集体经济组织（企业）发展休闲农业，为田园综合体建设提供新发展空间，引导村集体经济组织以租赁或分红等方式获得宅基地房屋使用权，通过导入新业态、新功能，使农村集体资源变资产、农村集体资金变股金、村民变股东，实现村集体经济组织与农民共同发展、共同致富。三是创新农村产权制度，毫不动摇发展和壮大农村集体经济，毫不动摇鼓励、支持、引导非农村集体经济组织参与发展农村集体经济，采取土地集体所有、承包经营使用权独有、政府投入国家资本公有、社会资本混合等，探索农村集体经济多种发展壮大途径，加快农村“三权分置”改革和深化农村供给侧结构改革，培育更多充满活力的农村集体经济市场主体。

3. 强化农村集体经济组织内部治理，创新农村集体经济混合所有制制度

一是引导和鼓励更多本土企业参与发展壮大农村集体经济，扎扎实实做好主业。按照完善治理、强化激励、突出主业、提高效率要求，推进农村集体经济混合所有制创新，规范有序发展混合所有制经济。二是对充分竞争领域的农村集体经济组织出资企业，支持符合条件的混合所有制企业建立骨干员工持股、上市公司股权激励、科技型企业股权和分红激励等中长期激励机制。三是深化农村集体经济组织所有制企业改革，加快完善农村集体经济组织这一特别法人治理结构和市场化经营机制，健全经理层任期制和契约化管理，创新现代农村集体经济企业制度。对混合所有制企业，探索建立有别于农村集体经济组织独资、全资公司的治理机制和监管制度；对农村集体经济组织所出资本不再绝对控股的混合所有制企业，探索实施更加灵活高效的监管制度。四是村集体经济组织以优先股方式确保村集体股权能够优先分配股息和混合所有制企业的剩余财产。

4. 优化政策资金扶持机制，创新城乡集体经济市场制度

一是县财政设立扶持壮大村集体经济专项资金，优先用在农村集体经济制度创新比较好的村，发挥村集体经济扶持专项资金和壮大村集体经济扶持资金“四两拨千斤”的作用，引导金融保险和社会资本源源不断地投向农村，并加大财税、金融、土地等方面的政策保障，统筹引导支农、扶贫、产业等各类项目资金投向农村集体经济项目，加快形成财政优先保障、金融重点倾斜、社会积极参与的多元投入格局。

二是新时代山区县农村集体经济组织应坚持开放式的自主创新，着眼于战略性产业和领域制度创新，试点建设城乡统一的建设用地市场，创新同权同价、流转顺畅、收益共享的农村集体经营性建设用地入市制度。三是充分发挥农村集体经济的政策优势深耕绿色销售市场，通过业态创新助力城镇绿色消费升级，继续拓展城乡集体经济市场，让城乡两个市场无缝链接共享。

（四）建立山区县农村集体经济自主创新制度（机制），用制度创新威力破解山区县农村集体经济发展瓶颈

1. 健全管理部门考评机制，创新农村集体经济帮扶制度

一是将发展壮大村集体经济纳入党建责任制考核，乡镇村两级签订责任状，建立“乡镇统一组织、村细化实施”的村集体经济发展工作机制，把发展村级集体经济工作纳入村“两委”干部年度年终绩效考评、述职评议考核的一项重要内容，与党支部书记、村委主任年底绩效挂钩，切实增强村级集体经济发展的内在活力。二是对县级帮扶部门、乡镇定点扶持工作成效实施分类考核并纳入全县目标管理，由县级帮扶部门、乡镇派员参加，采取集中审阅材料、分组评议、投票评价、综合评定的方式进行，对帮扶工作中涌现的优秀人才给予晋级晋职，破格重用或录用。三是把党员县级领导联系点、党员领导干部联系支部制度落到实处，充分发挥农村基层党组织的政治优势和组织优势，把党员群众、专业大户、乡贤能人和“懂农业、爱农村、爱农民”三农干部人才组织起来，推动村级集体经济制度全面创新。

2. 鼓励创新利益联结机制，引领分配制度创新

一是鼓励采取农户土地经营权入股、财政补助资金或集体资产量化入股等方式发展产业，构建以资产股权为纽带、按股分红的现代农业经营模式，带动农民特别是困难户脱贫增收，将农民、农村集体经济组织及其利益纳入现代商业组织中来，实现经济共享、包容式发展。二是坚持“各尽所能，按劳分配”总原则，按一定比例分配给本组织中困难户，混合所有制经济在无增长的情况下优先保全集体经济的本金，增长率若高于本县区上年的经济增长率，非集体经济部分收益的增长率可高于集体经济的，但不应高出一倍。三是全县每年评选创新利益联结机制 10 大典型示范案例，每个案例分别给予新型经营主体一次性奖励。

3. 提升农村集体资产安全意识，创新农村集体经济保全机制

一是农村集体经济组织虽然已经在法律上具备了市场经济主体地位，独立参与市场经济活动，但出于农村集体经济组织对于市场反应能力不足的特性，又不具有破产能力，一旦破产，该组织即不再存在，这与设立农村集体经济组织的初衷相违

背，所以要对其市场参与度进行适度限制，不宜从事风险过高的市场活动，宜于选择较低风险的市场活动。二是创新农村集体经济安贷保制度。创新一种保障农村集体经济政府财政扶持资金或贷款安全的保险，简称安贷保，安贷保一方面农村集体经济组织剩余无偿贷款给特定户（如困难户用于发展产业）的投保，另一方面农村集体经济组织向金融机构贷款的投保。完善农村集体经济保险试点，推动建立多层次、高保障、符合农村集体经济发展需要的保险产品体系，千方百计疏通渠道，把金融“活水”引入农村集体经济投资，让投资主体贷得到款、有钱去投资。

作者简介：

段流华（1965—），男，四川沐川人，中共沐川县委党校经济学高级讲师，主要研究方向：农村经济、乡村治理。

山区小城镇社区治理的困境与突破
——以沐川为例

张仲　张群英　王海　徐雪梅　史扎阿洪

【摘　要】本课题通过对沐川山区城镇五个社区的走访和数据分析，总结出了山区社区的四个特点：一是社区机构已经健全，社区管理越来越规范。二是小区改造成效明显，市容市貌得到极大改善。三是居民素质在快速提升。四是部分社区的治理已进入成熟阶段。同时分析了山区社区存在的问题：一是体制僵化，社区自治性体现不充分。具体表现在职能划分混乱、人事进退制度不健全和规范、待遇不规范等。二是扶持不足，社区因无集体经济而缺失活力。三是任重低薪，难留住人才。针对这些问题，课题组提出了以下建议：一是创新机制，突破社区治理瓶颈这；二是大胆探索，发展城镇社区的集体经济；三是建立黑名单制度；四是充分发展社区志愿者组织。

【关键词】山区社区　治理　问题与建议

中国城市化率从 1990 年的 26.44%持续上升到 2019 年的 60.60%，四川省 53.79%，乐山 53.36%，沐川 37.5%。改革开放四十二年，庞大的农村人口不断演进为城市人口，城市社区从无到有，从小到大，从少到多，不断变得庞大起来。在大力开展乡村振兴、乡村治理的背景下，社区治理有边缘化趋向。为此，本课题组以山区小城镇社区治理为研究对象，探索基层社区治理中的困境与突破。

沐川县 13 个乡镇 17 个社区，本课题选取沐溪镇（县城）的三观楼社区、梨园坝社区、农场坝社区、利店镇利民坝社区、高笋康乐社区和底堡乡月呣台社区共 6 个社区开展调研。

一、山区小城镇社区的现状分析

基本情况如表 1 所示：

表 1　山区小城镇社区的现状分析表

	三观楼社区	梨园坝社区	农场坝社区	利民坝社区	康乐社区	月呷台社区
人口（人）	11 072	24 292	9 340	9 825	500	602
居民小组（个）	10	9	6	15	2	3
党员（名）	193	176	142	61（外出 25 人）	11	10（4 人长期外出）
党支部（个）	8	5	5	1	1	1
社区职数（个）	4	4	4	4	3	3
临聘人员（人）	7	12	6	10	1（合同工）	
网格员（人）	12	14	9	4	2	2
社区工作者		1				
交通劝导员（人）	由网格员兼任	无	无	1（无补助）	2（每月 600 元）	2（每月 100 元）
保洁员（人）	2	由社区 9 户低保户兼任	由 9 名网格员兼任	12(每月 1 000 元）	5（每人每月 700 元）	6（每月 1 200 元）
低保户（户）	428	336	126	110	23	30 户 48 人
办公场地（平方米）	暂无办公室	240（借用体育馆）	360	150	28	100
集体经济	无	无	无	2019 年 5 万元	无	无

注：

1. 社区工作者由县民政局招聘，原每个社区都有 1～2 名，后取消。现只有梨园社区 1 名。

2. 三观楼社区原有办公地点 300 余平方米，后成危房，今暂借体育馆 30 平方米做办公室，政府正在协调新办公点和办公室。

3. 乡镇社区的管理对象分居民和进场镇居住的农村户，该部分农村户属村和社区双重管理对象。如月呷台社区，纯居民数 602 人，实际管理对象有 2 300 人左右。康乐社区居民户 500 人，实际管理对象 1 800 余人。

4. 月呷台社区另设 1 个退休支部，退休党员未统计在内。

近年来，通过党委政府的社区建设，全县各社区普遍表现有以下特点。

1. 社区机构已经健全，社区管理越来越规范

各社区基本做到了有场地、有人员、有经费。

各社区建立了以社区党总支或支部为统领，以贯彻落实党的方针政策为要求，以保障居民民生为重点，以文化娱乐活动凝聚人心，广泛开展各类社区建设。居民数较多的社区设置四职（支部书记、副书记、主任、纪检组长），乡社区设置三职，下设居民小组长，大社区还设置小区支部。如县城三个社区共设置了 18 个支部，管理更细化，“三会一课”都能基本开设起来。

同时，各社区的管理较为规范。各社区实行坐班制，在上班期间居民办事都能找到相应办事人员。乡镇的两干会、三干会，社区都是参加对象。

县城各社区都派驻了社区民警，通过打黑除恶活动的宣传与打击，维稳形势较为良好。

由政法委牵头在各社区设立了网格员，实行“双循环、双报到”，即由社区和政法委双重管理。入户调查基本由网格员进行，极大地减轻了社区工作压力。

县城保洁员由县城管局管理，背街小巷由社区管理；乡镇保洁员由驻乡镇单位上交垃圾清运费，聘请合同工清运。这些岗位都得到了经费保障。

大部分小区的文化娱乐活动都由爱好者组建成为志愿服务团队，小区号召，参与者都很积极，文化生活在逐渐丰富起来，人心凝聚性明显增强。如沐川著名的山水实景剧“乌蒙沐歌”，其主要演员就由县城三个社区组织，总人数达到200余人；月咡台社区的旱船、康乐社区的莲箫灯等社区传统文艺项目的表演，都由社区爱好者组织，参加县内外各类表演。

2. 小区改造成效明显，市容市貌得到极大改善

近年来通过大量的小区改造、货币化安置、移民迁居工程、征地搬迁等措施，全域内的居民住房有了极大改善，街道整治及绿化、环境卫生管理与保护等方面都有明显的改善。各社区都配套有公共体育设施、娱乐设施，社区的硬件建设得到了完善。

3. 普法教育深入社区，居民素质在快速提升

通过七次普法教育及社区和小区的文明教育和管理，居民的公共意识、文明在明显增强。居民明显感受到社区内的公共设施、环境与绿化维护、邻里关系、社会治安等方面的变化，安居乐业的态势正在形成。在城中各社区中，各小区物管无偿提供场地，供支部活动，这是全民参与小区治理的表现。

4. 治理探索不断进步，部分社区管理已进入成熟阶段

一方面，个别制度的执行越来越成熟，如低保户的评定。过去将评定权放在社区，申请人信息难以掌握，引起不少非议。如今的低保评定，由申请人递交申请后，统一交乐山市民政局，由第三方乐山市低收入鉴定中心进行信息鉴定，在大数据库中有无房车、养老保险等信息一目了然，一下就把基层多年遭受诟病的低保评选问题解决了。另一方面，个别社区的治理制度和方法已经成熟。这里指的是利店镇利民坝社区。利民坝社区是一个移民占比一半的社区，移民数5 008余人，其中有彝族居民45户255人。之所以定义为治理的成熟阶段，主要体现在一是有社区集体经济。政府利用移民解困资金修建了移民服务中心、老年人娱乐活动中心，并将沿马边河岸街道交给社区

管理，社区在这些资源条件下，出租两个中心，规范搭建并出租河岸小店铺，由此一年可获得了一定的社区集体经济（5 万左右），并制定了集体经济不平均分配原则，对评选为“三好学生”的儿童、考上大学学生、评选出的“好媳妇”“好婆婆”、卫生文明流动红旗户等实行奖励，花钱不多，但其因奖励产生的示范作用却很明显。现刘店镇计划修建农贸市场，计划将农贸市场的管理权交给社区，由此也可增加社区的集体经济收入。二是有比较好的治理制度，如社区干部进出制度、宴席制度、黑名单制度等。对工作不力的社区干部实行民主评议，依规罢免；对违背社区制度的居民列入黑名单，进行惩戒。三是党员的先锋模范作用和小组长协调组织作用发挥良好。党员和居民小组长是社区居民中的天然领导者和示范者，社区充分利用党员和小组长资源，以身示范，主动积极参与各类公益活动，使社区出现和睦相处、积极向上的治理氛围。四是以杜瑞平支部为书记的两委班子，以解决居民就业为主要抓手（凡有劳动力者到社区报到，由社区负责到县内外安排就业），凝聚了人心。

二、山区小城镇社区面临的困境

（一）体制僵化，社区自治性体现不充分

1. 职能划分混乱

在乡镇社区中，社区职能与城管部门及市场管理部门的职能有重复性，比如城市环境卫生管理、绿化管理、市场脏乱差的秩序管理等。城管及市场管理部门是属县序列部门，而社区是基层自治单位，于是主要街道由城管管理，而背街巷则由社区管理；农贸市场由市场管理局管理，而市场以外又由社区管理。城管管理下的保洁员都为临聘人员（原为公益性岗位），而社区管理的保洁员则有临聘人员，也有低保户，甚至还有居民小组长，造成待遇差异，违背了社会劳动的公平性原则。在城市的其他管理方面，如安全、排险、防洪、维稳、秩序等全部交由社区管理，而城管和市场管理部门又无责任了。比如有 2020 年的疫情防控制期间，守卫小区的人员都由社区管理，农贸市场由市场管理局管理，城管并没有参与。无形中把整个城市分成了数个性质不同的管理模块，只要上面两个部门不管的，一律交由社区管理，形成极为不公平的管理模式。

2. 人事进退制度不健全不规范

目前的城镇社区编制只有书记、副书记、主任、纪检组长四职（乡镇社区无副书记，只有三职），外加居民小组长。网格员由政法委设置，由社区和政法委双重管理。过去还有交通劝导员、社区工作者等，目前全县部分乡镇还保留有交通劝导员，但补助标准不一样。原由民政局专设的社区工作者，由于这些人考到政府部门工作

或辞职后不再补充，至今只有梨园社区保留一人。条块工作中，利民坝社区专设了一个妇联兼办公室主任岗位，但无补助，支部书记和主任各从自己工资中拿出 1 000 元，聘请了一位高中生文凭的居民来担任。社区中还有部分工作人员退休后编制一直没有补上，造成岗位空缺。好在近年各社区有网格员，这部分人为社区工作减轻了极大负担，而且因每月有 1 250 元工资，部分还有小组长待遇额外补贴 400 元，这部分岗位基本能找到居民来做，但因无制度来规定，导致编制存在不稳定性。一个社区究竟应设置多少岗位编制至今无规范。

三观楼社区共有 12 个网格员，只有 10 个居民小组长，因人口多，想增设两个小组长一直没有批准，于是他们把 10 个小组长工资（每人每月 400 元）平均分配为 12 份，即网格员与小组长一肩挑，以此增加他们工资。

3. 待遇不规范

目前全县各社区运行费用 7 万元，办公经费 3 万元，这部分资金基本能保证社区工作的运行。但是乡镇及村有年终奖励，而城区三个社区却没有。沐溪镇在考虑这个问题时，将全镇各村年终奖励的 1 万元，调节部分给社区，以此安抚。另外，财经制度上也遇到难题，如三观楼社区得到沐溪镇奖励 8 000 元，计划为无工资的支部书记发放电话费，但至今找不到政策支持还存放在账户上。

（二）扶持不足，社区因无集体经济而缺失活力

前面所提利民坝社区的集体经济是全县社区中仅此一家。社区管理中在本社区范围内可以为居民所做的服务很多，但因政策扶持不足，难以做成。如三观楼社区中在近年的城市建设中留下许多街边地角的闲散土地资源，社区想为居民提供一定的就近就业服务，如提供洗车、保洁、绿化、交通劝导等，但政策不允许而无法实现，利民坝社区因为移民矛盾而出台特殊政策，才得以实现。特别是有部分收入低，有一定劳动力但又不能外出就业的居民，很想有力所能及的岗位，增加收入，但社区土地资源不足，看在眼里，急在心里，无法实现。

（三）任重薪低，社区管理新人难进、人才难留

沐川各社区的工资情况是：支部书记 2 900 元，主任 2 700 元，副书记 2 500 元；原公益性岗位三年后改名为临聘人员，月工资 1 650 元，纪检组长都为临聘人员；小组长 400 元；网格员每月 1 250 元（政法委发放）。目前社区担负安全、排险、防洪、维稳、秩序、民政、纠纷处置、人口统计、志愿者管理等多项具体工作，乡镇社区要好些，城区社区的所有岗位人员因事情太多，都实行坐班制管理，包括居民小组长。一旦进入社区工作，基本难做成其他事情。特别是县城的三个社区，三位

支部书记的爱人都因是事业编制人员或公务员，家庭收入总体还过得去，若没有家庭的支撑，仅靠他们的工资收入，维持基本的体面生活都难。社区人员多为四五十岁以上人员，很多是为了买保险而入行的。但是这部分人对当前工作要求的电脑管理、微信沟通等现代工作工具难以掌握。各社区为完成任务想尽一切办法去找年轻一点的人才，但这些部分人因社区待遇过低无法养家糊口而最终都是半途而走。社区无集体经济，无法满足年轻人生存而只好看着人才流失。

三、突破山区小城镇社区治理的建议

（一）改革机制，突破社区治理瓶颈

1. 建议成立街道办

目前沐川县城在籍人口已有 4.6 万余人，加上农村进城人口及流动人口，有近 6 万人，现社区由沐溪镇代管。但沐溪镇在撤乡并镇后已达 23 个村，其乡镇管理的主要精力及重点是乡村振兴，社区管理没有受到足够的重视。在这种背景下，要提升县城社区管理则有难度。目前县城三个社区已成立了党总支，支部达 18 个，梨园社区还有计划分出新社区，即时就有四个社区了。县城发展已完成总规，面积为 10 平方千米，如果把县城附近规划区内的居民计算在内，则面积和人口已达到设立街道办条件。有了街道办，与沐溪镇的乡村治理，互相之间都更为专业，二者的治理效果应该更为明显。

2. 重新定义社区与城管、市场管理部门的职能边界

城管和市场管理部门加强执法，其他工作如保洁和绿化等实行社会服务外包，统一交由社区管理，既解决同工不同酬问题，又给社区提供灵活解决就业的渠道，加强社区与居民之间的联系，更利于基层管理。

由此形成一个新课题，作为城市管理部门要大胆探索如何将市场、绿化等方面交由社区管理。目前各乡镇社区都基本接管了农贸市场，作为县城也完全可以做到。如利民坝社区，已将计划修建的农贸市场交给社区管理，收取一定的市场管理费，既解决本社区家庭困难居民就业，也可增加一定的集体经济。

3. 实事求是研究社区管理编制

提升社区治理能力，要及时向居民传达党的方针政策，这就需要最基层的居民小组长与辖区内居民有较为充分的沟通，但如果辖区居民人数太多，则难以做到。根据目前调查情况看，城市居民小组每一个辖区人口在 1 500 人左右为宜，如果超过了，小组长与居民之间则沟通困难（乡镇社区人口密度小，相应地居民小组人数可以少些）。由于居民小组中人数太多，许多居民并不认识居民小组长，无论大小事

都跑到社区去，给社区工作造成很大压力，其实居民的许多事情都可以通过居民小组长来办理。要提升社区治理水平，需要通过最基层的居民小组长来沟通协调。所以合理确立居民小组数，应有一定的制度进行规范。

同时，居民小组也应进行动态调整。空缺编制及时补上，确需增加编制宜及时增加。如县城三观楼社区出现的网格员多于居民小组数，开展工作很不方便。

在县城社区，除了设立足够的居民小组外，还应设置一定的办公室编制。目前城区三个社区的办公室，除了书记、副书记、主任、纪检组长需要坐班外，还把居民小组长、网格员作为办公室人员使用，每人都负责一个方面，而收入与付出又不匹配，于是年轻人不愿加入社区。如利民社区因移民事务多，特别设立一个办公室岗位，但因无编制只好由支部书记和主任从工资中拿出 1 000 元来聘请，这是极端不正常的管理方法。

4. 制定合理的社区经费支出办法

社会主义的分配原则是多劳多得，不能以平均主义、奉献精神来长期提倡付出，同工不同酬不解决，始终社区工作中的一大障碍。社区管理要激发干部的干事热情，要有一定的补助，这是对工作的认同和激励，所以社区或者有一定非专项性经费或集体经济收入，用于奖励干事多的岗位是可以理解的。但在目前的经费支出政策下，他们难以做到。如三观楼社区因工作突出得到奖励，但因无政策支撑，想给没有任何经费保障的各支部书记发一点电话费都艰难。这样的经费政策肯定不是长久之计。

（二）大胆探索，发展城镇社区的集体经济

发展社区集体经济的目的，一是解决本社区中居民就近就业，特别解决如有一定残疾、年老或因要接送小孩时间有一定限制的劳动力、或零就业居民家庭的就业问题；二是提高社区工作人员待遇。按当前政策，社区工作人员的工资找不到增加工资的政策支持，社区要想留住人才，吸收新鲜血液，要培养终身为社区工作服务的新一代人才，就得将社区打造成为有一定吸引力的岗位，能看到未来发展前景的岗位，至少提高待遇，让其生活过得下去。这部分需要靠社区增加收入来满足；三是刺激社区自治管理的灵活性。如利民坝社区，因有一定的集体经济，就可以奖励“三好学生”、考上大学的学子、“好媳妇”“好婆婆”，还可解决居民一定程度一定时期的应急困难，虽然数量不多，但却既能引领风气，又能以此作为教育手段，增强社区的凝聚力。

发展社区集体经济，要靠政府扶持。一是政府要划拨一定的闲散国土资源。这在每个社区中都能做到。社区利用这些土地资源，既搞绿化，又可在政府指导下建设特色小街小巷等，如利民坝社区，将政府划拨的马边河沿河走廊建成小吃一条街出租，又将政府划拨的移民服务中心建成居民宴席接待中心，租借给居民举办红白

喜事，收取的租金也作为集体经济。二是政府出台政策，允许社区有一定的经营权限，风险小、解决就业的事项，如洗车场、停车场、保洁员、小型家加企业、住房交易中介、小型加工企业等都可交由社区管理。

（三）广泛发动，充分发展社区志愿者组织

目前各社区有各类文化活动的志愿者组织，参与者众多。城区三个社区都有自己的锣鼓队，八小时以外还有部分为锻炼身体而组建的跳舞队等，除此以外的志愿者队伍如治安巡逻队、关爱空巢老年人志愿队、卫生巡查队等，即使存在，也属名存实亡，三个社区的党支部，虽然成立，但活动难以开展。随着社区规模地不断扩大，还要通过各类活动，让居民广泛地参与到社区管理中来，特别是上班族在八小时以外的志愿参与活动，根据调查了解，有不少人有意愿，但缺乏组织，这也是社区治理中值得深入细致研究的问题。

解决居民参与问题从其居住的小区开始，网格员及居民小组长宜在社区党支部（或总支）领导下，有计划、有重点、有主题地进行规划安排，试着把上班族八小时以外的时间和精力利用起来，参与到社区的治理中。

（四）治理有效，建立黑名单制度

在高楼林立、人口密集的社区中，要想达到治理的有效性，社规民约很重要。目前，沐川的各社区都已制定了这样的制度，但具体来看，效果并不明显。其原因是各居规民约多为倡导，并无实质性惩戒措施。如高空抛物、损毁绿化花卉、遛狗随地大小便等，如果只是停留在倡导上，其作用微乎其微。

利民坝社区制定了一个黑名单制度，经社区居民代表大会讨论，一致通过，对纳入黑名单者，暂停其享受的所有优惠政策及补助（如移民后扶政策、低保补助等），并且社区暂停提供任何服务（如出证明、盖公章等）。这个黑名单制度严格执行，效果很好，对社区居民明确了什么为可为、什么不可为，是一个对居民有很好自律约束的制度，对其他社区治理也起到了很好的示范作用。为提高社区治理水平，黑名单制度需要各社区及时出台。

附：利民坝社区黑名单制度

一、制度内容

（1）严禁虐待老人及妇女儿童；

（2）严禁占道经营及随意摆摊设点；

（3）严禁损坏公共设施；

（4）严禁越级上访，严禁阻碍社区惠民工程建设；

（5）严禁乱扔垃圾，共同维护公共环境卫生；

（6）严禁破坏邻里关系，共建和谐社会。

二、对于黑名单制度的适用范围及说明

（1）适用范围：本黑名单制度适用于我社区管辖范围内居住的所有群众，大家应积极服从社区管理，不得违反以上制度。

（2）制度说明：经举报或查实有违反以上制度者，第一次做口头警告，警告后需积极改正或整改，如整改不到位或整改不及时的，社区将做第二次通告，通告后必须立即改正或整改，如拒不服从者，将纳入社区黑名单。

（3）特别情况：对于情节严重者，一经举报或查实，将在第一次警告时直接纳入社区黑名单。

三、惩罚制度

对于纳入黑名单者，暂停其享受的所有优惠政策及补助（如移民后扶政策、低保补助等），并且社区暂停提供任何服务（如出证明、盖公章等）。

四、移出黑名单方式

对于被纳入黑名单的群众，应进行书面检讨，并改正自己的错误，加强自身的学习和认识，积极配合社区工作，主动为社区群众服务。在为社区群众服务中，连续三次表现良好者，经社区居民代表大会讨论一致通过，将讨论结果及检讨公示 7 天无异议后，方可移出黑名单。

本制度经社区居民代表大会讨论，一致通过，同意执行本制度，本制度从 2018 年 6 月 1 日起执行。

作者简介：

张仲（1965—），男，中共党员，川师大法学专业函授本科毕业，中共沐川县委党校教师，主研方向：中特理论、地方历史、乡村振兴。

张群英（1971—），女，乐山师院本科学业，中共乐山市委党校讲师。

王海（1965—），男，中共四川省委党校经济管理专业函授本科毕业，中共沐川县委党校教师，主研方向：心理学、国际关系学。

徐雪梅（1974—），女，中共党员，中共四川省委党校法律专业函授本科毕业，就职于中共沐川县委党校。

史扎阿洪（1986—）男，彝族，中共党员，四川文理学院历史学专业大学本科毕业，中共沐川县委党校教师，主研方向：党的建设理论、地方历史。

乐山市提升城乡基层治理法治保障能力的实践经验与路径选择

邱家胜　韩琼慧　葛子靖　王雨婷

【摘　要】城乡基层治理法治保障能力是指在城乡基层治理工作中，政府部门、非政府部门和公民在党的领导下，依法实现政府治理、社会调节、居民自治良性互动，推进城乡基层治理制度化、规范化、程序化的能力。当前，我们应不断健全城乡基层治理组织领导体制，科学界定城乡基层治理主体职能职责，增强城乡基层治理领导干部法治观念，努力培育城乡基层治理群众的法治意识。

【关键词】城乡基层治理　法治保障　实践经验　路径

城乡基层是社会治理、国家治理的基本单元，城乡基层治理是国家治理的根基所在，是国家长治久安的基石。提升城乡基层治理组织领导、依法执政等法治保障能力，有利于推进城乡基层治理制度创新和能力建设，构建城乡基层治理新格局，促进城乡基层治理能力现代化。

2020 年 3 月以来，课题组深入乐山辖区 11 个区市县、部分乡镇（街道）和城乡社区，开展乐山提升城乡基层治理法治保障能力专题调研，总结提炼乐山提升城乡基层治理法治保障能力的好经验、好做法，分析当前城乡基层治理法治保障能力存在的薄弱环节和普遍性问题，在此基础上，提出了提升城乡基层治理法治保障能力的对策与思考。

一、乐山市提升城乡基层治理法治保障能力的主要做法及成效

近年来，乐山市各级党委政府、城乡基层自治组织和其他社会组织紧紧围绕推进城乡基层治理制度创新和能力建设的目标，从坚持依法执政、创新制度体系、推进依法行政、深化公正司法和加强社会法治等方面着力，不断提升城乡基层治理法治保障能力。

（一）坚持依法执政，不断加强城乡基层治理法治领导能力

1. 坚持党委揽总，强化组织领导

一是在市级层面，2019 年 2 月，乐山市将市依法治市领导小组更名为市委全面依法治市委员会，负责全市依法治市顶层设计、统筹协调、督导落实工作，办公室设在市司法局，委员会下设立立法、执法、司法、守法普法 4 个协调小组，由办公室秘书科负责日常工作；二是在县（区、市）级层面，乐山市所辖 11 个县（区、市）均成立了党委依法治县（区、市）委员会，分别组织领导全县（区、市）依法治县工作，对应市级层面分别设立了 4 个协调小组，由办公室秘书股负责日常工作；三是在乡镇（街道）层面，各乡镇（街道）、部门均成立党委依法治理领导小组，由政法委员分管乡镇（街道）依法治理工作；四是在城乡社区及以下层面，成立了城乡社区党组织书记任组长、社区其他各类基层党组织书记为成员的依法治理工作小组，组织领导城乡基层依法治理工作。

2. 坚持建章立制，构建制度体系

一是坚持每年制发“全面依法治市（县区市）工作要点”“全面依法治市（县区市）创新工作清单”，如 2020 年市县两级工作要点均列入了“夯实城乡基层治理基础，着力打造‘法治小区’‘法治小镇’等城乡基层治理创新工作内容”，同时将依法治市（县区市）工作与全局工作同部署、同落实、同考核；二是建立了市、县两级党委领导和支持人大及其常委会依法行使职权、政府依法行政、监察机关依法履行职责、司法机关公正司法的工作制度和衔接机制，不断完善支持人民政协履行职能，健全民主党派、人民团体和其他社会组织依照法律自章程开展工作的规章制度；三是市、县（区、市）、乡镇（街道）党委委员会结合自身实际，均制定了“两规则一细则”，明确机构性质、机构设置和职责任务等内容，为城乡基层依法治理工作提供了制度性保障。

3. 坚持示范带动，提升法治能力

一是坚持各级领导干部带头学习宪法法律、各级党委常委会会前和党委中心组集中学法制度，如 2019 年，市委常委会会前学法 5 次，市政府常务会会前学法 7 次市，市中区党委常委会学法 16 次、常务会专题学法 1 次；二是乐山市委修改了《重要事项决策实施办法》和《重大事项票决办法》，严格落实合法性审查和风险评估制度，保障依法决策、科学决策，严格行政案件责任追究；三是市、县两级党委不断深化党内法规制度建设，深入开展法律法规执行情况监督检查和规范性文件审查，依法清理废止和修订完善规范性文件，加强党内规范性备案审查制度和能力建设，如 2019 年井研县就上报党内规范性文件 17 件，审查乡镇一级备案文件 29 件。

（二）推进依法行政，稳步提升城乡基层治理法治执行能力

1. 严格决策程序，推进合法性审查

乐山市各级政府及职能部门全面推行行政执法“三项制度”，严格执行《四川省行政决策合法性审查规定》《四川省重大行政决策程序规定》《乐山市法律顾问团管理办法》等制度，强化专家论证、专业机构测评、风险评估等 8 项关键环节，进一步规范行政决策程序。2019 年，在市级层面，共计审查重大行政决策 320 件，审查重大招商引资合同协议、城市友好合作协议、企业与政府间合作框架协议 40 余件，涉及总金额 500 多亿元，顾问团法律建议 145 条，在县级层面，仅井研县就审查重大行政决策 67 件，法律建议 53 条，参与涉法会议 120 余次。

2. 创新执政机制，提升执法成效

一是在全市严格落实持证上岗、亮证执法制度，组织全市行政执法人员开展统一法律资格考试。2019 年以来，全市 11 个考点 1 329 名执法人员参考，通过率达 76.1%，新申领行政执法证 1 164 本。二是全面深化市级、11 个县（区、市）、乡镇（街道）综合执法改革。2020 年 4 月 20 日，成立市交通综合行政执法支队，有利于市交通运输执法领域由分散执法向综合执法转变。2020 年 1 月，沙湾区推动综合执法改革，实现了“一支队伍管执法”，撤并整合城市管理、市场监管、交通运输等 7 个领域权力事项 2 242 项；三是推进市、县行政执法力量下沉，充实乡镇（街道）执法力量。在 2020 年，市中区推进街道管理体制改革，优化 5 个街道街道职能配置，推动旅游综合、农业综合、食药稽查等三支执法队伍下沉城市一线，明确赋予街道评价部门权、重大事项参与建议权等 6 大权利，提升街道统筹能力。沙湾区综合执法局由 5 个大队负责城区执法、8 个中队下沉各镇（街道），打通基层执法“最后一公里”。

3. 简化政务服务，深化“放管服”改革

2019 年，乐山市制发《乐山市深化“互联网 + 政务服务”推进政务服务“一网、一门、一次”改革实施方案》，市本级一体化政务平台配置“最多跑一次”事项 1 847 项，占比 97.72%。同时，全市 11 个县（市、区）均成立行政审批局，推动实现“一颗印章管审批”和行政审批“一窗受理”，审批办理实际提速 74.6%，按时办结率保持 100%。

（三）践行公正司法，努力增加城乡基层治理法治公信能力

1. 优化司法资源，深化司法改革

一是搭建执行网格员平台，破解执行难题，市、县两级法院系统搭建执行网格员执行协作网络对接平台，借助全市每个乡镇（街道）网格员的通力协作，及时掌控被执行人的下落及财产线索。构建并完善“一处失信，处处受限”信用惩戒体系。

二是加强新型办案团队建设，在法院、检察院设立律师值班工作室，推进诉前调解机制和认罪认罚从宽制度，并与公安、检察、法院、司法等部门就认罪认罚从宽制度的适用范围、具体程序、量刑建议等问题达成共识，形成《关于认罪认罚从宽制度的实施细则（试行）》，推动认罪认罚从宽制度乐山司法实践。2019 年，仅峨眉山市就办理认罪认罚案 116 件。三是深入推进政法智能化，深化综治中心、智能辅助办案系统、涉案财物保管中心等建设应用。依托官方微博、微信、今日头条、抖音等平台，推进智慧法院、智慧检察、智慧公安、智慧司法行政建设。

2. 强化司法监督，促进依法行政

一是结合行政审判工作，2019 年，乐山中级人民法院发布《行政审判年度审查报告》，主要就行政机关在治安处罚、土地征收、社会保障工作中存在的问题向行政机关提出了相关的建议意见。二是强化法院、公安、人社、国土等主要执法部门的互动，建立人力资源社会保障行政执法、公安行政执法与行政审判联席会议制度。三是为了促进了工伤保险费收缴、房屋产权办理等行政执法的规范化，为政府及职能部门提出法律意见书和司法建议。2019 年以来，乐山市法院系统针对行政纠纷“多发领域、多发行为、多发主体”，给市县（区、市）各级政府及职能部门提出司法建议 29 条。

3. 坚持司法为民，服务中心大局

一是乐山市、县（区）两级法院坚持司法为民理念，助力彝区（“两县一区”）如期脱贫。截至 2020 年 10 月，市、县（区）两级法院在彝区乡镇设立 28 个法官工作站，实现彝汉双语法官进乡驻站，借助“法官工作站”“调解室”诉前化解彝区林地承包、婚姻家庭、邻里矛盾等民间纠纷 650 余件；共审结彝区涉贫、涉民生纠纷 473 件，平均结案时间同比减少 4.5 天，扶贫领域的贪污、受贿、挪用、滥用职权等犯罪案 5 件 5 人，挽回涉案资金 83 万余元；为贫困群众减、免、缓缴交诉讼费 17 余万元，发放司法救助金 26 万余元。二是乐山市县法院系统精准发力为企业复工复产“保驾护航”，法官主动走访企业，了解企业困难，对因疫情可能产生的纠纷进行预判。三是充分发挥法官工作站面对基层、紧贴群众的优势，“点对点”开展矛盾纠纷化解、法律咨询服务、法治宣传引导等工作，利用巡回法庭等平台，针对企业因疫情导致的合同履行延期、资金结算等问题提出合理法律建议。

（四）加强社会法治，不断夯实城乡基层治理法治支撑能力

1. 加强平台建设，补强治理短板

一是建设并完善综治中心规范化建设，2019 年完成全市 11 个县（区、市）、乡镇、村三级综治中心建设任务，并投入使用，实现信息共建共享；全市提升并完成 9 个县、205 个乡镇（街道）、257 个社区、1 732 个村综治中心规范化建设任务。二

是稳步推进“雪亮工程”建设，以抓投入、抓机构、抓延伸、抓效能为出发点，实现省市县“雪亮工程”互联互通 6 900 余路，全市累计完成 2 032 个村（社区）“雪亮工程”建设。三是深化网格化管理工作。2019 年，全市进一步完善分流指派、督办考核、分析研判等工作机制，将消防、禁毒等工作纳入网络化管理，办结事件 13 余万件，开展流动人员管理走访 5 737 次，排查发现治安隐患排查 295 条，有效解决服务群众最后一公里问题。

2. 培育多元主体，构建治理新格局

一是推进行业治理，运用司法大数据，聚焦重点行业，培育市县调解组织 40 余个。峨眉山市建立涉金融、房地产、交通事故纠纷调解中心，将 2 000 多件案件纳入诉源治理，今年以来，法院培训调解员、网格员 840 余人次，指导行业和基层调解纠纷 680 余起，司法确认调解协议 184 件，全市矛盾纠纷增长率同比降低 12.9%。二是推进群众自治，发挥自治组织、农村乡贤、彝区德古的作用，开展“无诉村”“无诉社区”创建活动。指导各地全面建立了村务监督委员会，推动全面从严治党向基层延伸，进一步完善村党组织领导的充满活力的村民自治机制，极大提升了村（社区）依法治理能力。三是加强对城乡基层组织和社区组织考核责任。将万人起诉变化率、矛盾纠纷增长率、矛盾纠纷化解率等纳入地方目标考核，落实县、乡、村三级主体责任。

3. 健全多元机制，及时化解矛盾

着力推进乡镇社区一站式纠纷解决平台建设，实现“小事不出村、大事不出乡、矛盾不上交”。井研推进法庭与辖区政府、专合社开展诉调对接合作，诉前化解矛盾纠纷 110 件。健全县乡解纷机制，以人民法庭为点、车载法庭为线、基层法院为面，完善司法服务网络，对邻里关系、婚姻家庭、交通事故等常见性、多发性矛盾纠纷，就近就地及时化解。健全市县解纷机制，市、县法院在诉讼服务中心引入第三方调解组织，引导当事人先行开展律师调解、人民调解、行业调解，把非诉讼解纷机制挺在前面，维护社会和谐稳定。

二、当前提升城乡基层治理法治保障能力面临的主要问题

当前我国正处于经济社会加速转型发展时期，城乡基层各种利益冲突、矛盾纠纷异常复杂，城乡基层治理法治化建设与党的十九届四中全会提出“构建基层社会治理新格局”的目标要求还有很大差距，城乡基层治理法治保障能力尚需持续提升。

（一）城乡基层治理组织领导体制尚需完善

全国各地在推进城乡基层治理工作中，无论是在理念上，还是在实践上，始终坚

持和加强党的领导，推进了城乡基层治理工作，提升了城乡基层治理的法治保障。但是课题组调研发现，在推进城乡基层治理工作中，一些党组织存在领导体制不够完善，领导核心作用发挥不充分的问题，具体表现在：一些县（区、市）、乡镇（街道）、城乡社区党组织主动作为不够，习惯于被动传达、落实或应对上级党组织关于推进城乡基层治理文件、会议精神或考核评估的多，主动结合地方实际统筹谋划推进城乡基层治理工作的少；一些乡镇（街道）、城乡社区党组织对于推进城乡基层治理的制度建设重视不够，强调城乡基层治理的党建业务工作多，建立健全党组织领导城乡基层治理相关制度的少；一些乡镇（街道）、城乡社区党组织领导作用发挥不够，加强自身党的建设多，领导下级党组织或各类组织（如物管、业委员）和各项工作的少等。

（二）城乡基层治理主体职能职责界定模糊

1995 年，联合国全球治理委员会认为“治理就是指政府部门、非政府部门和公民对公共事务的共同处理”。治理的概念表明了城乡基层治理必然是多元主体的协同共治行为，要达成城乡基层共治的目标，必须要推动城乡基层治理法治化。基层治理法治化能够为城乡基层治理的参与主体提供明确的权利义务、需要履行的职能、需要承担的职责。城乡基层治理需要城乡基层党委政府、城乡社区党组织与自治组织、社会组织和基层群众共同参与，协力共治。但是课题组调研发现，在推进城乡基层治理工作中，普遍存在各治理主体的权利与义务不明确，职能职责界定模糊的问题，主要表现在：县级党委政府的职能部门与乡镇（街道）党委政府之间权利义务不明确、职能职责边界模糊，乡镇（街道）经常处于有责任无职权的尴尬地位；乡镇（街道）党委政府与城乡社区党组织和社区自治组织之间权利义务不明确、职能职责边界模糊，其他治理主体参与城乡基层治理权利义务也不尽明晰，致使城乡社区党组织和社区自治组织高度行政化、部门化，不能在推进城乡基层治理工作中发挥应有的作用，也导致基层党委政府管得太多，管得太累，结果必然是费力不讨好。

（三）城乡基层治理领导干部法治观念淡薄

城乡基层领导干部是推进城乡基层治理的领导力量和主导力量，其法治观念对推进城乡基层治理法治化具有示范带动作用。但课题组调研发现，一些领导干部在思想认识上存在“法出于权、权高于法”的人治意识，对提升城乡基层治理法治保障能力的重要性认识不足，存在着“说说重要、做做次要”的思想；一些领导干部存在不依法执政、不依法行政的行为，损害了城乡基层组织的成员利益，在对重大事项决策中不严格执行决策程序、合法性审查；一些领导干部，尤其是城乡社区干部不重视法治建设，不注重自身法律素养提高，运用法治思维和法治方式深化改革、推动发展、化解矛盾、维护稳定的能力和水平还不高，有的城乡社区干部存在选举中进行贿选、权力干预、宗族派系等现象，有的城乡社区干部存在滥用手中权力、侵吞集体财产等问题。

（四）城乡基层治理群众法治意识有待提高

社会公众是城乡基层治理的主体力量，其法治意识的高低直接决定推进城乡基层治理的成败。但反观中国的法文化传统和现实国情，社会公众的法律信仰和法治意识还没有达到城乡基层治理法治化的客观要求，群众公民意识和法治素养亟须提高，全社会学法知法守法、严格依法办事的氛围还不够浓厚，部分群众法治意识还比较淡薄。主要表现在：一些群众“信访不信法”现象较为突出，甚至违法信访；一些群众不依法办事，不依法承担法定义务和合同约定的义务，如有的小区住户长期拖欠物业管理费，甚至根本不交物管费；一些群众依法维权意识缺乏，相信“关系户”“关系网”，遇到矛盾纠纷不寻求法律途径解决，而是找熟人托关系，给城乡基层治理法治化带来负面影响。

三、提升城乡基层治理法治保障能力的路径选择

全面依法治国是坚持和发展中国特色社会主义的本质要求和重要保障。四川省委十一届六次全会强调,推进城乡基层治理制度创新和能力建设必须坚持依法治理、改革创新，将制度优势转化为治理效能，推动城乡基层治理体系和能力更加成熟更加定型。当前我们必须要大力提升法治保障能力，让城乡基层治理在法治轨道上不断释放发展活力。

（一）不断健全城乡基层治理组织领导体制

坚持和完善党的领导是提升城乡基层治理法治保障能力，推进城乡基层治理制度创新和能力建设的重要保障。当前，在推进乐山城乡基层治理的工作中，乐山各级各地要充分发挥基层党组织的政治核心作用,创新城乡基层治理法治化的新模式,依照国家法律、党内法规不断健全城乡基层治理组织领导体制。一是各级党组织要依照党内法规全面落实党建工作责任制，把推进基层城乡治理法治化工作纳入重要议事日程，完善党委和政府统一领导制，切实担负起城乡基层治理法治化的主体责任，充分发挥党组织领导核心作用；二是建立健全社区党组织领导基层群众性自治组织或社会组织开展工作的相关制度，避免在城乡基层治理过程出现制度缺失、制度错位和制度异化等“低制度化”问题或现象，包括建立城乡基层党组织、政府与社会组织、群众双向考评制度，推进服务型、法治型基层党组织建设制度，小区事务管理实行决策、执行、监督“三权分立”制度等；三是加强和规范城乡基层党组

织建设，科学设定城乡基层依法治理的工作目标、工作内容、工作重点和工作方式，着力解决推进城乡基层依法治理工作中存在的共性问题，如组织领导乐山市全面推行村（社区）党组织书记通过法定程序担任村（居）民委员会主任、“两委”班子成员交叉任职，形成协同联动的城乡基层治理架构的工作模式。

（二）科学界定城乡基层治理主体职能职责

科学界定各治理主体权利义务、职能职责是提升城乡基层治理法治保障能力，推进城乡基层治理制度创新和能力建设的关键环节。城乡基层治理的参与主体除了政府及职能部门外，还包括城乡社区群众自治组织、社会组织和社会个人。因此在推进城乡基层治理工作中，我们应要进一步厘清各治理主体的定位关系，权利义务、职能职责的科学划分，建立健全统分结合、上下联动、整体的多元治理主体协同参与运行机制。其作用体现在一是有效发挥基层政府的主导作用，制定区县职能部门、街道办事处（乡镇政府）在城乡基层治理方面的权责清单；依法厘清街道办事处（乡镇政府）和基层群众性自治组织权责边界，明确基层群众性自治组织承担的社区工作事项清单以及协助政府的社区工作事项清单；基层政府必须依靠“权责清单”行使权力，坚持法无授权不能为，依法承担法定职责。二是注重发挥城乡社区群众性自治组织的基础作用，制定“城乡社区职责清单”，“社区职责清单”以外事项，由政府制定“政府购买服务清单”承担相应城乡基层治理的职责。充分发挥自治章程、村规民约、居民公约在城乡社区治理中的积极作用，构建自治、法治、德治城乡基层治理新格局。三是统筹发挥社会力量协同作用，推进社区、社会组织、社会工作“三社联动”。推动制定并完善社会组织的孵化培育、改革登记备案制度、促进公益性优质社会组织转型为社会企业、开发公益项目等措施，支持、鼓励社会组织依法参加城乡基层治理工作。依托区域化党建组织体系，发挥驻社区单位资源优势参与城乡基层治理和服务。

（三）增强城乡基层治理领导干部法治观念

增强领导干部法治观念，提高领导干部运用法治思维和法治方式能力是提升城乡基层治理法治保障能力，推进城乡基层治理制度创新和能力建设的重要保证。当前，在推进城乡基层治理工作中，我们应不断增强县级党委政府、乡镇（街道）党委政府领导干部，城乡社区党组织与社区干部法治观念，提高依法执政、依法行政能力，运用法治方式化解城乡基层治理矛盾纠纷的能力。一是坚持民主的法治理念，民主是法治的前提，城乡基层领导干部应大力鼓励、支持城乡基层人民群众积极参与基层社会治理，充分发挥基层群众民主管理的积极性，始终坚持城乡基层依法治理必须依靠人民、为了人民的原则，以保障人民的根本利益为归宿；二是强化公正的法治理念，在推进城乡治理制度创新和提升其能力的过程中，城乡基层领导干部应始终坚守公正的法治价值理念，努力做到群众有权享受的必能享受，有权参与的必能参与，使人人享有公平的机会、权利和资源；三是严格执行程序的法治理念，程序公正是实体公正的保证，各级领导干部，特别是城乡社区群众自治组织领导干部在处理集体财产分割、资产处置等集体重大事项时，应严格依据公众参与、专家论证、合法性审查、风险评估等法定程序，维护社会公平正义，努力维护城乡基层群众合法的权益。

（四）努力培育城乡基层治理群众法治意识

社会公众是国家法治建设的最深厚根基和最终推动力量，是培育社会公众的法律信仰和法治意识，提升城乡基层治理法治保障能力，推进城乡基层治理制度创新和能力建设的重要基石。法律信仰和法治意识是社会公众对法的理性认知，是一种内心体验、认同和皈依。当前，我们应不断培育社会公众的法律信仰和法治意识，使社会公众知法、懂法、守法，善于运用法律武器维护自己的合法权益，从而推动城乡基层依法治理。一是要把法律作为维护群众权益不受侵害的最后一条防线，也是全面提高城乡基层治理法治保障能力的重要途径。要广泛开展普法宣传，优先开展实施法律家、法学家普法工程，落实“谁执法谁普法”普法责任制，针对性开展案件庭审现场普法工作。二是进一步健全法律顾问制度，充分发挥党委政府法律顾问团、乡镇（街道）和城乡社区法律顾问在推进城乡基层治理制度创新和能力工作中的作用，完善基层法律援助机制，充分发挥律师、法律服务工作者等在提供公共法律服务中的作用。三是改进领导干部学法、会前学法考法制度，纠正当前领导干部学法考法形式主义，全面推行城乡基层治理领导干部任前专项法律履职能力考试。充分发挥领导干部学法守法用法尊法的示范带动作用，积极引导群众学法守法用法，不断增强社会公众的法律信仰和法治意识，养成办事依法、遇事找法、解决问题用法的高度共识和自觉行动。

作者简介：

邱家胜（1973—），男，重庆人，中共乐山市委党校经济学教研室主任、法学教授，主要研究方向：应用法学和地方法治建设。

韩琼慧（1982—），女，四川邛崃人，中共乐山市委党校经济学教研室副主任、副教授，主要研究方向：地方经济社会发展。

葛子靖（1984—），男，四川青神人，中共乐山市委党校经济学教研室讲师，主要研究方向：区域经济社会发展。

王雨婷（1993—），女，四川乐山人，中共乐山市委党校经济学教研室讲师，主要研究方向：区域经济。

推动工业高质量发展的沙湾思考

窦永忠　谭志强

【摘　要】沙湾因工业而立区，是乐山的工业重镇，拥有能源电力、冶金建材、机械制造三大支柱产业。西南不锈钢园区于2018年建成，为省级经济开发区。同时沙湾工业发展正处于转型升级的关键时期，也存在产业层次较低、投资后劲不足等问题，需要进行优势再造，产业升级。工业兴，沙湾兴；工业强，沙湾强，要实现沙湾经济社会高质量发展，工业是突破口、动力源和支撑点，沙湾必须大抓招商、大抓项目、大抓园区、大抓产业、大抓服务，坚持“产业强区、文旅兴区”的发展主线，坚定“工旅融合发展”的战略定位不动摇，做强做大工业，逐步走出一条扩容提质、转型增效、加速发展、环境友好的新型工业化发展之路。

【关键词】高质量发展　工旅融合　品牌培育　体系

工业兴，沙湾兴；工业强，沙湾强，这是沙湾长期发展以来形成的一种共识。近年来，沙湾区坚持“干在实处、走在前列”的工作取向，坚持“产业强区、文旅兴区”发展主线，坚定“工旅融合发展”战略定位不动摇，做强做大工业，逐步走出一条扩容提质、转型增效、加速发展、环境友好的新型工业化发展之路。

一、沙湾工业的发展现状

沙湾因工业而立区，是乐山的工业重镇，拥有能源电力、冶金建材、机械制造三大支柱产业，西南不锈钢园区于2018年建成为省级经济开发区。2018年，一二三产业比重为4.4∶65.1∶30.5，其中，工业集中度达到80%，工业占全区GDP的比重达67.5%，占全市工业的19.2%，尤以冶金建材制造业最具比较优势，德胜吨钢利润目前排行业第一。

四川乐山沙湾经济开发区成为国家新型工业化示范基地，沙湾区被中国钢铁协会授予中国西部不锈钢城的称号，沙湾区成功创建四川省第三批工业强县示范区。2018年，全区有规模以上工业企业56户，实现规模以上工业总产值138.1亿元，实现利税总额 4.24 亿元，规模以上工业增加值增速 11.9%、全市排名第 1，第二产业占 GDP 的比重达 67.5%、创造税收 13.52 亿元，其中地方留成 3.14 亿元，地方留成占沙湾财政收入的 23.8%。在全省县域经济考核中，沙湾区名列 33 个“城市主城区”第 11 位。但同时，沙湾工业发展的基础并不牢固、投资乏力后劲不足，正处在转型升级的关键时期，需要进行优势再造、产业升级、机制创新。

二、沙湾工业的优势和不足

三线建设以来，经过几代人的发展，沙湾打下了较好的工业基础，主要表现在：

（一）工业发展基础较好

三大产业总产值占全区规模以上工业总产值的 87.4%。龙头企业德胜钒钛公司以营收 467 亿元成功跻身 2019 中国企业 500 强第 366 位、中国民营企业第 158 位、四川民企第 5 位，成为全市第一纳税大户，钒金属产量 1.2 万吨，居国内第二、全球第三；四川乐山沙湾经济开发区已建成国家新型工业化产业示范基地、西部地区最大的不锈钢生产加工集散地，目前是全国不锈钢产业链配套最完善的园区；清洁能源形成 280 万千瓦水电装机容量，年发电量达 140 多亿度，被纳入全省“水电消纳区”试点；金属日用品制造形成了 40 万吨生产能力；水泥产业形成了 310 万吨的生产能力。

（二）工业发展质量较好

2018 年工业化率 59.4%、规模以上工业增加值增速 1.9%，居乐山市第一。建成国家高新技术企业 6 户，国家和省级企业技术中心 9 个及省级不锈钢研发检测中心；创建“金广”“德威”2 个中国驰名商标，创建省级名牌产品 4 个、全国不锈钢行业名牌产品 3 个，国家级高新技术企业 7 户、全国钢铁行业规范条件企业 2 户。

（三）集聚集约水平较高

工业上已基本形成以德胜为龙头的钒钛循环产业生态圈和以不锈钢产业为主的西部不锈钢产业集群。目前德胜集团上下游关联企业达到 12 个，云、贵、川产值 450 亿；经济开发区上下游关联企业达到 40 余个，已成为西部地区最大的不锈钢生产加工集散地，一园区一产业一特色，被列入全省 1 000 亿产业培育园区，2018 年被列为四川省经济技术开发区。

（四）产品前景广阔

钒钛钢铁方面，钒铁金属是生产高性能特种钢的重要战略性物质，钒是生产高性能军工材料用钢的重要的稀缺的战略性材料，全球钒资源 80%集中在四川；铁是重要的航空材料和生物医药材料，开发高性能钒钛钢铁和钒钛稀有金属材料产品，具有广阔的前景。不锈钢产业方面，不锈钢应用领域广阔，产品生产过程污染轻，污染可控，甚至无污染，我国目前的不锈钢生产能力和规模仍然不能满足未来的消费需求，特别是西部省市没有大型不锈钢厂，却覆盖广大的消费群体，蕴含巨大消费潜力，沙湾不锈钢西部市场前景广阔。清洁能源方面，我区水力资源丰富，虽然已经建成有 280 万水电装机容量，每年仍有 1/3 弃水，创新机制用好弃水，依托水能发展高载能清洁产业，仍然大有潜力可挖。

同时，劣势和短板也比较突出，主要在于：

（1）老工业基地改造难度大。

国家发改委已批准《沙湾区老工业基地改造规划（2016—2020）》，要完成老工业区搬迁改造任务，需在 2016 年至 2020 年 5 年时间内滚动实施重大项目 129 个，总投资 378 亿元。德胜钒铁循环经济园区在乐山市城市总体规划和土地空间规划中 2020—2030 年为旅游服务类用地，用地性质为二类工业用地，建设用地审批受限，项目评审受到影响。同时，沙湾财力十分有限，国家和省未下达有关项目资金，造成改造资金缺口大，且传统老工业基地的改造无模式、无样板，探索改造的过程曲折艰难。

（2）产业层次有待提升。

县域创新要素聚集度不高，产业层次较低。全区多数企业仍以初级原料产品、中间产品、配套产品和低档产品加工为主，低端、低效、同质化问题较突出，品牌少，经济增长主要靠投资拉动，增长动力急需转换。以不锈钢产业为例，多数不锈钢企业加工的仍是上游原料产品和低端制成品，附加值低，核心竞争力不强。

（3）配套优势未能发挥。

由于西南不锈钢陷入困境和停产未能为下游企业提供足够的、有比较优势的不锈钢原料，经济开发区下游制品企业不得不全部到省外购买原料，不锈钢下游企业造成了两头在外、中间加工的发展窘境，如果不能解决产业配套可题，部分不锈钢下游企业可能迁出沙湾。沙湾区机械铸造产业与钢铁产业具有一定关联性，曾为沙湾区支柱产业。近年来，受钢铁行业、造船行业等下游行业影响，铸造企业停产过半，机械铸造产业产值急剧下降，铸造行业亟待振兴。

（4）国家战略性产品缺乏。

沙湾区产业与国家“十三五”重点发展的高端装备与新材料产业相关，相应的装备制造和新材料产品开发进展缓慢，有的甚至还未进入研发阶段，难以在国家新一轮产业转型升级中占据优势，区域综合竞争力亟待提高。

（5）要素保障能力不足。

沙湾区在全市新一轮发展中受到省、市级层面政策支撑较少，目前全市尚未有针对沙湾区的区域性政策和不锈钢、钒钛钢等行业的产业支持政策；区域金融体系不健全，金融生态环境有待优化，融资渠道单一；人口流出较多，招工难、留住人才难的问题普遍存在，多数企业存在资金、人才、技术“三缺”难题。与此同时，沙湾区是工业老区，环保历史欠账严重，与环保相关联的规划、土地等一系列问题，制约了我区小微企业的发展，且我区工业主要为钢铁、水泥、机械铸造等环保高危行业，环境容量与发展的矛盾日益突出。

三、沙湾工业的转型发展路径

抢抓中国制造“2025”这一发展机遇，围绕“工旅融合发展”的战略定位，高端引领、智能转型、质效优先、绿色发展，坚持主业突出，多业共荣，建设“乐山工业转型发展示范区”，力争到 2022 年，实现工业总产值 500 亿元以上，工业税收 20 亿元以上，新兴产业占比超过 50%，产业结构进一步优化，科技创新对工业的贡献率显著提高，环境质量全面达标，将沙湾建成西南最具竞争力的特种钢新材料生产基地、不锈钢金属日用品清洁制造基地、四川最重要的钒钛循环经济园区和精品建材基地、成都平原南向特色机械制造基地、四川省清洁能源生产基地和四川省大数据产业基地。

（一）大格局谋划，使沙湾工业在布局和形态上更科学

1. 科学规划，合理布局

结合沙湾城区发展和产业发展情况，科学合理定位沙湾工业发展布局和发展方向。一是产城互动，在空间布局上科学规划。以沙湾城区为中心，实行“北优、南限、东禁”工业空间布局，优化以经济开发区为核心的北部工业产业结构，加快实现科学分区、多业共荣、转型升级。在大渡河上游南部片区，实施超低排放改造，特别是在以德胜钒铁为核心的循环经济园区，全面推动工业结构转型升级，做强做深做宽产业链，发展总部经济。同时，狠抓节能减排，降低工业对沙湾城区和乐山第四水源地的污染。在河东片区，结合紧邻高新区、冠英新区的优势，拥河发展，规划发展数字经济和装备制造产业园，进一步增强发展后劲。二是科学定位，在产业发展上高起点规划。深化供给侧结构性改革，抢抓“中国制造 2025”这一发展机遇，坚持改在前面，转在前面，在德胜钒钛经济园区，推动实施 1 250 米高炉产能

置换节能减排、钒钛精深加工、装配式建筑材料、智能制造等转型升级项目，加快钒钛资源的综合利用研发速度，实现园区生产工艺流程全面升级。经济开发区重点推动龙头企业罡宸不锈钢公司复产复工和技术创新，在200系、300系的基础上新增400系不锈钢，在板材、管材的基础上新增不锈钢棒材产品，面向轨道交通、新能源汽车、军用装备等不断完善经济开发区产品系列和种类。

2. 突出主业，多业共融

立足“一区三园”，进一步做强主业，并引入配套产业和战略性新兴产业，实现多业共融，共同发展。依托经济开发区较好的发展基础，重点发展不锈钢冶炼、不锈钢制管、不锈钢家装家居产品。对照国家“十三五”，重点开发和引进不锈钢新材料、重要的不锈钢机械配件产品。围绕不锈钢加工，引进和消化一批不锈钢产业工业设计、模具加工、包装装潢企业。引进和培育一批与不锈钢配套的稀土金属材料生产加工企业，大力培育战略性新兴产业，形成主业突出、多业共融的发展格局。

3. 清洁产业，美丽园区

坚持以绿色低碳为取向、“高新清净”为导向，严格控制污染物排放，严格落实各项环保政策，走新型工业化之路。一是发展清洁产业。严格选择新上项目，着力发展一批低排放、高附加值的新材料、新装备产品。二是推动大企业节能技改，建设花园工厂。通过优化产业结构，进一步建设低污染、高效益的美丽园区，提升沙湾形象。

（二）大力度革新，使沙湾工业在主业和主产上更高质

1. 主业集群式发展

一是依托钒钛钢铁发展一批含钒钛优特钢产品，实施钢渣循环利用，发展装配式建筑材料，建成钒钛钢铁循环经济产业园。二是立足不锈钢产业开发一批高品质特殊钢、特种合金产品，发展一批不锈钢家装厨卫用品，壮大不锈钢产业集群和品牌影响力。三是立足机械铸造，开发一批汽车配件、军用配件、油气化工装备、大型工程施工成套设备等装备铸造，建设乐山机械制造基地，形成机械制造产业集群。

2. 龙头极核式壮大

一是以德胜集团为龙头，推动钒钛循环产业园区发展。以德胜集团打造“国内钒金属标杆企业”为契机，加快钒钛资源的综合利用研发速度，完成从钒渣供应商向钒金属供应商的转变。延伸钢铁产品精深加工产业链，综合利用冶炼废渣，开发高强度PC构件、建筑用钢结构、新型节能环保墙材等钛金属产品，提供装配式建筑的生产、制造、安装等一体化、个性化、定制化的服务。支持德胜集团积极争取

产能指标，立足城市矿山资源，发展钒钛深加工，生产装配式建筑、汽车机械用优特钢等先进材料，实现园区工艺流程的全面升级，钒钛钢精深加工产业链全面延伸，形成“钒钛钢铁—钒深加工—钛深加工—装配式建筑—智慧物流”五大循环产业生态圈，打造国内领先、具有产城融合特色的生态友好型再生资源循环经济产业园。二是推进罡宸不锈钢复产进度，振兴不锈钢产业。依托龙头企业为下游不锈钢制品加工企业提供丰富的原材料，面向轨道交通、新能源汽车等战略性产业，开发一批高品质不锈钢，延伸不锈钢产业链。

3. 问题企业多元化解困

按照“债务化解脱困一批”“破产重整盘活一批”“破产清算再生一批”的工作思路，采取“一企一策”“筑巢引凤”“腾笼换鸟”等措施，持续推进“散乱污”企业整治和“僵尸企业”盘活工作。一是妥善处理职工遗留问题。充分发挥政府作用，在处理企业资产中，协调各方让利解决职工工资社保等遗留问题，最大限度维护社会稳定。二是以盘活僵尸企业为契机，主动推动产业转型升级。在处理僵尸企业资产时做好招商选商工作，坚持高标准招商，通过引入优质企业，实现产业转型升级。

4. 新业引入增后劲

一是数字经济产业。大力实施智能制造工程，依托德胜钒钛、天宏不锈钢智能制造项目，开展智能装备、智能工厂（车间）建设，鼓励和支持企业建设数字化、自动化生产示范线。鼓励各类市场主体建设工业公共云服务平台，深入开展“两化”融合管理体系建设和推广应用。利用自身优势，争取与高新区连片打造成为乐山市数字产业示范带，发展大数据产业。力争到 2022 年，数字经济规模突破 10 亿元，建设成为全市数字经济重要基地。二是装备制造产业。依托天华机械、德胜机械、瑞源机械、永峰机械、祥和机械等装备制造企业，加快推进生产工艺和技术提升，建链延链补链强链，向能源装备、港口装备、旅游装备、智能装备、民生用机械装备、轨道交通装备等高端装备转型，力争到 2022 年，全区装备制造产业规模突破 50 亿元，建设成为全市装备制造重要生产基地。三是大数据产业。以水力资源为基础，引入大数据库等高载能清洁产业。通过引入数据库，发展电子信息产业。同时，争取电力政策支持，用好弃水资源，实现变废为宝。

5. 绿色发展优环境

一是严格落实环保政策。严格环境监察执法，通过严格监管督促企业加强环保投入；持续开展“散乱污”整治，严格落实“三个一批”，并加强监管，防止死灰复燃；严格项目准入，对于新上项目、技改项目，要严格环评，严格控制污染物排放增量。二是加强节能技改。鼓励企业加大节能减排投入，在工艺上降低能耗；督促企业增添环保设施，降低企业污染物排放量；大力发展循环经济，重点做好钢铁废渣循环利用，通过废渣再选矿回收、废渣配料制造水泥、废渣配料发展装配式建筑等方式，变废为宝，实现超净排放。

6. 品牌培育拓市场

一是打响钢城品牌。加强沙湾钢城品牌宣传推广，通过宣传钢城产品、宣传钢城形象，推广钢城产品，提升西部不锈钢城知名度。二是创建企业品牌。大力培育驰名、著名、知名商标，力争在 2023 年前，全区新增 1 个中国驰名商标。

（三）大开放合作，使工业发展在体制和机制上更顺畅

1. 完善管理治理体系

一是加强组织保障。充分发挥加快建设工业强区示范区工作领导小组职能，加快推进主要目标、重点任务落实，每年召开一次工业发展大会，总结和安排部署工作，区委区政府将工作目标完成情况列为各部门领导班子绩效考评的依据，加大督办力度，提高工作成效。二是理顺行政职能关系。理顺区经信局和经济开发区的关系，将经济开发区从区经信局下属事业单位调整为区政府直属事业单位，发挥经济开发区在工业经济建设、招商引资、日常监管和日常服务的作用，在经济开发区设立一站式代办服务，同时区行政审批局提供保姆式服务，让投资者办理手续“只跑一次”，最大限度提升行政效能和服务质量。三是理顺上下游企业关系。立足“依托大企业，做强大产业”的建园初衷，充分发挥不锈钢协会的作用，保障新引入的大宗不锈钢原材料生产企业优先为经济开发区企业提供原材料，下游企业优先采购上游不锈钢企业原材料。

2. 培育孵化成长体系

一是用好大学生创业孵化园。用好孵化园的前期免租免税政策，支持大学生和小微企业创新创业。二是发挥政府协调机制。鼓励小微企业围绕经济开发区企业发展产品创意设计、产品宣传推广、包装装潢、电子商务等配套服务企业。三是用好不锈钢综合交易市场。通过店面租金优惠、政府配套补贴等方式，鼓励下游商家入驻不锈钢交易市场，生产和销售不锈钢终端日用产品，繁荣综合交易市场。

3. 健全政策支持体系

一是出台财政支持政策。区政府每年预算财政资金 3 000 万元以上，出台沙湾区投资促进政策、困难企业帮扶政策，鼓励企业来沙投资和发展壮大。二是加强要素保障。着力解决经济开发区天然气直供气和阶梯气价机制，保障用气充足和享受

乐山最优惠气价政策；以电力体制改革为契机，用好优惠电价政策，最大限度争取直购电和丰水期消纳直购电政策，探索推进直购电交易机制，用好区内丰富的水力资源。三是加强金融支持。充分发挥银企政联席会议制度的作用，争取金融机构，特别是体制较为灵活的股份制银行对沙湾工业的支持，实现互利共赢；充分发挥现代企业融资渠道，培育和鼓励企业通过上市、股权交易等方式到资本市场融资。

4. 创新人才建设体系

一是党建引领培育人才。实施工业行业大党建，将骨干培养成党员，将党员培育成骨干，通过组织生活，建立培训阵地、研发阵地、创业阵地等，实施传帮带，促进人才成长。二是招商引资与招才引智相结合，通过引进优势企业，引进和激励人才来沙发展。三是开展对口高校组团招聘，根据沙湾产业实际，对口相关行业，与相关行业对口高校对接，招揽人才，不盲目选取名校，确保招才引智见实效。四是抓好技能人才培育，办好职业技术教育，实施订单式培育。五是做好人才的服务工作，对引进的人才，落实好鼓励政策，处理好家属随迁、子女入学、就医和住房等现实问题。

作者简介：

窦永忠（1968— ），男，四川乐山人，四川省委党校法律专业大学学历，主要研究方向：党建、基层社会治理。

谭志强（1975— ），男，四川乐山人，中央广播电视大学汉语言文学专业大学学历，主要研究方向：行政管理、经济。

从繁盛果业的发展看乡村产业振兴的实现路径

黄丽萍　宋智平

【摘　要】乡村产业是根植于县域，以农业农村资源为依托，以农民为主体，以一二三产业融合发展为路径，地域特色鲜明、创新创业活跃、业态类型丰富、利益联结紧密的产业体系。产业振兴是乡村振兴的重要基础，是解决农村一切问题的前提。本文以繁盛果业柑橘产业发展为主线，以人才培养为抓手，以现代科技为引领，以产业融合为导向，以模式创新为载体的发展模式进行了总结分析，为推动乡村振兴提供了实践路径参考。

【关键词】繁盛果业　产业振兴　实现路径

据《国务院关于促进乡村产业振兴的指导意见》(国发〔2019〕12 号)："乡村产业是根植于县域，以农业农村资源为依托，以农民为主体，以一二三产业融合发展为路径，地域特色鲜明、创新创业活跃、业态类型丰富、利益联结紧密的产业体系。乡村产业源于传统种养业和手工业，主要包括现代种养业、乡土特色产业、农产品加工流通业、休闲旅游业、乡村服务业等，具有产业链延长、价值链提升、供应链健全以及农业功能充分发掘、乡村价值深度开发、乡村就业结构优化、农民增收渠道拓宽等一系列特征，是提升农业、繁荣农村、富裕农民的产业。""产业兴旺是乡村振兴的重要基础，是解决农村一切问题的前提"。

本文拟通过对井研县繁盛杂交橘桔专业合作社、四川井研县繁盛超果农业科技有限公司（以下简称繁盛果业）发展的调查研究和综合分析，提出了推进乡村产业振兴的繁盛探索，为推动乡村振兴提供了实践路径参考。

繁盛果业从成立以来，始终以产业发展为主线，以人才培养为抓手，以现代科技为引领，以产业融合为导向，以模式创新为载体，加快实现了农民增收、农业增效、农村美丽。

一、培育一个优势产业

繁盛果业从 2007 年发展之初的 10 亩地的 505 株柑橘到 2020 年底近 6.5 万余亩，涉及井研县 9 个镇 43 个村，自贡市贡井区的原桥头、白庙、龙潭等镇，乐山市市中区原白马、青平镇等，惠及近 7 万乡亲。在繁盛果业覆盖区荒山变成了花果山，荒地变成了聚宝盆，留守农民（60 岁左右的老年人）在家门口务工，每月有 2 000 元左右到 6 000 元左右不等的工资性收入；随着环境的改变、产业的兴旺，带动乡村旅游兴起；外出务工的人返村承包果园的越来越多，吸引了 8 个省市自治区的 150 多位创业者来到果园创业，农民人均纯收入成倍增长。

杂交柑橘是适应井研社会自然历史条件发展的可持续产业。从自然条件来看，井研县位于四川盆地西南，属于长江上中游柑橘产业辐射带，年平均气温 17.2 度，年日照 1 000 ~ 1 200 小时，全年无周期性冻害，多数土壤 pH 值在 6.3 ~ 8.8 之间，富含钾、硒等微量元素，非常适宜种植优质杂交柑橘。从历史条件来看，井研种植柚、橙、柑橘的历史有 2 000 余年，井研人有丰富的种植经验。据《井研县志》记载，1987 年，井研被列为全国优质柑橘商品基地建设县，四川省优质柑橘良种供应基地县，生产的柑橘出口苏联、蒙古和中国香港等地，柑橘成了井研人的“摇钱树”，井研人与柑橘结下深厚的不解之缘。20 世纪 80 年代后期，井研县大量农村青壮年劳动力外出务工经商，随着劳动力大量输出，务工收入也远远高于传统种养殖业，人们常说“种地 1 年不如打工 10 天”，强烈的收入反差，农村逐渐“空心化”，剩余在家的村民无心也无力从事种植业，柑橘的品种逐渐老化，果品不好，销路不畅，产业发展几近毁灭。

进入 21 世纪，随着人们生活条件的改善，人们的需求也发生了变化，从过去的吃饱转向吃好，对水果的需求日趋旺盛。2007 年原四川省水利厅副厅长、农业厅常务副厅长、省政府农建办主任范敬超退休后返乡创业，凭着多年三农工作的经验和敏锐的眼光，使他瞄准了杂交柑橘产业。他选择的现代杂交柑橘配套的砧木是软枝香橙，软枝香橙寿命长、长势旺、抗逆性强、亲和力好、耐微碱性土，特别适合高枝嫁接，改换品种，让产业始终占领品种、品质、市场竞争的制高点；杂交柑橘产量高、品质好、成熟期分别在四季，弥补了传统柑橘上市时间上的空缺，特别是晚熟杂交柑橘深受消费者喜爱。建成的果园第四年投产，五年起盛产，亩产量达 5 000 ~ 10 000 斤，从目前来看，亩均纯收入可达 1 万元以上，远远高于传统农业的收益。

2018 年，井研县获得“全国柑橘产业 30 强县”称号，2019 年成功注册“井研柑橘”地理标志证明商标，2020 年被农业农村部列入晚熟柑橘优势特色产业集群项目县，被四川省农业农村厅授予集益晚熟柑橘农业主题公园称号；2019 年繁盛杂交柑橘专业合作社获评国家级示范合作社，“超果”、杂交柑橘荣获 2019 年四川省优质品牌农产品。

“风流丘壑，百里柑橘”，用这句话来形容今天的井研柑橘再贴切不过，在繁盛果业的示范带动下，井研柑橘发展至今全县种植面积已超过 22 万亩，有春见、爱媛、沃柑等 18 个优质杂交柑橘品种，柑橘产业综合产值达 4.6 亿万元，从业人员 1.2 万人。2019 年上半年，繁盛果业核心园区农户人均可支配收入达 23 605 元，高出全县平均水平 46.4%，带动环线内贫困户户均增收 7 480 元。百里产业环线总产值达到 13.68 亿元，农民人均可支配收入 18 644 元，高出全县农民人均可支配收入 15.6%。

怎样选择一个适应区域农村发展的产业，是由市场决定的，生产连着市场，马克思曾说过“从生产到商品这是一个惊险的跳跃，这个跳跃不成功，摔坏的不是商品，而是商品的生产者。”[3]选择一个好的产业，生产出好的产品，变成好的商品是该区域产业兴旺的基础，是农民富不富、农村美不美的关键。

二、培育一批新型职业农民

繁盛杂交柑橘专业合作社理事长、党支部书记范敬超是新型职业农民的代表。他有坚定的理想信念与执着的家国情怀。他从小接受的教育是“读毛主席的书、听毛主席的话、跟共产党走”。他崇拜焦裕禄、杨贵，具有为民务实的作风，主张踏踏实实为老百姓办点事。“一辈子都与农业、农村、农民打交道”，长期“伏案”田间地头，从事三农工作的职业专注使他决心毅然回到了繁荣村，他要在有生之年把组织教给他的知识、多年的调研成果，践行到探索丘陵地区农业现代化的路径之中，实现果业报国的梦想。刚回井研繁荣村时，他“只要一睁眼，就有做不完的事”，凌晨五点就开始一天的忙碌，谋划土地流转、制定基建规划、布局灌溉设施、指导栽种技术、联系销售渠道等，时常和果农一起下地，动手锄草、施肥、栽种、修枝、套袋……手把手教给他们现代杂交柑橘的种植技术，对于疏花、疏果，村民们当面说好，背后还是各行其是，他们舍不得疏花、疏果，认为那就是钱，后来还是市场让他们明白了“稀、优、好才可能贵”的道理。如今的范敬超变得又黑又瘦，已成了两腿泥巴、一身黄土的“果农”，村子里的村民亲切地称他为“范老爷子”，在他的影响下，村民们也积极地投身于柑橘产业的建设中。

要让农村变富变美，人才是决定性因素。繁盛果业十分重视人才的引进、培养，繁盛果业有专业技术人员 40 人，每年组织培训 10 多次，每次培训产业技术人员都在 100 人以上；为加快职业农民的培育，还与党校合作对创业初有成效的业主和技术骨干进行培训，让他们了解柑橘产业发展的前沿科技，参观行业领先园区，进一步提高经营管理水平，树立做好产业的信心；在园区培训覆盖率达到 100%，带动产业创新发展、绿色发展、高质量发展，经过 12 年的不懈努力，已培养了种植大户 115 户、职业农民 108 人、“田园名农”30 名（“田园名农”是由井研县人才领导小组牵头评定的）。

作为返乡下乡创业沙龙的荣誉会长，繁盛果业努力为创新创业人员提供便利服务，降低就业门槛，在2020年疫情后复工复产的日子里，为返乡的创客们现身说法、邀请专家授课、组织外出考察学习，提升创客们创业能力。在产业发展中，他明白产业的发展不是自己唱独角戏，而是需要群众一起唱大戏，要让老百姓成为乡村产业振兴的建设者，而不是旁观者，除了教育培训外，繁盛果业创始人范敬超还用他个人资源和人格魅力吸引了一批城市人才下乡，比如曾是公务员的曾德权、退休工人周泽文、大学生毛杰等，在他的感召下，一大批返乡创业者来到了他的身边，成了留得住、赶不走的人才。他们还依托四川省园艺作物技术推广总站、四川省农科院、四川农业大学、中国农科院柑橘研究所等科研院所组建科技专家团队，修建专家大院，为专家团队提供必要的条件，联合基层科技推广人员，全面开展技术培训和农技推广服务，提升农业科技推广服务效能，形成科研机构+基层农技推广+新型经营主体的农业科技服务新模式。

产业和人才是繁盛果业发展的双翼，农业的竞争最终体现在人才的竞争。习总书记2018年5月28日与两院院士大会上的讲话中指出："功以才成，业由才广。世上一切事物中人是最可宝贵的，一切创新成果都是人做出来的。硬实力、软实力，归根到底要靠人才实力"。培养职业农民是柑橘产业发展的现实需求，培养本土柑橘产业技术人才更是繁盛果业高质量持久发展的动力源泉。

三、创新一套发展机制

2012年，繁盛果业的发展遇到了瓶颈，资金运转困难，人手短缺，步履维艰。2013年繁盛果业借鉴地产思维，开创了"大园区+小业主"双团队经营模式，建园团队与管园团队分工合作，双团队经营，为产业发展注入了生机与活力，为做强做大该产业开辟了广阔前景。建园团队为繁盛果业专业合作社，建园团队发挥战略谋划、组织协调以及做群众工作的优势，集中力量搞开发，主要是从事土地流转、土地整理、基础设施建设，果园品种更新等工作，打造标准化现代果园。管园团队为社会流动资本，他们通过分包、转租、转卖和返租倒包等方式，从繁盛果业手中接过标准的现代化果园，进行管理和经营。通过这种形式，建园团队很快回笼了资金，解决了规模扩张所需资金和后期果园投产后的营销人才短缺的问题；管园团队通过分包、转租标准化果园可节约 2 年的建园时间，每年每亩标准化果园承包费仅1 000～2 000 元，降低了创业的资金难度，在管理过程中还可得到专合社产前、产中、产后的配套服务，极大地提高了创业成功率，很快形成"大众创业、万众创新"生动局面，这是繁盛果业的主要模式。比如引进了工商资本新疆红旗坡农业发展集团，承包了园区果园 5 000 亩，实现了工商资本的跨界流动，红旗坡农业发展集团主要从事果园的管理和产品的销售。[4]这种模式为返乡创业人员和工商资本投入农业找到了很好的契入口，吸引了大批人员投入柑橘产业。繁盛果业还根据资本方的要求异地打造订单果园，比如为自贡市桥头、白马、龙潭等镇打造标准化现代果园1万亩；也接受果园托管业务，现在托管有5 000多亩果园，一般是在果园没有正式投产前，委托繁盛果业进行生产管理，业主只需要支付果园托管所花费的物资成本即可。模式的创新为产业的发展注入了新的活力。

繁盛果业创新的“双团队”（又可称为“大园区 + 小业主”）的模式有利于将现代农业发展分工精细化，极大地调动了各方的能动性，实现了“大园区 + 小业主”齐头发展，发挥了“建园团队”和“管园团队”各自的优势，促进了产业的大发展。

目前，已经有150多位有志之士参与到果园承包的事业中来，集思广益促进繁盛果业发展。“双团队”的经营模式，其生命力在于聚集了产业大发展所需的人力、物力、财力以及各类社会资源，激活了产业发展中的各种生产要素。

四、培育多元化新业态

繁盛果业在2013年创新“双团队”模式以后，种植面积迅速扩张，如何统筹规划好全县柑橘产业的有序发展，积极推动县委县政府引进工业园区理念，用工业园区建设模式进行体制机制创新，并通过提供政策和服务，将人、财、物等农业生产要素进行整合，于2015年开始建设百里产业环线，在全县统筹布局柑橘产业，把搞工业的理念搬到农村来，在环线内哪里布局什么样的产业都有规划论证，在以柑橘为主导产业的百里产业环线内迅速催生了许多新业态。

繁盛果业始终把生态环境理念贯穿在发展之中，不光要金山银山，更要绿水青山，为了实现柑橘产业投入品（比如化肥、农药等）的减量化，保证果品品质，引进眉山有机肥企业“百事康”、乐山市乐高勤力生物质能源综合利用有限公司在园区建厂。推进种养循环一体化建设，支持秸秆和畜粪污资源化利用，在园区内推广“果—沼—畜（禽）”种养生态循环，发展林下养殖，开展畜禽粪污资源化利用，实施有机肥替代化肥，采用草生栽培、间作套种、秸秆覆盖、地布覆盖、绿色防控等技术措施，亩均减少化肥23.5%，减少农药22%以上。为产业发展突破了环境承载的束缚，赢得了发展和提升的空间，带来了新的机遇，这种生态循环农业的效益比传统作业方式高出几倍。

随着柑橘产业的发展，沃馋、橘源专合社、繁盛超果科技公司建有柑橘商品化处理中心3个、通风库21座，年加工能力达16万吨；建有沃馋农业、繁盛超果、绿源农业等大型柑橘预冷中心4个，园区小业主配套建设简易冷藏库、组装式冷藏库64座，总库容量达4 000吨，柑橘年预冷处理能力达4万吨，井研县绿源现代农业服务公司配套 5 辆冷链物流车、井研食品有限公司配套 3 辆冷链物流车，实现了柑橘等农产品冷链运输，完善了产加销一体化发展产业链，助推了柑橘产业快速发展。到 2022 年，新建和改造新购置近红外水果分选系统 3 套，柑橘自动化包装线 3 条；新建 8 座组装冷藏库（单个库容 50 吨），新建气调库（总库容 6 000 立方米），购置冷链物流车 7 台。项目完成后，井研晚熟柑橘产业链条进一步完善。

在百里产业环线，坚持“绿色 + 农业 + 旅游 + 文化”发展模式，大力发展乡村休闲观光旅游，打造繁荣村为全国美丽休闲乡村、长山湖民宿村、橘乐园星级农家乐等 10 余处以农业为主的农旅精品公园，休闲设施配套完善，建成了农业主题公园。在农业主题公园望得见产业兴旺，看得见乡村新颜，闻得到花香菜香，体验得到农事繁忙；游客可骑游在繁花盛开的产业大道上欣赏美丽的乡村新颜和多彩的农民画，感受柑橘产业之美；在长山湖民宿村，大家可食乡野佳肴，享水上游乐，宿湖上美居；在环线实现了四季有鲜果，四季可采摘，正如游客所言“处处是景、时时见景”。2020 年成功举办全省文旅发展大会“中国橘香 古韵井研”路跑嘉年华，交通运输部主办的“行在井研 游在路上”脱贫攻坚自驾主题宣传活动走进井研，井研原创川剧说唱《百里橘香话新风》在北京唱响。

将原生态的柑橘产业，建成了农业主题公园，发展了休闲观光产业，建立了企业工厂，延长了产业链，拓展了价值链，完成了一接二连三，接二连三形成了一乘二乘三等于六的价值放大效应，这就是“第六产业”，为乡村产业振兴提供了核心动力。农村产业深度融合是继联产承包责任制、乡镇企业、农业产业化之后农民的“第四次创造”。

五、提升产业服务水平

在乡村产业发展中，交通、物流设施建设是乡村产业“引进来”和“走出去”的动脉系统，农田基础设施网络建设是产业高产高效的源头保障，信息化基础设施是乡村产业迈向智能化的关键纽带。

在井研现代农业百里产业环线，通过整合各级财政资金、用好用活金融政策、撬动社会资本，按照高效设施农业标准建园，实现了田网、水网、路网、电网、通信网“五网”配套，初步实现“田成块、渠相通、路相连、电到地”，园区高标准农田占耕地面积的 80.6%。园区重点推广智能滴灌一体化系统、现代果园多功能系统等，应用割草机、履带式旋耕机等丘区农业新型农机化装备，在灌溉、施肥、施药、除草和运送等环节上基本实现了机械化，实现了机器换人，减少园区人工劳动，机械化耕作水平达 95%，农业综合信息化水平达 70%，提升了现代农业的效益。

园区建有杂交柑橘标准化科技示范园，示范园始建于2018年，项目引进以色列技术，实施水肥一体化高效节水滴灌设施建设，通过“物联网+农业装备”，实现了对园区柑橘种植管理的智能感知、智能分析、智能预警、智能决策，做到了柑橘种植的实时、按需、适量、精准施灌（肥），提升果品质量，示范园区覆盖面积1 300亩，全面实现“一控两减三基本”，实现生产过程全程可视化、产品质量可追溯。示范园种植爱瑗38、春见、沃柑等优良品种，开展新品种试验示范，引进明日见、甘平、无核沃柑等新品种，良种覆盖率达100%，起到了很好的示范作用。现在正在建设育苗中心（137亩）包括柑橘母本园、砧木采种园、展示园、高标准生产示范园、砧木播种圃、采穗圃、苗木繁殖圃（简称“二园三圃”），配套完善基地周边现有的柑橘田间展示园、示范园（500亩），形成“四园三圃”，完善的柑橘无病毒良种苗木繁育体系。园区内的乐山市现代种业共享研发中心，主要实施柑橘无病毒繁育，所有的母本材料都经过选择、专业鉴定和脱毒，年繁育能力达到400万株到450万株，能够为井研乃至川南晚熟柑橘产业集群提供优质、安全、稳定的无病毒种苗和穗条，让柑橘种植业主吃上一颗定心丸，为他们解除了产品更新换代的担忧。

园区里引进了欣宝元、橘保姆、沃馋农业综合服务中心等社会化服务机构35家。他们在园区开展柑橘技术的培训、新品种研发、品质检测、冷冻仓储、分拣加工、线上线下销售、物流等服务，为井研柑橘提供从种苗到卖果子的“一条龙”服务。还依托井研县智慧农业指挥中心扩大柑橘数字化覆盖面，实现柑橘生产数据收集、分析、决策智能化；完善相关信息化功能，包含井研柑橘“数据星空”平台、全产业链大数据采集及应用平台、区块链防伪追溯云平台；布局完善物联网监测设备，包括小型气象站、虫情测报灯、土壤在线监测、可视化监控等；引入柑橘产业“沉浸式”互动体验，推动农旅融合发展，在沃馋农业、繁盛小业主建设柑橘质量追溯点终端。园区内生产社会化服务覆盖面达到80.9%。

从繁盛果业的发展路径来看，选择一个适应区域发展、具有区域特色的农业产业，在发展过程中结合自身特点敢于改革创新，接二连三融合发展，“延长产业链、提供价值链、完善利益链”，不断提升产业服务水平，走出了一条农业产业兴旺之路，让乡村产业成为“最有干头、最有看头、最有奔头”的产业。

作者简介：

黄丽萍（1967—），女，四川井研县人，中共井研县委党校四级调研员，主要研究方向：行政管理、党性教育。

宋智平（1967—），男，四川井研县人，中共井研县委党校常务副校长，主要研究方向：农村社会工作。

深入推进城乡基层治理体系现代化重构的跟踪
——夹江县乡镇、村、组行政区划调整改革实证研究

万佳玲　张一波　曾学东　彭雯　张小玲

【摘　要】2014 年，习近平总书记作出“行政区划本身也是一种重要资源”的重要指示。2019 年，省委书记彭清华立足四川实际，审时度势提出“要将乡镇行政区划调整作为一项打基础、利长远、系全局的重大改革来抓”的具体要求。本文对夹江县作为全省首批乡镇行政区划调整改革试点县，实施乡镇、村、组三级建制调整改革的主要做法进行了调查分析，查找了调整改革后呈现的问题，对做好行政计划调整改革后期工作，实现城乡基层治理体系现代化提出了对策建议。

【关键词】行政区划　调整改革　研究

一、夹江县行政区划调整改革的主要做法

（一）抓好顶层设计，通盘布局调整，绘就“规划蓝图”

将行政区划调整作为“一把手”工程，确定“县级指导 + 部门负责 + 乡镇落实”三级组织架构，成立县委书记挂帅的领导小组，组建“一办八组”，党政主导，部门协同，上下联动，高位推进。

1. 摸清改革底数

坚持“吃透上情、摸清下情、广集民智、形成共识”，在原则确立阶段形成改革共识，释放改革风险。围绕产业、服务、机构、编制、干部五大重点建立“五类台账”，印发《关于征求社会意见的通知》，召开 150 余次座谈会，发放 9 386 份问卷，广泛征求两代表一委员、民主人士、村组干部、基层群众和社会各界意见，邀请地名、区划、民俗等专家进行论证，准确掌握历史沿革、地理人口、产业经济、基础设施、风俗文化等基本情况。

2. 确定改革步骤

制定出台改革实施意见、风险防控方案、应急处置预案等，搭建起改革调整的“四梁八柱”。创新“先调村、后调镇、再调组”模式，逐个击破，化解阻力。乡镇

按照“地理相近、功能一致、产业协调、服务便捷”原则，以人口 8 000 人、面积 30 平方千米等标准，科学设置“2 街 + 7 镇”区划体系；村组坚持“大并小、上并下、强并弱”原则，以人口、党建考核排名等为界限，确立“优势村组”“一般村组”“弱小村组”。

3. 明确改革目标

围绕“激活县域经济、做强镇域产业、集中村级资源、有利小组发展”明确改革目标：乡镇改革“1 + 5”，即“1”全面加强党的领导，“5”产业发展一张图、审批服务一窗口、综合执法一队伍、镇村治理一张网、指挥调度一中心；村级改革“5 个集中”，即土地集中、农民集中、产业集中、服务集中、投入集中；村（居）民小组改革“4 个有利于”，即有利于群众生产生活、有利于特色产业发展、有利于开展自治活动、有利于提高村（居）民小组整体实力；打破原有区划壁垒和体制障碍，实现各类资源、服务的优化配置，推动资源重组产生“乘数效应”。

4. 制定长期规划

制定《乡镇行政区划调整改革镇经济社会发展指导意见》，统筹考虑资源禀赋、功能分区、产业布局、人口聚散、社会治理，对接乡村振兴、新型城镇化等规划，明确各镇目标定位和主攻方向。提出“一镇一主业、一镇一特色”产业规划，明确“一城七园”产业布局，即 2 个街道主要发展三产服务业，7 个镇按照“一镇一园”思路建设 7 个产业园。提出村级产业“四个一批”板块布局，形成一批 68 个农业特色村、一批 8 个工业特色村、一批 14 个文旅特色村、一批 5 个三产服务特色村，加快推进“一村一品”格局。

（二）突出强基固本，创新体制机制，点亮“扩权强镇”

坚持乡镇改革宣传引导讲在前、风险防控做在前、规矩纪律挺在前，打出保障“组合拳”。构建“百名领导包村 + 千名干部包组 + 万名党员联户”宣传体系，办理舆情 10 323 件。组织 22 个监督组规范“物随人走”的“清单移交”。调整后乡镇平均区划面积、人口数量、经济总量分别达 85 平方千米、4 万人、20 亿元。

1. 配强干部队伍

通过党政班子留任一批、新增职数选拔一批、市县部门交流一批、晋升职级安排一批、保留待遇解决一批，对 160 名原乡镇领导班子成员分流安置，择优留任 100 名，调整后镇街领导班子从 9 名增至 11 名，年龄和学历结构更优。锁定乡镇行政编制 415 个、事业编制 336 个总数不变，明确“6 211”系数法，即编制数量权重由该镇街经济总量的 60%、人口数量的 20%、土地面积的 10%、财政税收的 10%组成，先归拢后优化再微调，由远及近顺向流动。改革后镇街编制数最多的 114 个，最少的 64 个，实现专岗专人、专人专事。

2. 优化机构设置

立足“小政府、大服务”构建“7 + N”机构体系，设立党政综合、党建、经济发展、社会治理和应急管理、公共服务、综合行政执法、财政 7 个行政机构，便民服务中心、劳动保障所、综合文化站、农业服务中心 4 个事业机构，畜牧服务站、自然资源管理所、交通建设管理所、城乡环境管理中队 4 个下沉机构，司法所、市场监督管理所、公安派出所、基层法庭 4 个垂管机构，镇街管理机构平均增至 19 个。

3. 全面简政放权

围绕放活镇域经济，加快出台提升镇级政府服务能力的政策，补齐镇级功能和治理短板，形成“一级政权、一级事权、一级财权”新格局。坚持重心下移、强基固本，全面清理行政审批事项、公共服务事项等权限，宜放则放、依法下放，确保“基层权力给基层、基层事情基层办”。成立乡镇审批中心，公开权力清单、执法清单、责任清单，绘制办理“程序图”，逐步实现“一枚印章管审批”“一支队伍管执法”。新增下放乡镇行政许可事项 25 项、公共服务事项 20 项，总下放事项达 119 项。

4. 实现力量下沉

推行“岗编适度分离”，对镇街教育、卫生、农业等公共服务事业人员，实行县招镇用、下沉服务，已下沉农业农村局等 4 个单位 225 名干部，派驻公安局等 4 个单位 177 名干部，每个镇街平均 45 名，有效增强基层治理力量，推动村民宅基地、公共场所卫生许可等审批事项“镇街办结”，切实打通公共服务“最后一公里”。对下沉人员实行部门和镇街双重管理考核，镇街统一指导协调。

5. 升级公共服务

建设镇街综治中心，将多个网格整合为一个综合网格，实现“多网合一”。创新县管县办，根据镇街面积和人口统筹调配医院、学校、养老院、便民服务中心等公共服务资源，依照千人需求指标升级基础设施，推进公共服务均等化。积极推进“教育均等化，带动城镇化，推动工业化”的新型城镇化举措，在县城内建成英才小学、夹江外校等一批优质学校，实现义务教育阶段农村学生“无门槛”进城就读，2019 年县城就读中小学生新增 3 269 人，占总量的 71.59%。明确新场镇和木城镇两个县域经济副中心，重点打造省级经济开发区、核技术产业园区和全国绿茶出口基地，吸引农民工进园区务工，进镇居住。

（三）推进优势集中，做强产业板块，打造“幸福新村”

坚持村级改革思想发动先行，印发《给全县广大父老乡亲的一封信》广泛宣传，征求群众意见，合并方案须经村民会议表决通过才能实施，实现了村建制调整工作速度快、力度大、过渡稳的既定目标。调整后村平均区划面积、耕地面积、人口数量、村级资金分别达到 7.8 平方千米、3 383 亩、3 631 人、67.9 万元。

1. 选优村级班子

合理设置党组织类型，设村级党委 60 个、党总支 31 个、党支部 4 个。综合户籍人口、地理位置、产业发展、重点工作等因素，按 4 至 7 职设置村级常职干部。选优配强干部 512 人，较调整前减少 324 人。同步储备后备力量 377 人，平均年龄 29 岁。严选村（社区）书记 95 人，平均年龄 47 岁，大中专以上学历占 70%，全部实现书记、主任、村集体经济负责人“一肩挑”。

2. 重构制度体系

构建干部“不直接碰资金”制度体系，开展村“三资清理”，组建全省首个村财务审核记账服务中心，上线运营农村“三资”综合管理平台，把财务管理权力锁进“笼子”。制定决策议事规则、财务管理规则、乡村振兴计划，明确财务支出 2 000 元以上、集体土地发包流转、土地征用补偿等必须经支委会讨论、镇党委审核、村民大会通过、公示的重大事项。

3. 明晰产业方向

以“四个一批”板块布局为基础明晰特色村产业主攻方向。农业特色村承担全县粮、茶、菜、药、猪等产业发展任务，如团结村茶叶种植面积达到 1.2 万亩，双吉村农业产值达到 1.14 亿元；工业特色村承担工业园区的落地建设，如红旗社区工业产值达到 98.35 亿元，就业人数达到 7 467 人；文旅特色村承担“千年纸乡”历史传承，弘扬千年古县文化；三产特色村承担物流、商贸等产业任务；同时盘活闲置资产，大力发展集体经济，如石堰村利用闲置村委会资产作价入股花溪谷项目，发展国家非遗纸文化体验民宿 3 个，集体经济收入超过 20 万元。

4. 配套公共政策

调整村庄规划，推进就地城镇化，实行农村建房“增量集中、存量逐步优化”管理，利用易地扶贫搬迁、幸福美丽新村建设、地灾避险搬迁等政策，推动农户集中建房、功能集中配套、服务集中供给，预计城镇化率年均提升 1.5 个百分点，如关口村集中农户 44 户形成新型聚居点。按照适度超前原则布置路、水、电、气、治污等基础项目，提升产业承载能力，包装规划乡镇基础设施 66 个，总投资 20 亿元。撤并乡镇原有便民服务中心保持不变，改挂便民服务站牌子，学校、医院予以保留，设立为中心村（社区），列为发展重点，确保公共服务只加强不削弱。

5. 创优宜居环境

以创国卫行动为契机，全面升级道路、排污、垃圾处理等基础设施，开展违建专项整治行动，成功建成国家卫生县城，新场镇成功建成国家卫生乡镇。提出争创“美丽四川·宜居乡村先进县”目标，所有乡镇同步争创国家卫生乡镇，同步推进人居环境整治“五大行动”，新建 8 个片区垃圾压缩中转站，建成生活污水处理厂 5 个。2020 年全县 95%以上行政村垃圾得到有效处理，60%以上行政村生活污水得到有效处理，卫生厕所普及率达 90%以上，自来水普及率达 75%以上，村容村貌大幅提升。成功申报国家级传统村落 1 个，省级特色小镇 1 个，创建省级乡村振兴先进乡镇 1 个、示范村 5 个。

（四）强化服务属性，确保靶向精准，重塑“最小单元”

将“村民愿意改”作为小组改革前提，一线征民意、一线解民惑、一线获民心，镇街党组织书记带队召开社员大会，及时回应合并方案、组长推选等群众关切问题，支持率达 95%，未发生一起不稳定事件，实现社会治理“最小单元”的整体性重塑、系统性再造、全面性变革。

1. 强化党的领导

紧扣党的领导与基层自治有机结合这条主线，把想干事、能干事、干成事的人才选拔到小组长位置上，撤并后 783 个村（居）民小组中党员小组长共计 449 名，占比 57%，平均年龄由 51.3 岁下降至 47.1 岁，减幅 8.1%，高中以上学历上升 22.8%。试点支部建在小组上，探索“镇党委 + 村级党组织 + 村民小组党支部”三级党组织架构，实现党员群众管理服务全覆盖、不留白。

2. 理顺资产权属

公开透明将群众最关心的小组独立财产全覆盖摸家底、建台账、抓移交，按照“组实施、村组织、镇监管”模式，通过档案查证、老干部认证、村民小组论证等方式，全面清理组级资产 0.524 亿元，建立一组一台账，由组长和包组干部“双签字”，清单式移交。明晰资产权属“四个不变”，即农村基本经营制度在内的党的农村各项方针政策不变，所有依法形成的经济关系不变，现有国家、集体、个人财产性质不变，农业经济利益不变，消除群众疑虑。群众推选小组监督员，参与资产盘点、干部推选等关键环节，实行资产台账、合组方案、选拔干部“三个公开”，实现合组过程看得见、摸得着、管得住。

3. 培育治理新岗

按照“脱帽不脱责、脱帽不脱管、脱帽不脱薪”原则，明确离任小组长待遇保留至2021年换届，推动1 213名离任小组长就地转化为网格员、人民调解员，协助开展人居环境整治、信访维稳等工作，逐步构建起社会治理“最小单元”工作新体系。设计完善“毛细血管”常态化更新机制，疏通参与社会治理“最小单元”新岗人选正常淘汰更迭途径。开展机关党员干部“双报到”，3 000余名党员全面参与社会治理、宣传教育等工作，为城乡基层治理注入强劲力量。

4. 探索治理模式

因地制宜精准治理，走去行政化、亲民开放路线，着力打造多元化城乡基层治理新格局。城中村成立院落自治组织，打造“点亮回家路”党建品牌，走“育民+自治线”治理之路；旧城区建立基金和文化活动中心，打造“百年乡味 融益生活”党建品牌，走“乐民+公益线”治理之路；新兴城区建立智慧政企服务中心、企业智慧管家、青年创业园，打造“智慧政企服务”党建品牌，走“便民+服务线”治理之路；城乡接合部建立居民提案制度、开展阳光家园服务、发展培训机构，打造“楼栋大管家”党建品牌，走“安民+党员线+自治线”治理之路；城市边缘化规划区建立产品孵化中心、法律之家+老年家园+儿童乐园居民融合空间，打造“融创家园”党建品牌，走“富民+服务线”治理之路等。

二、夹江县行政区划调整改革后呈现的问题

（一）制度跟进“有序”但有“时差”

完善的顶层设计需要系统的制度以及迅速跟进做支撑，跟进不及时就会出现空档，而末梢神经的完善也需时日，导致宏观规划与微观体系之间产生了时空差。

1. 扩权强镇机制尚有过渡期反应

扩权强镇的核心是采取举措确保镇级财权与事权相匹配，夹江县出台《镇级财政管理改革方案（试行）》，对健全县镇税收分享机制、拓宽镇级收入来源等进行了明确，如2020年起新增税源按属地管理原则合理划分县镇分享比例等规定，长期来看有利于改变过去“找娘要奶”的情况，发展镇域经济、增强镇级财力、做优镇级收入。然而新合并成立的镇街就像初生的婴儿，且体格不一，突然都要自

谋出路，难免产生过渡期的不适与“阵痛”，部分底子较薄的镇街一段时期内财力困难并负债激增。

2. 村组干部队伍尚需更加职业化

区划调整后村（社区）平均面积和人口分别达到 7.8 平方千米和 3 631 人，其中最大的村（社区）达到 17.4 平方千米和 13 067 人，最大的村（居）民小组人口达到 8 330 人，村组干部管理和服务的人口与辖区面积平均增长了 155%，尽管误工报酬较以前有了大幅提高，书记达到 3 600 元/月，委员达到 2 600 元/月，但是比 2019 年四川省城镇全部单位就业人员平均工资 5 772 元/月低出许多，加之干部产生渠道、能力水平、敬业程度、家庭状况等各方面因素千差万别，离全面职业化要求还有差距。

3. 村民自治体系尚未高效运转

制度设计退居二线的村组干部就地转化为网格员、人民调解员，协助开展各方面工作，并将基本误工报酬保留至 2021 年换届，但实际上脱离实职岗位的村组干部挂名不挂职、出工不出力的现象较为普遍，预计 2021 年换届后期望这一群体发挥作用将更为困难。应成立的村民调解委员会、村民理财小组等自治机构虽已成立，但多是村级党组织一套人马、几块牌子、多重身份，到组一级更加形同虚设，村民自治体系似有似无、部分空转，成倍增加的管理服务工作量实质上压在为数不多的几名实职干部身上，导致“横向到边、纵向到底”的管理能力没有增强，短时内反而有所削弱。

4. 基层治理模式尚在探索阶段

区划调整后伴随着地域范围、人口结构、城乡类型等的变化，产生一些新的问题和矛盾，一部分既有的矛盾变得更加突出，比如：城中村三无小区多，院落管理难度大，社区与居民沟通见面难、响应度低；旧城区三产服务业、个体户多但经济萎缩，新建小区无文化共识，党建引领无阵地；新兴城区商业资源丰富却与社区断层，物业管理不规范，院内居民矛盾突出；城乡接合部村民向居民转型，供给与需求变化矛盾，物业管理不规范；城市边缘化规划区二元主体管理差异性矛盾，城市共建配套与居民生活需求断层等问题。夹江县在因地制宜、精准治理、去行政化、亲民开放、多元格局等方面进行了治理模式的有益探索，但这些治理模式是否成熟有效并值得推广，仍需要时间的检验。

（二）村组合并“貌合”然而“神离”

村组合并过程中，部分群众担心集体经济等利益受损，“强村”被“弱村”拖累，“弱村”边缘化等问题，夹江县采取了坚持农村各项方针政策不变，依法形成的经济关系不变，国家、集体、个人财产性质不变，村支两委干部职责不变等“四个不变”的办法，在确保改革稳妥推进的同时，也搁置了部分关键核心问题，导致村组合并存在貌合神离的现象。

1. 基本经营制度仍有待突破

我国农村基本经营制度的基础是以组为单位的农村土地集体所有和以户为单位的家庭承包经营，中心问题是处理好家庭承包和发展集体经济之间的关系，核心是土地制度。因土地包干到户和土地承包经营权 30 年不变等历史形成组与组之间人均耕地、山林面积是不一致的，当前政策下对土地承包经营权进行大范围调整又明显不可行，出现合并后一个组内多种人均土地并存，以人均土地为标志形成的原始地域范畴并未打破，亟须破解。

2. 村组集体经济未真正融合

集体经济是群众最直接最关心的问题，由于村情组情的不同，一部分村组有集体经济，而一部分村组没有集体经济；一部分村组集体经济强，而一部分村组集体经济弱；一部分村组账面结余，而一部分村组账面负债，集体经济收益分配方式更是花样繁多。不同村情组情合并后，对集体经济简单叠加折算显然行不通，群众也不会同意，目前仍停留在原村组结余原村组用，原村组负债原村组还，原村组集体经济收益原村组分配的阶段，没有实现真正的融合。

3. 历史沿革划分将长期影响

历史沿革不会仅仅因区划的调整而急速转向，因地域、宗族、经济利益等约定俗成的传统划分根深蒂固，群众之间的情感沟通融合、相互接纳的程度、彼此认可的干部、能够接受的利益分配方式等诸多问题都需要一个较长的磨合过程。在这个磨合的过程中，原有划分习惯还将长期影响，部分利益调整还存在社会稳定风险，需要谋定而后动，宜速则速，宜缓则缓，切实加以防范。

（三）党组织书记“一肩挑”变味“一肩扛”

按照坚持和加强党对农村工作的全面领导的原则，夹江县贯彻《中国共产党农村基层组织工作条例》，全面推行并 100%实现村级党组织书记、主任、村集体经济负责人“一肩挑”，这有利于强化党的领导，形成统一意见，避免党组织弱化、虚化、边缘化，但也存在“一肩挑”向“一肩扛”变味的倾向。

1. 村党组织书记责任无限放大

“一肩挑”意味着领导权、财务权、人事权等集于一身，权利的放大必然带来责任的放大。一方面，上级党政命令和繁杂的工作安排多是向书记“定向传达”，“出问题打板子”也是书记首当其冲，数据显示，各类会议需要书记参加的超过80%，书记平均加入微信、QQ工作群20个以上，每天接打电话100个以上，每天接到工作任务超过10项。另一方面，其他班子成员在处理具体事务和解决具体问题时更加不愿担责，不想表态也不敢表态，多是“等书记来表态”，“让书记来定夺”，将责任推给书记。因此，目前村党组织书记责任大、事务多，大事小事一肩扛，眉毛胡子一把抓，基本处于“忙不开”的状态，如何避免忙中出错、忙中出漏都是问题。

2. 村级班子相互融合不足

多村合并后，干部来自原不同村，熟悉的地域和领域不同，及时适应新的职能职责能力不足，接受新的岗位分工意识不强，部分担任过“一把手”的干部在合并后的新村中转任委员，从领导者变为被领导者，角色转换不主动不充分，甚至部分干部存在被降格、不服气的心理，与其他班子成员沟通交流产生障碍或方式欠妥，影响工作推进。同时，“一肩挑”缺少了相互制约的力量，如何避免一手遮天和滋生腐败成为重要课题，也极易造成其他班子成员畏缩懈怠。

3. 干部队伍稳定性有下滑趋势

高强度高压力下，干部干事创业积极性和担当作为意识出现部分滑坡，队伍稳定性有下滑趋势。部分村组干部存在畏难情绪，消极应对工作，形成混天过日的思想。部分村党组织书记疲于应付，在维护班子团结上还需耗费大量精力，责任心和进取心大打折扣。据不完全统计，现任村干部队伍特别是村党组织书记中有辞职愿望和辞职倾向的比例超过 10%，有留任至换届将不再参加选举打算的比例超过20%。

（四）公共服务“完整”但仍“粗陋”

作为行政区划调整改革最重要的配套，夹江县深刻认识基层审批服务工作是基层治理工作的重要组成部分，高度重视县、镇、村三级审批服务体系建设，致力于将便民服务中心打造为直接面对群众、服务群众的窗口，营造“群众的事无小事”的工作氛围，但受制于基础设施、硬件条件、人员素质等因素，公共服务不够精致，甚至略显粗陋。

1. 镇街窗口建设还有诸多问题

合并后9个镇街中，吴场镇、马村镇、华头镇、甘江镇等4个镇审批服务中心场地选址遇到难题，进度迟缓，分别处于方案拟定、设计预算等阶段。审批服务中心工作力量普遍未配齐，9个镇街审批服务中心核定总编制数148个，实际在职人数 134 人（含非在编人员 24 人），空编达 38 个，且有 5 名副主任处于挂职而未实际从事本职工作的状况。

2. 推行“一门办”存在较大差距

镇街受现有办公场所面积和硬件设备不足的制约，审批服务中心承接的事项还不能实现全部进入大厅窗口办理，部分与群众生产生活密切相关的基层站所，如自然资源、市场监管、税务、法律服务、应急综治、退役军人等办理的事项，也还未能统一进驻。省政务服务一体化平台与部门业务办件平台还未融合，数据归集仍靠事后录入，影响办件效率和群众满意度。职能站所专业对口、熟悉业务、能熟练操作一体化平台的人员少，政策法规业务培训未能及时跟上，对办事群众不能做到“一口清、一次办”。

3.“小事不出村”没有真正实现

村两委成员工作任务更加繁重，虽然进行了明确分工且落实了坐班值守制度，但对涉及基层群众常办的审批服务事项还不能做到全面了解，停留在“指路”“盖章”，还不能“代跑”“代办”。村级服务站工作制度、办理事项清单、办理流程、办理人员未统一明确，场地建设、硬件配备、专（兼）职代办人员及待遇等问题未落实，既不亲民，也不规范。干部对待群众的态度和化解矛盾的能力还有差距，一些矛盾纠纷不能解决在村内，仍有到县到市到省越级访、反复访情况发生。

三、对做好行政区划调整改革后期工作，实现城乡基层治理体系现代化的对策建议

（一）针对制度跟进“时差”，强化党建引领在发展中解决改革问题

行政区划调整改革的出发点是打基础、利长远、系全局，目的是助推发展，落脚点是更加充分释放改革红利，做强镇域经济、壮大村级经济、激发乡村活力的目标没有实现，改革就失败了。因此要强化党建引领，让各项制度安排落地落实，在发展中消化解决改革的矛盾和问题。

1. 发挥优势织密治理体系

要把党的组织优势转化为治理优势，把制度优势转化为治理效能，坚持县镇村组四级联动，建立“1 + 9 + 95 + 783”纵向工作体系[即 1 个县委 + 9 个镇（街道）+ 95 个村（社区）+ 783 个村（居）民小组]，采取挂联包村方式将县级领导、部门主要负责人下沉到村（社区），推动社会治理和服务重心向基层下移。进一步划小划细网格细胞，划定 20 户村（居）为一联，由支部党员负责联系，将网络延伸到“神经末梢”。深化实施“党员站出来、党旗飘起来”系列活动，组织全县 1.8 万名党员

走进群众、走进一线，把党员身份亮出来，把党旗插在群众最需要的地方，督促党员根据自身实际每年至少为群众办 1 件实事好事。

2. 真刀真枪做实扩权强镇

结合编制“十四五”规划，科学统筹制定一镇一规划，实现国土空间、基础设施、产业发展等多规合一，形成“一核两心五点”的小城镇布局体系（即 1 个县城核心，2 个县域经济副中心，5 个重点场镇），为新型城镇化奠定基础。强力推进“一镇一园”建设，加快布局新场镇新材料产业园、木城镇核技术产业园、吴场镇高陶园、甘江镇商贸物流园、黄土镇城市配套物流园、马村镇书画纸产业园、华头镇特色优质农产品加工园，推动“核、瓷、纸、茶、新材料”五大产业集聚发展，力争到 2022 年全县规上工业总产值突破 600 亿元，建成全省县域经济强县。完善并稳步实施财政事权改革，确定“县级事权县级承担、镇级事权镇级承担、共同事权共同承担”原则，对新增税源、镇级非税收入、项目开发收益、国有资产经营性收入等的成本分摊和收益分享政策要进一步明确细化，设置合理的渐进的过渡调整期，扶持镇级财力成长。

3. 坚定不移壮大集体经济

配齐配强扶持村集体经济发展“八个一”力量，整合部门、党员干部、优质企业等资源，逐村分析研判存在的问题、产业方向、发展思路，提供智力、项目、资金等各方面支持。坚定走特色化差异化发展之路，采取“特色镇 + 农业园区（产业园）”等模式，加快打造一批产业集聚、功能复合的特色镇、特色村、特色组，发展新产业新业态，推动农旅深度融合，一二三产业融合发展。稳步发展新型农业经营主体，加快建设形成“龙头企业 + 农民专合组织 + 基地 + 农户”的规模化经营模式。鼓励村组成立集体经济发展社会化运营主体，利用各类优质资产，整合各方资源资金，壮大集体经济，培育发展动能，带动群众增收。

4. 持续加力创新基层治理

发挥村规民约的行为规范和道德底板作用，健全监督执行和奖惩机制，设置“荣誉栏”和“曝光台”等奖惩平台，实行村（居）民“星级”管理制度，建立诚信档案，开展“最美家庭”“最好邻居”等评选活动。巩固完善民主决策制度，在严格执行“四议两公开”的基础上，探索村（居）民议事协商有效形式，拓宽议事协商范围，实现重大事项集体研究决定，重大问题镇街党委备案，激发群众参与事务管理的内生动力。坚持党组织领导核心，统筹发挥社会力量协同作用，完善扶持政策、落实税费优惠、发展社会组织，推进社区、社会组织、社会工作“三社联动”，成立党员先锋队、青年志愿者服务队、巾帼服务队、红白理事会等志愿服务组织，提升自主治理能力，逐步形成德治、法治、自治相结合的城乡基层治理体系。

（二）针对村组合并“神离”，打破村组之间的隐性壁垒和条条框框

村级合并后必然涉及利益的调整，平等均衡的关系必然离不开平等均衡的地位，利益关系理顺了，背后就有千万张赞成的“口”，利益关系理不顺，背后就是千万只反对的“手”，改革“后半篇”就会举步维艰。因此要打破村组之间的隐性壁垒和条条框框，实现真融合真认可。

1. 深入推进土地经营权股份制改革

土地入股有利于集中连片经营土地，有利于农户参与农业现代化、产业化潮流，拓宽收入来源，激发土地活力，加强土地流转，避免土地闲置，也有利于改变农民对土地“一分一厘”的传统认知和村组人均土地不一致引起的融合融通障碍。要以实地丈量、土地确权颁证面积、土地类型等为综合依据，将农民拥有经营权的土地占村组土地总面积进行比例化折算，形成一个合理合规、群众认可、长期有效的股比，做好基础性工作。要创新土地入股的实现形式，培育一批农业产业化公司、农民专业合作社。要完善土地股份组织运行机制，形成土地流转价格作价协商规范。要探索土地入股风险防范措施，对土地使用进行有效监督，实行“先租后股”“土地流转履约保证金”等措施提高抗风险能力。

2. 全面推行集体资产股权量化

成立农村集体产权制度改革机构，在合理处理好村组历史结余或负债的基础上，对村组集体资产逐项清理、登记造册，明确所有权。坚持依据法律、尊重历史、兼顾现实、程序规范、群众认可的原则，统筹考虑户籍关系、农村土地承包关系、对集体积累的贡献等因素，做好集体经济组织成员身份确认和股份量化，作为其参加集体收益分配的基本依据。股权管理应实行“确权到人、颁证到户、户内共享、社内流转、长久不变”，一次确定，即不再随人口增减变动而调整。健全集体收益分配制度，明确公积金、公益金提取比例。建立成员大会、理事会、监事会制度，涉及成员利益的重大事项实行民主决策，防止少数人操控。

3. 有效推动群众情感深度融合

以村组合并后新的行政区划为单元，统筹实施“两规则一计划”，着力构建产业美、民居美、环境美、乡风美、生活美的“五美乡村”。特别是深入开展农村人居环境综合治理、乡村生态环境保护与修复，实施乡村五大革命，实现村居绿化效果与周围环境协调，人居生活环境更加干净整洁，“望得见山、看得见水，记得住乡愁”。深入推进乡村精神文明建设，挖掘乡村文化资源，开展形式多样的文艺文化活动，

丰富群众精神文化生活，推动乡风文明不断进步，让群众住得舒心、过得开心、活得顺心，加速情感融合过程。

（三）针对党组织书记“一肩扛”，理顺村组干部的管理体制和权责统一

村组合并后各项工作的稳定性和延续性，离不开坚强有力的村党组织领导班子和干部队伍，班子战斗力减弱了，队伍散了，改革就要面临重大风险。因此要进一步理顺村组干部管理体制，实现权责统一，让干事的人在干事的岗位干该干的事。

1. 全面梳理科学重构镇村权责

制定边界清单、属地清单、赋权清单，明确主体责任和配合责任，凡属镇街以统筹名义“安排”到村（社区）的职责应全部归位镇街，凡属没有法定赋权到村（社区）的事项应以镇街为主体实施。建立镇街统筹协调和统一调度机制，整合指令下达渠道，统一工作安排出口，微信、QQ 工作群能够合并的应该全部合并，发送的工作要求等内容应该进行合理的审查和归并。一般事务性会议可不由村党组织书记参加原则上不应通知书记参加，工作安排及进度回馈应增强指向性，能够依据职责向村级班子成员直接安排的工作原则上应直接安排。

2. 推动村级党组织规范化建设

认真实施《夹江县加强村级组织规范化建设暂行办法》,结合村党组织评先定级、村党组织量化考核等工作，明确村级组织“设岗定责”，形成专人专岗、分工明确、权责统一的良性运行规范，确保“谁负责谁履责”“谁失责谁担责”。实行条块结合的分工负责制，在明确业务分工的同时明确包片分工，联系村（居）民小组的班子成员要做到情况清楚、群众熟悉、守土有责，同时推行联系制度 AB 岗，定期交叉互换，解决步调不一致问题。进一步理顺党务、村务、财务办理清单，开展全方位监督，实行非换届期会商联审，对不适宜担任村组干部的情形予以教育、惩处直至清理。

3. 激活村组干部干事创业热情

建立健全村组干部“基本报酬 + 绩效考核 + 集体经济发展创收奖励”报酬制度，制定发展壮大村集体经济激励办法，明确集体经济年收益 5 万元以上且人均收入达 1 万元以上的村，可提取不高于 20%的资金，用于奖励组织参与发展的村组干部，进一步激发村组干部村级服务和产业发展的干劲。畅通交流晋升渠道，搭建村组能人轮岗交流参与和保障重点工作的平台，加大在优秀村组干部中定向招录公务员和领导干部的力度，让村党组织书记不再成为职业“天花板”，让懂农村、能干事、敢担责的干部有更大的晋升空间。

4. 稳定干部队伍充实治理力量

大力实施“千名优秀农民工回引培养”工程，提高回引优秀农民工担任村组干部占比。推进“新型合格农民”培育工程，支持大学生、工商企业人才下乡发展，从根本上解决农村人才匮乏问题。筑牢基层组织战斗堡垒，全面启动人才队伍“育新”计划，建立后备干部储备培养长效机制，为明年换届工作选人用人预留空间。对于集体经济发展良好的村组，应单独出台政策允许使用部分集体经济收益购买社会化服务，充实城乡环境、生态保护、社会安全等岗位，弥补治理短板和空白，形成“专业干部＋社会组织＋志愿力量＋购买服务”互为补充、各负其责的新治理力量格局。

（四）针对公共服务“粗陋”，优化服务供给的整体质量和覆盖范围

行政区划调整改革后公共服务水平是提升了还是降低了，人民群众“获得感”是增强了还是减弱了，直接关系着改革能否被接受和认可，是改革成效的“试金石”。因此要不断优化服务供给的整体质量和覆盖范围，让人民群众满意并从中受益。

1. 加快建设高效服务型镇街

多措并举把镇街建成城乡治理中心、服务中心和经济中心。加快镇街审批服务中心建设和硬件配置，承接的事项全部统一进驻大厅窗口“一门办”。安排转业士官、考录公务员及引进人才时，优先考虑镇街需求。全面清理镇街抽调外借人员，杜绝占岗不在岗现象。镇街党委要重视审批服务工作，从制度上确保窗口工作人员相对固定，落实窗口工作人员 AB 岗，不出现空岗现象。窗口工作人员要加强业务知识学习，具备多部门业务办理能力，各职能部门要加强业务指导并定期举办业务培训。加快技术研发实现省政务服务一体化平台与部门业务办件平台融合，提高办件效率和群众满意度。

2. 倾力打造亲民化便民服务站

聚焦群众普遍关心的公共服务问题，健全综合性村级便民服务站并向村（居）民小组延伸，合理利用村组合并后现有和闲置的办公资源落实场地和必要的硬件配置，实现“一站式服务”。完善服务站工作制度，明确办理事项清单、办理流程、办理人员并公示，出台相应政策解决专（兼）职代办人员聘用、考核、待遇等问题，试行代办人员上挂镇街审批服务中心学习锻炼制度，强化代办人员为民服务理念和业务技能培训提升，做到便民服务亲民规范。配套完善农村日间照料中心和妇女儿童之家，健全空巢老人、留守儿童等特殊困难群体的关爱机制，实现学有所教、病有所医、老有所养、逝有所安。

3. 全速搭建矛盾化解整体平台

学习借鉴新时代“枫桥经验”，持续深化一线工作法，常态化开展领导干部“接访”和“下访”活动，逐步建立“1 + N + N + N”组织体系（即 1 个党委、N 个驻镇单位、N 个村级党组织、N 个党支部），压实包村领导第一责任，构建完善城乡基层治理“一张网”，做好信访事项办理、劝解帮扶、法治宣传等工作，实现“矛盾化解在源头、问题解决在基层、人员稳控在当地”。坚持“三个百分之百”原则（即能够立即办理的 100%办理到位，需要上级协调解决的 100%汇报争取到位，不符合政策规定无法办理的 100%解释宣传到位），通过驻村联组包户，实现“群众有求必应、组织一呼百应”。

作者简介：

万佳玲（1984—），女，四川夹江人，东北师范大学发展与教育心理学专业 2016 级研究生，主要研究方向：党建工作、基层治理。

张一波（1980—），男，四川夹江人，乐山师范学院汉语言文学专业 2007 级本科，主要研究方向：党建工作、基层治理。

曾学东（1967—），女，四川青神人，四川大学行政管理专业 2003 级本科，主要研究方向：党建工作、基层治理。

彭雯（1964—），女，四川遂宁人，四川教育学院政教专业 1994 级本科，主要研究方向：党建工作、基层治理。

张小玲（1971—），女，陕西长武人，四川省委党校函授学院法律专业 2002 级本科，主要研究方向：党建工作。

关于新时代县级党校建设发展和功能发挥的调研报告

王苇　王宁

【摘　要】当前，县级党校建设发展既面临宝贵机遇，又面对艰巨挑战。一方面，县级党校建设发展的定位取向更加清晰，制度体系日趋完善，另一方面也面临多维度的挑战，面对着地位功能弱化、历史欠账较多、制度落实不够、队伍素质不高等严重困境。必须从党的事业发展的长远高度看待县级党校建设发展和功能发挥，真正把党校工作摆上重要位置、提到重要高度，努力形成齐抓共管、合力推进的格局。

【关键词】县级党校　建设发展　功能发挥

县级党校是在党委直接领导下培训基层干部的主渠道，是开展社会科学和决策咨询研究的主阵地，也是基层党员干部党性锤炼的大熔炉。面对当前严峻复杂的内外形势和全面加强党的建设的繁重任务，如何加强县级党校建设、更好发挥党校功能，已经成为一个重要的时代命题。课题组立足当前形势，选取不同区域类型的10个县级党校开展调研分析，通过查阅资料、问卷调查、走访座谈，较为详细深入地了解掌握县级党校建设发展的现实状况，提出了加强县级党校建设、充分发挥党校功能的路径对策，形成了这个调研报告。

一、县级党校建设发展的时代背景

党的十八大以来，中国特色社会主义进入新时代，基层党员干部肩负的职责使命也注入了新的内涵，赋予了基层党员干部队伍个体素质和整体水平新的标准，对县级党校建设和功能发挥都提出了新的要求。

（一）县级党校建设发展的定位取向更加清晰

2015年12月，全国党校工作会议召开。习近平总书记出席会议并发表重要讲话，指出党校事业是党的事业的重要组成部分，实现全面建成小康社会奋斗目标、实现中华民族伟大复兴的中国梦，关键在于培养造就一支具有铁一般信仰、铁一般信念、铁一般纪律、铁一般担当的干部队伍，党校承担着为领导干部补钙壮骨、立根固本的重要任务，必须坚持党校姓党这个党校工作根本原则，更加重视干部教育培训工作，切实做好新形势下党校工作，切实解决基础设施落后、基础工作薄弱、基层党校脆弱的问题，为党校工作发展指明了方向，也让党校事业改革发展迎来了一个难得的重要历史机遇期。2019 年 10 月 1 日出版的第 19 期《求是》杂志发表习近平总书记的重要文章《推进党的建设新的伟大工程要一以贯之》，强调必须勇于自我革命、从严管党治党，把党建设成为始终走在时代前列、人民衷心拥护、勇于自我革命、经得起各种风浪考验、朝气蓬勃的马克思主义执政党。实现这样的目标，一方面靠制度设计，另一方面靠监督管理，同时也要靠更有水平、更高质量的学习教育。从党的十八大至今，我们党先后部署开展了群众路线教育实践活动、“三严三实”专题教育、“两学一做”学习教育和“不忘初心、牢记使命”主题教育等一系列党内学习教育活动，形成了既培元固本、又开拓创新的整体态势。但要保持这种学习教育的常态常效，除了党员干部所在组织和单位开展的日常学习外，更要通过党校的系统性、规范性培训来实现。县级党校是基层党员干部培训的基石，承担着党委政府交办的党员干部培训的任务，必须进一步提升办学治校水平，充分发挥功能。这充分表明，加强县级党校建设、充分发挥党校功能，已经成为推进党的建设这一新的伟大工程的内在有机组成部分。

（二）县级党校建设发展的制度体系日趋完善

2019 年中央印发《中国共产党党校（行政学院）工作条例》，为县级党校建设发展提供了根本遵循，明确县级党校（行政学校）应当将党员集中培训作为重要任务，并对深化县级党校（行政学校）办学体制改革做出宏观部署。2020 年伊始，省委、市委就推进县级党校分类建设计划深入谋划研究，先后印发省、市《推进县级党校分类建设计划实施方案》，制定责任清单，明确了工作部署。2020 年 10 月，省委组织部、省委党校（省行政学校）经过深入调研论证，又进一步制定出台了《市县级党校办学质量评估办法（试行）》《市县级党校基础设施建设规范（试行）》和《市县级党校主体班班次办学规范（试行）》，全面细化了县级党校办学治校具体要求。全市各县（市、区）党委政府围绕落实中央和省、市关于推进县级党校分类建设计划的相关部署，积极健全完善领导管理、人员编制、激励考核、财力保障等制度，形成了较为完备的制度体系，为县级党校建设发展和功能发挥带来了宝贵机遇，创造了良好环境。

（三）县级党校建设发展正面临多维度的挑战

首先，信息化、大数据、人工智能等现代科技的飞速发展，一方面为党员干部获取信息、学习知识提供了新的平台和手段，另一方面也对党校的培训管理、设施设备和干部教师能力素质提出更高要求。其次，推动县域经济高质量发展和推进社会治理创新的中心工作，对党校科研咨政的需求更加迫切，标准更高。第三，党员干部队伍构成的变化对县级党校培训提出新要求。现在“80后”“90后”逐渐开始成为基层党员干部的主体，这部分干部学历水平普遍较高（整体上看是高于目前县级党校教师学历水平的）、思想观念更加多元，对生活艰辛和生产实践的体验相对过去的干部而言较少，这就要求县级党校必须在培训的内容、方式，以及教学管理上都有针对性地进行调整优化。

二、县级党校建设发展的现状及困境

在整个党校体系中，县级党校处于最底层的位置；在县级部门体系中，县级党校处于较为边缘的角落。受内外等多方面的因素影响，过去一段时间以来县级党校普遍在建设发展和功能发挥上都面临空间挤压、自我放任的态势，形成恶性循环，造成严重困境。

（一）地位功能弱化

受政绩考核和干部评价导向等多方面因素的影响，一些地方重发展轻党建的思想倾向依然存在，对县级党校建设发展存在提起来重要、做起来不要的现象，没有把党校工作放在与中心工作同样重要的地位来谋划安排和检查落实。一些地方党校工作虽然列入目标考核，但所占权重不高，党委工作报告对党校工作一笔带过、点到为止，党校工作在政绩考核和领导班子领导干部考核评价体系中影响较小；党组织负责人党建工作述职普遍没有提到党校工作，党委听取党校工作汇报、研究党校工作很少甚至没有，造成党校工作主体责任在事实上的虚化、弱化。一些地方把党校作为照顾年龄较大干部、安排能力不足干部的收容所，有的地方因为近年的财政困难，在公业务费上只给党校预算办公经费，没有预算科研和教师科研培训经费；有的地方干部培训经费未直接预算到党校，开展培训实行“报账制”，办学行为和培训自主性受到制约。从课题调研的问卷调查反映来看，绝大多数受访人员普遍认为党校是比较轻松、甚至是“养老”的地方。同时，调查也反映，一些县级党校干部教师甚至个别领导自身也觉得党校就是搞一搞干部培训的组织安排，对党员干部培训和科研咨政工作思考较少、谋划不深，举办培训数量少、标准低，应付了事，课题研究和决策咨询研究数量不多、质量不高，影响力较弱，反过来又进一步造成自身地位弱化，形成恶性循环。

（二）历史欠账较多

由于长期警觉不够、重视不够、争取不够、支持不够等方面的原因，县级党校普遍在基础设施、技术装备、师资队伍方面造成严重欠账，与当前加强党员干部集中培训的实际需求极不匹配。以犍为县为例，全县党员近 2.3 万名，公务员 2 100 名，村社区干部近 2 000 名。如果按每 5 年轮训一遍测算，每年需培训基层党员 4 700 名、公务员和村社区干部各 400 名左右。但县委党校目前只有校园面积 3.7 亩，建筑面积 3 600 多平方米，学员宿舍床位只有 50 个且没有食堂，学、食、宿一体化根本无法保障。同时，调研中发现，犍为的情况还不是最差的，有的区县党校目前甚至只有办公场所而没有教学场所，开展培训只能到校外租借场地；有的党校虽有基本的教学场地，但没有情景模拟等仿真教学设施，信息化电教设备不足；有的党校校园环境恶劣，学员学习条件较差。另外，从师资队伍看，县级党校普遍存在缺少专业技术编制、教师年龄结构老化、学科配备不齐全、教师职称和岗位等级晋升困难、高学历人才稀缺、教师对外流动少等问题，过分依赖外聘师资的现象突出。在接受调查的 10 个县级党校中，能上课的教师在 3 人及 3 人以下的有 9 个，只有 1 个党校有 6 名教师能独立承担教学科研任务。

（三）制度落实不够

尽管中央、省、市、县都对党校工作有明确的要求，对县级党校建设发展和功能发挥也有不少制度，但由于统筹协调不够、党校自身谋划研究和汇报争取不够等原因，一些制度执行落实并不够好，挂在墙上、停在纸上的现象突出。比如，有的地方党委、政府办公室在组织安排县委政府领导调研时过分强调轻车简从，一般不安排党校参与领导调研，县域经济和社会发展规划编制审定、规委会、资源配置会等宏观决策会也基本不安排党校列席，导致党校参与重大决策调研的制度悬空。有的地方县级领导抓项目抓经济等重点工作繁忙，到党校讲课安排一拖再拖一改再改直至最终取消，导致领导干部上讲台制度执行不到位，上课次数占比达不到规定要求。有的县级党校由于多年未引进专业教师，人员严重老化，无法派出人员到党委政府综合门、经济主管部门进行跟班学习，党校干部挂职锻炼制度难以落实。有的县级党校执行绩效工资和目标考核管理制度简单粗放，一方面对预扣的 30%绩效工资简单地全额发放给个人，不与教师上课量和科研成果考核挂钩，对年终目标奖励不根据日常考评进行二次分配，另一方面又叫苦说没有激励政策，并错误地把问题归结为是上级规范津补贴造成的制约。

（四）队伍素质不高

由于人数少、人员老化、流动性差等因素影响，有的县级党校疏于对干部教师的日常教育和思想引导，个别领导干部“退居二线休养、船到码头车到站”的思想浓厚，忽视自身的示范带动，对工作标准不高，对下属要求不严，遇到问题不到一线、甘居末流，导致单位作风散漫、正气不立、协作不力、运转不畅。有的干部职工思想境界不高，不思进取、得过且过、无事生非，对工作拖延应付、敷衍了事，成天不比实绩比待遇。同时，由于党校干部教师参与和接触主干线工作的机会少，平时学习钻研不够主动，不注意知行合一和学做结合，对发展全局、工作大局和一线实践了解不深入，导致知识结构老化过时、个人认知浮于书本和理论、对新形势感知不敏锐，创新能力严重不足。

三、加强县级党校建设发展的路径对策

县级党校是党校系统的基础，加强县级党校建设发展，充分发挥党校功能，是全面加强党的建设、打造高素质干部队伍的需要，也是构建不忘初心牢记使命长效机制、巩固从严治党成效的需要。推进县级党校建设发展也是一项系统工程，相关各方必须从党的事业发展的长远高度看待县级党校建设发展和功能发挥，真正把党校工作摆上重要位置、提到重要高度，努力形成齐抓共管、合力推进的格局。

（一）要高站位落实党校姓党政治要求

党校姓党是党校办学治校的根本遵循。加强县级党校建设、发挥党校功能，必须坚持把党校姓党作为贯穿党校工作全过程各方面的政治灵魂，深刻融入党校教师和管理人员的思想和行动。要始终坚定党性原则，在一切教学活动、科研活动中，都必须严格遵循党的政治路线，严守党的政治纪律和政治，始终在思想上政治上行动上同以习近平同志为核心保持高度一致。要切实强化党的理论和方针政策的宣传教育，特别是党的重大理论成果、重大战略部署要全面完整及时纳入培训宣讲计划、进入干部教育课堂，确保第一时间学习到位、宣讲到位、领会到位。要落实党性锤炼，始终把党性教育作为党校培训的首要任务，深入扎实开展理想信念教育、党的宗旨教育、“四史”教育、革命传统教育和反腐倡廉教育，引导学员深入领会把握党章党规、提高政治素养、永葆政治本色。

（二）要着力完善体制机制

体制问题是导致县级党校发展困境的根本原因，也是突破问题的关键。一要强化党校系统纵向领导主管体制。要明确市级党校与县级党校之间的关系，强化市委党校对县级党校的领导指导、协调管理和督办职能。二要强化当地党委主体责任落

实机制。党委重视是县级党校建设发展和功能发挥的关键。党校既是党委举办的干部培训学校，又是党委的重要职能部门，县（市、区）委要切实履行建党校、办党校、管党校的主体责任，高度重视党校工作，严格按照《中国共产党党校（行政学院）工作条例》、省委市委《县级党校分类建设计划实施方案》等文件精神，采取切实有效举措加以落实。要切实把党校工作纳入党委整体工作部署，作为党委书记党建述职评议考核内容，按规定听取党校工作汇报，及时研究解决党校建设发展中的重大问题和具体困难。党委书记要切实履行第一责任人职责，按照规定要求到党校进行调研、讲课或与学员座谈。兼任县级党校校长、行政学校校长的党委、政府负责同志要主动参加党校重大活动，积极协调解决实际问题。要强化领导干部上讲台制度的刚性约束，建立健全统筹协调和考核评价机制，保证授课时数和授课质量。三要科学设定办学体制。县级党校分类建设为基层党校办学体制改革提供了重要契机、提供了有利条件。目前整体上看，全省独立办学类县级党校仅 67 所，在全省县级党校中占比不到一半，这一方面反映了各地整合资源的改革精神，也是大量县级党校现有实力不强的现实逼迫。但从习近平总书记关于县级党校“只能加强、不能削弱”的指示精神来讲，从基层党员干部正规化集中培训的需要来看，还是应当把统筹办学作为一种阶段性的过渡措施。从长远角度考虑，应当在明确市级党校对县级党校领导主管关系的基础上，普遍地实行县级党校独立办学，而把市州所在地区委党校与市委党校实行市区一体联合办学作为特例。这样既有利于巩固基层党校基础，又能在合理区域范围内整合资源，减轻市级党校繁琐事务压力，更好地发挥领导协调、督促指导和引领把关职能。

（三）要着力强化县级党校建设发展的投入保障

一要高标准改善党校办学基础条件。要多渠道筹措资金，采取争取上级一般债券支持、打捆包装项目收益债、本级财力直接投入等多种方式，按照规范够用、适度超前、功能整合、优美现代的原则，结合辖区党员干部总量，高标准规划建设党校独立校园，保证校园占地面积、建筑面积以及教室、学术报告厅、宿舍、食堂、图书馆、运动场地等功能设施的面积和数量全面达标，让学员在校学习能够学得好、吃得好、住得好。要着眼干部培训教学改革的需要，进一步采购补足图书资料，配齐情景模拟、仿真教学等功能设施设备，建设 5G、人工智能等现代信息技术支撑的校园网络体系。二要强化党校经费保障。要进一步提高党校工作经费标准，由县财政足额保障到位。要进一步理顺和优化完善县委组织部同县委党校在党员干部集中培训方面的协调机制，给予充分信任和授权，扩大党校在学员培训管理上的自主权，及时足额拨付相关经费。要统筹使用党费开展党员和入党积极分子、基层党务工作者教育培训，原则上优先安排在县级党校。三要加强现场教学基地建设。要深入挖掘辖区红色资源、特色产业资源、基层治理典型和优秀传统文化资源，精心打造特色现场教学基地，构建精品环线。

（四）要着力强化县级党校干部师资队伍建设

一要选优配强党校领导班子，普遍实行分管日常工作的副校长兼县同级党委组织部副部长，主管教学科研的副校长一般从教学科研队伍或从事教学科研管理的干部中产生。二要切实解决党校人员编制问题，按照“逐步建立既区别于公务员又不同于普通事业单位、符合党校发展特点的教师管理体系”的要求，统筹制定县级党校人才引进、机构编制、职称评审、考核评价的相关政策，合理确定党校事业编制，适当提高标准设定职称岗位等级比例，增强引进、留住高学历人才的吸引力。三要全面强化党校干部师资教育管理，进一步加强党校的机关党建，压实思想政治教育，纯洁队伍、净化思想。要健全完善党校干部教师流动和淘汰退出机制，严格考核评比，用好用活政策，将教师绩效工资与教学科研成果挂钩，年终目标考核奖发放与日常考核和目标完成情况挂钩，建立覆盖全员的目标绩效“二次分配”制度，在现行政框架下形成奖勤罚懒、奖优罚劣的正向激励，切实打破“大锅饭”，扭转“干与不干一个样、干多干少一个样、干好干坏一个样”的不合理局面。要加强党校干部教师知识更新和业务培训，有计划、分批次安排中青年干部教师到党委、政府“两办”和发改、经信等综合部门挂职锻炼，选送到高校和上级党校接受专业培训，大力争取上级领导和专家在教学科研上给予帮助指导。四要拓展党校干部教师“出口”，加大从党校选拔重用优秀干部人才的力度，激发党校干部教育积极进取、奋发有为、比学赶超的热情，努力打造一支“境界高、作风正、业务精、勇争先”的干部教师队伍。

（五）要着力强化功能发挥

一要规范干部培训。要精心编制干部培训五年规划和年度计划，严格落实县级党校主体班设置规范，按规定全面完成进修班、培训班、专题研讨班和其他班次的培训，按学制足额保证各类班次学时。要科学制定各类班次教学计划，保证党性教育、党的理论教育和领导干部授课课时比重。要努力创新教学方式方法，积极运用案例式、模拟式、体验式等互动式教学方法。要健全教学管理制度，强化学习考核和教学效果评估的针对性和精准性，注重考核评价结果运用。二要强化科研咨政。要把县级党校作为党委政府智库建设的重要组成部分，加强科研团队和决策咨询研究团队建设，通过给课题、定任务压担子使用。县级党校要发挥人才智力优势和团队体系优势，主动贴近县域经济发展和城乡基层治理，加强同县级部门、社科理论团体的横向科研协作，围绕中心大局、聚焦热点难点开展课题调研，形成高质量的调查研究成果和决策咨询报告，为党委政府决策提供科学参考。三要强化基层宣讲。要紧跟中央和省委重大决策部署，组织精干力量深入镇村社区开展党的理论和形势政策宣讲。四要推进开放办学。要进一步加强县级党校在师资课程协作、场地设施利用、现场教学基地协同等方面的合作，探索组建国企性质的干部教育培训中心，系列化、菜单式推出不同主题、不同学时的培训套餐，优化课程设计，融合情景模拟、结构化研讨等互动式特色课程，创新谋划工业经济、文旅融合等培训项目，积极面向县外承接干部人才培训业务。五要加强党校工作宣传。要系统强化《中国共产党党校（行政学院）工作条例》和县级党校分类建设计划的宣传，主动加强向党委政府的汇报，密切同县级部门单位的横向沟通联系，争取支持配合。要坚持主动发声、系统发声、常态化发声，积极开展党校建设发展规划、建设成果、培训教育、基层宣讲、研究成果的社会宣传，营造关心支持党校建设发展和功能发挥的社会氛围。

作者简介：

王苇（1975—），男，汉族，四川犍为人，现为中共犍为县委组织部副部长、县委党校常务副校长，主要研究方向：党史党建。

王宁（1974—），男，汉族，四川犍为人，犍为县委党校四级主任科员，主要研究方向：文旅经济。

关于推进峨眉山市国家现代农业产业园建设的调查与思考

杨艳辉

【摘　要】峨眉山市国家现代农业产业园以茶叶为主导产业，2019 年通过认定，成为第二批国家现代农业产业园。但是，当前产业园建设依然面临着一些发展问题，比如茶产业基地相对比较分散，标准化、规模化程度不高；茶叶供给结构性失衡、茶产业绿色发展水平不够；一、二、三产业的融合程度不高等问题。针对这些问题，提出了一些具体的对策和建议：进一步完善机制，培育绿色品牌，提升茶产业的绿色竞争力；完善质量安全溯源管理体系；促进一、二、三产业融合；多方联动，加大科研投入；积极利用“互联网＋”拓展销售渠道等。

【关键词】峨眉山市　国家现代农业产业园　乡村振兴

国家现代农业产业园是引领农业农村现代化的排头兵，是推进乡村产业振兴的重要载体。2018 年，国家发布了《乡村振兴战略规划（2018—2022 年）》，明确提出要依托现代农业产业园，打造农村产业融合发展的平台载体，促进各产业的融合发展。加快推进国家现代农业产业园建设，能进一步聚集各项生产要素，鼓励各地做大做强优势农产业，带动区域经济发展，推进乡村产业振兴，促进农民增收。

一、当前峨眉山市国家现代农业产业园建设现状

2019 年，峨眉山市国家现代农业产业园通过认定，成为第二批国家现代农业产业园。产业园以茶叶为主导产业，规划面积 260 平方千米，涵盖双福、高桥、黄湾、符溪等乡镇，涉及农户 5.28 万户。产业园积极推进农业供给侧改革，助农持续增收，依照“建基地、育产业、创品牌、拓市场”的工作思路，紧紧围绕“一核一轴三片”功能布局，打造东北部现代资源要素集聚核心区、188 千米的产业融合发展带动轴、西北部绿色茶园综合生产示范基地、东部智慧茶园产业发展示范基地、南部现代特色茶园生产示范基地，高标准推进现代农业发展。目前，峨眉山市茶叶种植面积达 23 万亩，年产量 2 万余吨。产业园内有茶叶专业合作社 37 个，包括 5 个国家级示

范社，7 个省级示范社。家庭农场 65 家，茶叶加工综合示范点 13 个，先后建成四川省茶产业基地强县和国家农产品质量安全示范县。

目前，产业园内形成以绿茶生产为主，红茶、花茶、黑茶、白茶等多种茶叶生产并举的新局面，2018 年实现干茶加工能力 2 万吨。拥有“竹叶青”“论道”“峨眉雪芽”3 个中国驰名商标，“天然有机茶”等 20 多个知名品牌，其中，“竹叶青”品牌价值超 15 亿元。开发了东部园区嘉峨茶谷、南部园区寨子茶里、西北部园区云放茶园、“万年祈福、峨眉问茶”等 5 条茶旅融合线路，涵盖了运动休闲乡村旅游、休闲朝拜乡村旅游、度假康养乡村旅游、采摘体验乡村旅游、避暑康养乡村旅游等多个方面，形成了“百里茶旅融合长廊”。2018 年，建成 3 个 3A 级茶旅融合景区，带动园区茶家乐、采摘体验等业态稳步发展，年吸引游客近 1 000 万人次，营业收入 620 万元，解决 3 700 人就业问题，其中农民约 3 200 人。

近年来，峨眉山市积极组织竹叶青、天然有机茶、云放、峨眉韵、蕊馨等企业参加中国国际茶叶博览会，组织竹叶青、峨眉雪芽、仙芝竹尖、天然有机茶、峨茗春、蕊馨、龙门茶厂参加第七届中国·四川国际茶业博览会暨天府龙芽茶文化节，进一步宣传峨眉山茶产品品牌及茶文化，突出产业园现代元素，集中展示峨眉山市国家现代农业产业园的风采。成功召开第三届峨眉山春茶交易会暨国家现代农业产业园建设推介会，现场签约项目总投资 56 亿元，涉及基地建设、茶叶购销、茶旅融合示范点建设以及线上平台建设等方面。组织企业参加第二届中国国际茶叶博览会、第三届中国茶乡峨眉山国际茶文化博览交易会等品牌培育及推广活动，吸引龙润集团、恒邦双林集团等大型企业来峨投资。

二、峨眉山市国家现代农业产业园需要进一步提升的几个方面

（一）综合机械化率较低

对于产业园而言，机械化、集约化是发展方向，但茶产业的耕种收综合机械化一直是发展的薄弱环节。峨眉山市现有茶叶种植面积为 23 万亩，标准化生产率约为 86.1%，但综合机械化水平不高。目前，在茶叶加工环节，机械化、集约化程度较高，但在茶园的耕作、施肥、修剪及灌溉等日常维护环节基本依靠人工。特别是最需要劳动力的采茶环节机械化程度低，春茶尤其是明前茶采摘季长期面临劳动力短缺、人工采摘成本逐年增大的问题。近几年，峨眉山市春茶采摘的人工费约为 40 ~ 60 元/公斤，劳动力短缺时的采茶价格占到鲜叶价格的 50%，茶园管理与采摘的劳动力平均成本超过 60%。根据国家茶叶产业技术体系产业经济研究室的数据，2019 年，采茶工不足的茶叶产区占比为 61%左右，55%的茶区存在 10%以上的缺口。2019 年前 4 个月，国内 12 个茶叶种植省份的平均人工成本为 69.66%，由此可见，春茶

采摘对劳动力的依赖程度较高。在当前劳动力成本不断上升的大背景下，人工采摘致使茶叶生产成本高企，严重影响到茶产业综合竞争力和长久发展。

相比之下，机器采茶的效率高出人工采茶许多倍，但在实际操作中仍然面临诸多问题：峨眉山市国家现代农业产业园的茶叶以名优绿茶为主，注重茶芽的完整性，而多数采茶机只能采一芽两叶或者三叶，且鲜嫩不均。尽管市场上也有茶叶鲜叶分级机、色选机，对茶叶进行机械自动分级，但其精细程度与人工采摘相比仍有一定差距。其次，茶叶机采对配套的基础设施、茶园布局、茶树品种和栽培方式等都有较高的要求。峨眉山市国家现代农业产业园的大部分茶叶基地分布在山区、丘陵地带，且相对分散，机械化难度较大。全市仍有低产低效茶园约 8 万亩，茶树树龄大、基础弱，需要改造升级。此外，目前国内采茶机械的行业发展也较为缓慢，种类不够齐全，且多为通用类机械。以峨眉山市登尧机械设备有限公司为例，公司的明星产品茶叶炒（烘）干机、茶叶揉捻机、茶叶杀青机在 2018 年获得四川名牌称号，市场反应较好，但在茶园耕作、施肥、植保、灌溉等方面的产品研发力量相对薄弱。从省内来看，近几年采茶环节的综合机械化作业水平低于 10%，仍然以人工作业为主。

（二）茶产业绿色发展水平有待提高

绿色发展水平是衡量现代农业产业园发展的重要指标之一。随着消费结构的升级，市场对农产品的需求逐渐多样化、品质化，现代农业产业园在引领农业供给侧结构性改革方面应该发挥积极作用。近几年，峨眉山市围绕“有机 + 绿色”基地重设，已建成绿色食品原料（茶叶）标准化生产基地 9.9 万亩，有机茶生产基地认证 1.1 万亩，但仍存在茶叶品质不一、有机茶发展缓慢等问题，成为影响产业园茶产业进一步发展提升的重要因素。

1. 有机茶依然处于起步发展阶段

通常，茶叶安全认证由高到低分为四级：有机茶、绿色茶、无公害茶和普通茶。有机茶平均市场价格比普通茶叶高出 50%，经济效益明显；对品牌影响力和品牌信誉度的提升以及抢占市场的作用也不可忽视。2018 年，峨眉山市已认证的有机茶产品 11 个，认证面积 1.1 万亩，但依然处于起步发展阶段，和其他产茶地仍有很大差距。从省内来看，峨眉山市周边的洪雅县建成了有机茶园区；马边县一直有“中国有机绿茶之乡”的称号；省内 4 个国家有机产品认证示范区（茶叶主产区）分别为旺苍县、蒲江县、青川县和宝兴县。从全国来看，2019 年 4 月，在有机茶认证证书和企业数量排名前十榜单中，多为云南、福建等茶叶主产区，四川在证书和企业数量方面无一上榜。（表 1、表 2）

表 1　2019 年 4 月全国有机茶认证证书排名

排名	生产地址	证书张数
1	云南省普洱市	101
2	安徽省六安市	89
3	湖北省恩施土家族苗族自治县	65
4	贵州省铜仁市	50
5	福建省宁德市	46
6	云南省西双版纳傣族自治州	45
7	湖北省襄阳市	41
8	贵州省遵义市	39
9	福建省南平市	38
10	湖南省益阳市	36

表 2　2019 年 4 月全国有机茶认证企业排名

排名	注册地址	企业数量
1	云南省普洱市	95
2	安徽省六安市	89
3	湖北省恩施土家族苗族自治州	62
4	贵州省铜仁市	50
5	福建省宁德市	43
6	云南省西双版纳傣族自治州	36
7	湖北省襄阳市	39
8	贵州省遵义市	38
9	福建省南平市	37
10	湖南省益阳市	35

（数据整理于国家认证认可监督管理委员会等相关网站）

有机茶发展速度缓慢的原因是多方面的：一是生产成本明显高于非有机茶。主要体现在平时的管理投入、认证及检测费用、转换期损失等方面，会给经营者带来额外的成本升高风险。二是有机标准高、管理难。作为质量安全要求最高的农产品标准，有机茶基地对劳动力的需求很大，而劳动力紧张的趋势在短期内难以扭转；有机认证程序繁琐，且国际检测标准复杂、变化快，部分有机茶出口企业难以及时有效地应对。三是随着市场的不断规范，有机产品的认证要求也日趋严格。按照新修订的《有机产品认证管理办法》和《有机产品认证实施规则》，有机认证证书的有效期仅为一年，而且增加了再认证、证书撤销、注销、暂停等内容，认证难度及成本明显增加。

2. 茶叶质量安全保障体系仍需完善

根据国家茶叶产业技术体系产业经济研究室的市场调查，消费者在消费过程中最注重的是茶产品的健康保健功能（图 1），而最担忧的问题也是茶叶的质量安全问题（图 2）。峨眉山市已建成国家农产品质量安全示范县，农产品质量总体合格率常年稳定在 96%以上。但园区内仍有不少种植户对茶叶病虫害的防治以农药为主，物理诱杀的比例比较小，离科学用药还有一定距离。茶园绿色防控技术多停留在示范性应用阶段，尚未完全铺开。化肥的吸收率约为 33%，流失率偏高，容易造成土壤肥力降低和农业面源污染。同时，茶叶的质量安全追溯体系尚未完善，能使用二维码溯源查询的产品占比较低。

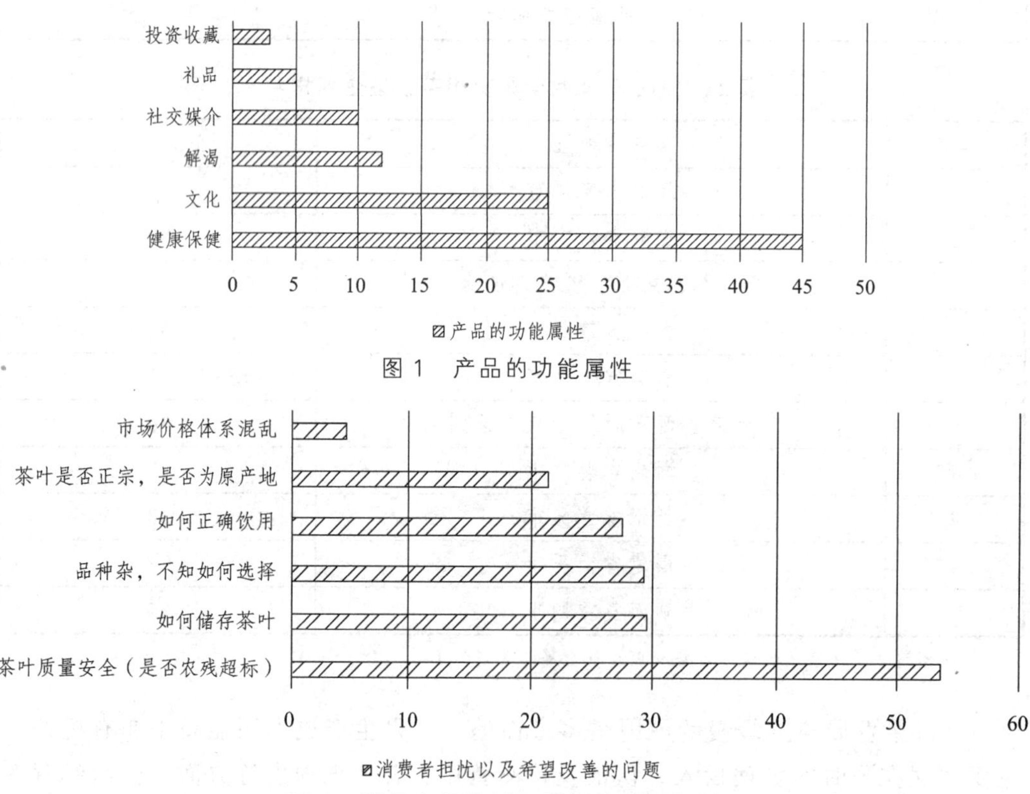

图 1　产品的功能属性

图 2　消费者担忧以及希望改善的问题

（三）存在茶叶供给结构性失衡的现象

近几年，国内茶叶种植面积虽然在持续增加，但整体增幅明显放缓，递增幅度逐渐下降至每年 4%以下（图 3）。根据国家统计局的数据，2019 年，国内干毛茶产量为 279.34 万吨，国内消费量为 202.56 万吨，茶叶出口量为 36.65 万吨，约有 40.13 万吨的产能过剩。另一方面，在大宗茶需求增长较缓的情况下，品牌茶叶、名优茶特别是品质更优的有机茶、无公害茶的需求逐渐增加，国际出口市场也由受到较多技术壁垒限制的散装茶逐渐向高品质的包装茶转变。总体来看，茶叶需求端与供给端不匹配，优质茶叶的有效供给和潜在需求之间存在缺口，茶叶供给不足和供过于求的结构性矛盾同时存在，这是茶产业发展需要长期面临的挑战。

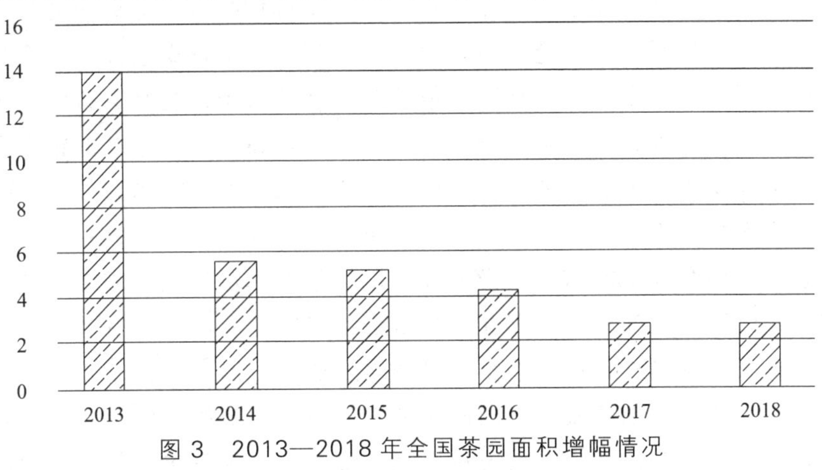

图 3　2013—2018 年全国茶园面积增幅情况

从产值贡献来看，由于大宗茶产品主要面向中低端市场，随着劳动力成本逐渐增加的因素导致净利润不高，而名优茶对茶叶产值的贡献相比而言更为突出。以 2017 年为例，名优茶在产量比大宗茶少 6.1 万吨的情况下，贡献了 1 427.8 亿元的产值，而大宗茶仅为 479.8 亿元，约为名优茶的 33.6%（图 4）。由此可见，未来茶产业发展的增长极主要在名优茶。与省内的雅安等产茶地相比，峨眉山市现代农业产业园在茶叶的种植面积和产量方面不占优势，单纯靠增加产量来提升产值的思路明显不适宜，应该从提升茶叶产品的品质着手，积极推进供给侧改革，充分提供符合消费者需求的优质茶叶，促进产业结构优化升级，推动茶产业进入提质增效新时期。

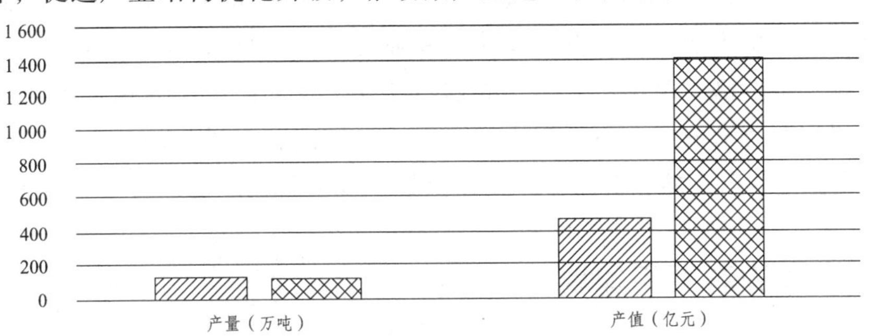

图 4　2017 年大宗茶和名优茶产量、产值对比

（数据来源于中国茶叶流通协会）

（四）产业链条多集中在初级加工环节，从事精深加工的比较少

峨眉山市共有茶叶加工、销售企业400多家。其中，竹叶青茶业有限公司为国家级农业产业化龙头企业，峨眉雪芽、天然有机茶、峨茗春、佛芽、馨芽、三父子等6家为乐山市级龙头企业，此外还有茶叶专业合作社41个，家庭农场65家。但在上述企业中，从事产地加工、初级加工的占比较大，深度加工的比较少。目前仅有好心情食品有限公司开发了绿茶味茶点等茶食品；竹叶青茶业有限公司、天然有机茶业有限公司正在研发茶叶超微粉等深加工产品，但销售渠道尚未完全打开，总体上缺乏更多系列化、多元化、高附加值的茶产品。由于茶食品、茶饮料等深加工产品需要投入大量的资金和技术，研发和营销成本较高，导致茶叶的精深加工发展较缓。而在茶叶初级加工的环节，由于进入门槛较低，不同规模和技术水平的加工企业并存，技术标准不一，工艺装备不一。峨眉山市目前拥有国内一流的茶叶加工生产线3条，但仍有80%左右的小微型加工厂和家庭作坊，缺乏完善的加工标准体系，标准化、清洁化程度不高，存在产品质量不稳定、品质难以有效保障等问题。除竹叶青等龙头企业之外，中小茶企的投资强度低、产出率不高，要素聚集的程度不够，难以有效地降低生产成本。因而在种植、加工环节投入较多，而对仓储、品牌建设、茶叶产品研发设计等方面力量不足，集约化、规范化、品牌化程度低，影响了峨眉山市茶产业整体竞争力的提升。

（五）一、二、三产业的融合程度不高

推进农村一、二、三产业融合发展，是拓宽农民增收渠道、构建现代农业产业体系的重要举措，2015年以来的中央一号文件都提出了“要加快推进我国农村一二三产业融合发展”。茶产业作为横跨第一、二、三产业的特殊农业，面临转型升级的大好机遇。产业园茶产业的发展促进了园区内茶叶加工、茶机生产等产业链条的发展，但在茶叶包装设计、仓储、冷链物流等方面还相对薄弱。农业生产性服务业发展不够充分，病虫害统防统治等市场化和专业化服务有待进一步发展。茶旅融合处于起步阶段，虽然已经建成竹叶青、峨眉雪芽等3个3A级茶旅融合景区，但茶产业各环节与旅游要素的融合不够深入，未形成多层次、多样化的茶文化旅游产品体系，未形成稳定、广泛的客源市场，整体上处于发展阶段，仍存在较大的融合空间。

三、具体的对策和建议

（一）提升茶叶产业的综合机械化程度

茶叶采摘、养护环节的机械化提升在一定程度上要依赖于农业机械市场的发展

和技术的进步，但由于人工采摘成本上升逐年挤占茶叶特别是大宗茶的利润空间，因此推广采摘环节机械化、提升茶叶产业的综合机械化程度，是未来茶产业的发展方向。应积极采取多种方法，逐步探索机械化采茶路径。可将农机与农艺相融合，在改造或者新建茶园的时候，考虑到日常管理的机械化运用，便于机械下地采摘和修剪。针对产业园内名优绿茶居多的产业现状，鼓励农机企业和科研机构以大宗茶机械化采摘技术为基础，研发适宜名优茶鲜叶分级采摘的智能机械。加大对新技术推广的扶持力度，依托龙头企业开展茶叶机器采摘示范，提高茶叶采摘和养护环节的机械化、智能化程度，逐步降低人工成本，打造茶产业长久的竞争优势。

（二）提升茶产业的绿色竞争力

1. 进一步完善机制，培育绿色品牌

坚守绿水青山就是金山银山的理念，进一步构建绿色生态、高质量发展的现代农业产业园。加强产业园规范化管理、茶园生态化建设，推进农业生产废弃物的分类处理，实现田园清洁化。通过奖补措施，大力推广有机肥替代化肥，生物农药替代化学农药，科学测土配方施肥，逐步改良土壤，提升茶园土壤肥力。同时，打造智慧型生态茶园，在有条件的茶园推广自动水肥一体智能灌溉系统和智能虫害防治系统，实施绿色防控。进一步推进绿色食品认证和有机茶园认证，支持建设有机绿色茶叶生产基地和出口备案基地，提升茶园生态环境与综合产出水平。

2. 完善质量安全溯源管理体系

完善茶产业的质量监控体系，试点推广遥感监测技术，实现对种植基地的数字化环境监控和可视化高效管理。健全茶叶质量追溯机制，运用物联网技术，建设茶叶质量安全监测预警及质量可追溯系统，将园区茶产业信息及时传输到平台上，进行大数据管理，逐步实现茶叶种植、加工、包装、流通全过程信息的可追溯，打造质量过硬的茶产业品牌。

（三）促进一、二、三产业融合

强化产业支撑，按照现代农业产业园“生产 + 加工 + 科技”的发展要求，提升茶叶产业链价值，推动茶产业向更高标准的区域化、规模化、专业化方向发展。在做好茶叶加工的基础上，发展茶产品精深加工，不断培育产业龙头和新型经营主体，做大产业集群，形成种养加一体化经营、生产加工与储藏流通衔接配套的生产经营格局。发展特色鲜明的茶旅游，打造集娱乐休闲和科普教育为一体的茶文化基地，以茶旅融合助力乡村振兴。按照全产业链的经营理念，发展多功能农业，不断拓展“农业 + ”新产业、新业态。鼓励企业、合作社、种养大户、社会化服务组织等新型

经营主体组建产业化联合体，广泛开展农业生产和加工、休闲旅游、农业综合服务、市场营销等业务，将一、二、三产业串起来，推动三产深度融合。

（四）多方联动，加大科研投入

茶产业前景广阔，但在人工紧缺、生产成本上升的情况下，产业需要由劳动密集型向资本密集型、技术密集型转变，要加大科技创新力度，提升茶产品的内在品质和生产工艺。构建科技创新驱动机制，围绕生态园区、良种繁育、高效农业设施、精深加工等现代农业产业园发展的关键领域，推动产业园经营主体与高校、科研机构等建立深度的产学研合作关系。开展农业科技集成创新与示范，加快农业科技成果的推广应用，推动农业科技试验示范项目在园区落地生根，促进园区茶产业转型升级和提质增效。以市场需求为导向，发挥以茶企为主的研发主体地位，支持龙头企业加大研发投入，推进深加工技术和茶叶研发平台建设，深度挖掘茶叶的功能成分，引导茶叶科研研发资源向茶企流动，避免科研与生产脱节。加强对从业人员的技术培训，依靠产业园孵化平台，鼓励科技人员在产业园开展科技创业项目，吸纳人才聚集，提高产业园创新能力，为茶产业的发展提供强有力的科技和人才支撑。

（五）积极利用“互联网＋”拓展销售渠道

随着互联网的发展，很多茶企积极投身线上销售。根据中国电子商务中心数据，近十年，茶叶的线上交易快速增长。2010—2015 年，茶叶的线上交易额从 12 亿元增长到超过 120 亿元，2017 年线上交易额占当年茶叶销量的 10.23%。在线上销售中，占有主导地位的是电商平台，将近 80%的线上交易通过电商平台完成。因此，茶叶营销应主动利用“互联网＋”拓展销售渠道，推动园区内的新型经营主体积极对接淘宝、京东等电商或直播平台，扩大产品的知晓度。当前茶叶的主要消费人群逐渐由从中老年群体向青年群体扩散，可以采用传统线下营销方式维持固有的中老年客户群体，通过现代互联网线上营销方式，挖掘和开发潜在的年轻消费群体，实现个性化营销。由于不同类别的消费者对茶叶的需求有着较大差异，可以利用大数据细分消费需求，借助电商平台发展“私人订制”模式，将茶叶信息与个性化的消费需求进行对接，创造新的市场空间。应积极整合营销网络，利用实体店进行茶叶品鉴、茶文化熏陶与培养，打通茶叶营销线上线下的界限，切实增加消费者对峨眉山茶叶的认可度。

作者简介：

杨艳辉（1986—），女，四川彭山人，中共峨眉山市委党校讲师，主要研究方向：党史党建。

对井研县村干部“一肩挑”工作的调查与思考

余莉　汪志恒　伍鹏宇

【摘　要】2019 年 3 月至 2020 年 5 月，井研县在一年零两个月内分两阶段实施了“一肩挑”工作。课题组深入镇、村、组调研，发现实施中存在以下主要问题：“一肩挑”工作实施时间过紧，任务过重；“一肩挑”干部胜任有难度；相关机制制度不健全；财力保障不够，村干部补助偏低。经调研分析，总结经验教训，提出如下对策：因地制宜，循序渐进是遵循；健全机制、完善制度是保障；加强教育，强化培养是关键；提高待遇，保障财力是支撑。

【关键词】村干部　一肩挑　对策

井研县属典型的丘区农业大县，面积 840 余平方千米。2020 年实施乡镇调整改革，村级建制调整后，辖 15 个镇（街道）（原 27 个乡镇）96 个村（原 199 个村）、23 个社区（原 32 个社区），人口 42 万，常年在外务工 10 余万人。有基层党组织 600 多个，党员总计 1.7 万余人。2019 年 3 月起，井研县实施了第一阶段“一肩挑”工作，2020 年 5 月实施了第二阶段“一肩挑”工作。课题组深入村组调研，以期总结经验教训，推进“一肩挑”工作有序健康实施。

一、井研县“一肩挑”工作实施的基本情况

所谓“一肩挑”，是指村民委员会党支部书记和村民委员会主任由一个人同时担任。井研县从 2019 年 3 月开始，按照《中国共产党农村基层组织工作条例》和中央一号文件要求，认真贯彻落实乐山市委、市委组织部的安排部署，干净、清净、安静推进村“两委”班子集中优化调整工作，即“一肩挑”工作。

2019 年 3 月至 5 月，井研县实施了第一轮“一肩挑”工作。全县 199 个村中（实施村级建制调整前），已实现 107 个村党支部书记通过法定程序担任村主任，另有 3 个村主任兼任村支部书记，“一肩挑”比例达 55%。在实施中，围绕目标明确、过程规范、干群满意的目标，井研县做到了“五个到位”，即坚持宣传发动到位，解决好思想共识的问题；分析研判到位，解决好目标锁定的问题；沟通交流到位，解决

好面子思想的问题；督导指导到位，解决好程序规范的问题。“五个到位”的坚持，使“一肩挑”工作达到了预期效果。

继 2019 年 3 月实施第一阶段“一肩挑”工作后，2019 年 12 月中旬至 2020 年 6 月中旬，井研县先后进行了乡镇行政区划调整改革（拆乡并镇），村级建制调整改革，村（居）民小组调整优化三级改革。（详情见表 1）

表 1　井研县乡镇、村级、村（居民）小组调整改革前后对比

类别	调整前	调整后	减少数量	减幅
乡镇	27	15（14 个镇，1 个街道社区）	12	44.44%
行政村（社区）	231	119	112	48.48%
村（居民）小组	2 803	1 508	1 295	46.20%

从表 1 可以看出：全县乡镇数量从 27 个调减至 15 个（其中 14 个镇，1 个街道社区），减少 44.44%，镇域资源充分整合、实力显著增强；全县 231 个村（社区）级建制调减至 119 个，总体减幅 48.48%。其中，行政村由 199 个调减至 96 个，减少 103 个，减幅 51.76%；社区由 32 个调减至 23 个，减少 9 个，减幅 28.13%。全县村（居）民小组由 2 803 个调减至 1 508 个，减少 1 295，减幅 46.20%。此次调整改革，解决了井研县建制村数量多、规模小、实力弱、空心化等重点问题。

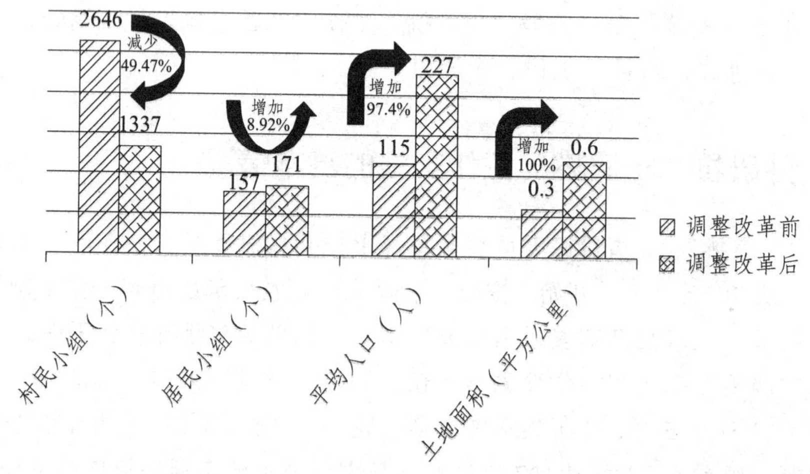

图 1　井研县村民小组调整改革前后对比图

由图 1 可以看出：村民小组减少，由 2 646 个减少至 1 337 个，减少 49.47%；居民小组增加，由 157 个增加至 171 个，增幅 8.92%；小组人员明显增多，由 115

人增加至 227 人，增加 97.4%；小组地域变大，土地面积由 0.3 千米增加至 0.6 千米，增加 100%。这给村干部的工作带来难度。（详细指标见图 1）

今年实施村级建制调整改革后，村两委常职人员亟须调整。鉴于村级建制调整改革在村两委任期届中，要在 2021 年底村两委才举行换届选举。因此，上级组织直接任命全县 119 个村（社区）村支部书记（兼主任），党组织书记、村（居）委会主任 100%实现第二阶段“一肩挑”选任工作。调整后党组织书记平均年龄 44.24 岁，比改革前降低 2.46 岁。年龄最小的 26 岁，最大的 54 岁。其中 30 岁以下的有 3 人，占 2.5%；30～39 岁的有 34 人，占 28.6%；40～49 岁的有 48 人，占 40.3%；50～54 岁的有 34 人，占 28.6%。党组织书记学历提高了，大学学历 48 人，占 40%，高中学历 48 人，占 40%，初中学历 23 人，占 20%。村常职干部平均年龄 42 岁。此次调整实现了“规模调大、布局调优、队伍调活、实力调强、服务调好”的改革目标。

短短半年时间，镇、村、组三级改革调整紧锣密鼓，规模变大，地域变广，小组村民变多，常职干部相对变少，给“一肩挑”干部的工作带来了巨大挑战。

二、存在的主要问题

为了更好推进 “一肩挑”工作有序、健康开展，课题组随机调研了 30 个村，10 个社区，通过走访、实地调研、发放井研县村（社区）“一肩挑”干部调查问卷、咨询相关部门，发现实施“一肩挑”工作存在以下主要问题。

（一）“一肩挑”工作实施时间过紧，任务过重

井研县继 2019 年 3 月实施第一阶段书记主任“一肩挑”选任工作，按照既定目标，2020 年底，计划完成剩下的 45%村“一肩挑”工作。然而 2019 年底又推行乡镇行政区划调整。而 2020 年年初，爆发了大规模的新型冠状病毒肺炎疫情，镇（街道）、村部分工作还没完全理顺，紧接着村级建制调整，实施第二阶段书记主任“一肩挑”、村（居）民小组调整优化相继进行。井研县在 1 年零 2 个月时间里，分两阶段，100%实现了书记主任“一肩挑”工作。

从井研县村（社区）干部“一肩挑”调查问卷来看，发放 119 份问卷，收回 119 份有效问卷，其中有 95 位书记（占比 80%）认为井研县实行“一肩挑”时间上较紧迫，过于匆忙。

从全国来看，据调查，2020 年甘肃省“一肩挑”的目标是 10%，其余省市都提出了超过 35%的全国值目标，2022 年，所有省市都提出了超过 50%的全国值目标。而井研县的“一肩挑”工作在一年多的时间内一枪下马，达到 100%的目标，

时间上较紧迫，实施过程也较匆忙，选任的干部也并非尽如人意。目前，全县有 2 个村的书记是由镇上的事业人员兼任的，但却并未全脱产担任村上职务，其中一位村支部书记未参加村支部书记培训班。由此可见，部分村“一肩挑”干部人选并不成熟。

（二）“一肩挑”干部胜任有难度

1.“一肩挑”干部人选范围窄

从“一肩挑”干部的性质来看，只能从本村党员中选，整体来看，全县各村党员数量不多。据调研，当前农村党员队伍力量薄弱，存在“三多”现象，即老党员多，低学历党员多，流动党员多。留在老家的年轻党员极少，因此“一肩挑”干部人选非常有限。部分村选举“一肩挑”干部时只能在原有的村干部群里“矮子里拔将军”，或者从镇（街道）上事业干部中选拔。

2.“一肩挑”干部能力胜任难

2019 年 8 月发布的《中国共产党农村工作条例》提出：“村党组织书记应当通过法定程序担任村民委员会主任和村级集体经济组织、合作经济组织负责人”，实行书记“一肩三挑”。由此看出，对“一肩挑”干部的要求较高，既要担任村党组织领导、村行政领导，还要当企业管理者，身兼数职，应该是行家里手，更是万金油。据问卷调查得知，有 30%的“一肩挑”干部认为自己能力有限，表现在相关专业知识缺乏（特别是法律、经济及管理方面）、经验不足、处理问题的能力不足，造成工作上力不从心。

3. 后备干部储备不足、培养不力

据井研县村（社区）干部“一肩挑”调查问卷反馈：全县 199 个村（社区）绝大多数都在培养后备干部，但培养数量偏少。其中有 1 个村培养的后备干部为 0，有 36 个村仅培养了 1 名后备干部，其他村都培养了 2 名后备干部。据统计，在培养的后备干部中，仅有 11 名后备干部基本能匹配“一肩挑”干部的能力素质。经分析，造成后备干部储备不足、培养不力的原因主要体现在：一是回引人才、留住人才的力度不够。针对大学生、退伍军人、年轻能干的党员等返乡就业创业人员的落地政策、创业优惠政策以及扶持力度不够，部分政策不具连续性，人才回引后的持续扶持力度小，造成愿返乡的优秀人才少，后备干部就更少。二是发展后备干部工作不到位。部分村两委对本村在外务工的优秀年轻人员摸排不到位，对政策、思想的宣传不到位。特别是对村上发展情况和党务宣传少，部分在外年轻人对家乡发展形势不了解，对政策不了解，愿返乡创业的优秀年轻人少之又少，可供培养的后备人才

就更少，极易造成农村人才断层，直接影响乡村振兴战略实施。三是对后备干部的培养不得力。部分村干部思想境界不够高，心胸不够豁达，在发展党员、培养后备干部时自私心重，未尽心尽力培养新人，有的甚至卡压对自己有威胁的能干人入党、入村两委班子。村后备干部教育培训未跟上，特别是村级建制调整后磨合时间太短，村常职干部、后备干部教育培训亟须纳入培训日程。

4.“一肩挑”干部工作压力大

据问卷调查得知，“一肩挑”干部普遍认为实施“一肩挑”后，最大的困难是村（居）民多、村干部少，工作任务重、时间长，待遇低，管理难。一干部职数少，工作任务重。进入新时代，乡村振兴战略的实施、脱贫攻坚、人居环境整治、农村基层治理、基层党组织建设、农民增收致富、村集体经济的发展等任务越来越艰巨，要求也越来越高。拆乡并镇后“一肩挑”干部要到镇上开会、汇报工作等路途较远、耗时较多，工作量增大。而常规性工作又存在会议多、资料多、检查多的现象，书记们将过多的时间用于会议和迎接各级各类检查，疲于应付。

村级建制调整后，井研县村（社区）干部职数设置如下表（表2、表3）：

表2　政村干部职数设置

类别（户籍人口）	常职干部职数	干部配备情况
2 000人以下（有2个村）	4职	①书记兼主任1名；②副书记1名；③专干（兼纪检组长、村务监督委员会主任、监察工作信息员）1名；④副主任（兼文书）1名
2 000~3 000人（有42个村）	5职	①书记兼主任1名；②副书记1名；③专干1名（兼纪检组长、村务监督委员会主任、监察工作信息员）；④副主任1名；⑤文书1名
3 000~4 000人（有32个村）	6职	①书记兼主任1名；②副书记1名；③专干1名（兼纪检组长、村务监督委员会主任、监察工作信息员）；④副主任2名；⑤文书1名
4 000人以上（有20个村）	7职	①书记兼主任1名；②副书记1名；③专干2名（其中1名兼纪检组长、村务监督委员会主任、监察工作信息员）；④副主任2名；⑤文书1名

表 3 社区干部职数设置

类别（户籍人口）	常职干部职数	干部配备情况
5 000 人以下的镇社区（有 14 个社区）	4 职	①书记兼主任 1 名；②副书记 1 名；③专干（兼纪检组长、村务监督委员会主任、监察工作信息员）1 名；④副主任（兼文书）1 名
5 000 人以上的镇社区（有 2 个社区）	7 职	①书记兼主任 1 名；②副书记 1 名；③专干 2 名（其中 1 名兼纪检组长、村务监督委员会主任、监察工作信息员）；⑤副主任 2 名；⑥文书 1 名
街道社区（有 7 个社区）	7 职	①书记兼主任 1 名；②副书记 2 名（其中 1 名兼纪委书记、居务监督委员会主任、监察工作信息员）；③专干 1 名；④副主任 2 名；⑤文书 1 名

从表 2、表 3 可以看出，村两委人员编制 4 ~ 7 人，2 000 人以下的村 2 个，配备 4 职干部，2 000 ~ 3 000 人的村 42 个，设 5 职干部，3 000 ~ 4 000 人的村 42 个，设 6 职干部。4 000 人以上的村 20 个，设 7 职干部。与并村前相比，干部职数明显减少。据调研得知，村（社区）常职干部由 867 人减至 663 人，减幅达 24%。二是地域宽，基层治理难度大。据调研，村级建制调整后，全县村平均面积提升至 8.4 平方千米，提升 107.4%；村平均人口提升至 3 164 人。三是责任大，心理负担大。并村后，村干部实行了坐班制，周末与节假日都安排轮流值班。即使是休息时间，哪怕是半夜三更，村上一个电话打来，都得马上处理。所有的责任和压力都扛在书记一人头上，感觉身体很累，心里也很累，特别是 2020 年疫情防控期间和防汛期间，心里始终紧绷着一根弦。

（三）相关法规、制度不健全，操作难

1. 现行法规制度下操作难

“一肩挑”选举一般是先选支委后选村委，而村民委员会选举要求在村党组织领导下进行，村支部书记一般都是村民选举委员会主任。根据《中华人民共和国村民委员会组织法》（2018 修正）第三章第十二条规定：“村民选举委员会成员被提名为村民委员会成员候选人，应当退出村民选举委员会。”村支部书记作为候选人理应回避，不进入选委会，井研县的做法是推选村支部副书记或老书记担任选举委员会主任，但未必能保证选举成功。如果一部分村党组织书记作为候选人，参加村主任职位竞选，得不到村民认可，无法确保当选，那就只能按照民意选举出的人选担任村主任，书记（主任）“一肩挑”就只能暂时搁置，等下一届选举再实行，这就会严重

影响农村基层党组织的威信。

从《中华人民共和国村民委员会组织法》（2018 年修正）来看：村委会主任必须是本村村民。因而“一肩挑”干部只能从本村村民中的党员中来选举，井研县有 2 个村的书记（主任）由镇上的事业干部担任，而他们不是本村村民，这种身份是否合适，值得商榷。

2. 监督机制不健全，监督力度不够

近两年，乐山市域相继通报了几十例村干部违纪违法的事件（井研县也有），其中多数涉及违规使用、非法套取、侵占公用经费等，暴露出对村级项目监督、资金监管不力等问题。实行“一肩挑”后，村支部书记将村上的领导权、人事权和财权集于一身，权力高度集中。由于书记一支笔审批，村民办事时直接找书记就可一步到位。加之实行“一肩挑”后，村级党组织、村民自治组织与村级集体经济组织之间的相互制衡与约束相对减弱。权力是一把双刃剑，高度集权在客观上更容易养成家长制作风，产生腐败现象。因此，健全村级监督机制，加大监督力度势在必行。

（四）财力保障不够，村干部补助偏低

据调研，目前村上的经济来源主要包括：办公经费、公共运行经费、党建经费、集体经济，且都是专款专用。并村前村级每年的办公经费 2 万～3 万元/年（除去报刊费 6 000 元左右，交通和通信补贴 8 000 元，报销出差补助后所剩无几，很多村出差补助只报了 70%，其余没钱报销），公共运行经费 3 万～5 万元/年，党建经费 1 万元，村两委经费运转困难。

井研县村级建制调整改革前未实施“一肩挑”的村基层干部基本报酬补助标准如下表（见表 4）：

表 4　未实施“一肩挑”的村基干部基本报酬补助标准

职务	书记	副书记	主任	副主任	文书	纪检组长
未实施“一肩挑”补助标准（元/月）	2 440	1 960	2 200	1 960	1 960	1 180

从表 4 可以看出：未实施一肩挑的村干补助标准太低，而这点补助勉强够村干部的交通费和通信费和生活费，付出与收入很不匹配。

实行“一肩挑”后，从政策上看，一肩挑书记待遇有所提高。村（社区）书记领取的报酬略有增加，在原有的基础上增加 600 元左右，其他干部增加了 200 多元。今年村级建制调整改革后，按照市级要求，村党组织书记基本报酬不得低于 3 000

元/月，但未落实。2020 年 8 月 7 日，《关于调整全县基层工作经费的通知》(井委办〔2020〕—17)发布，明确并落实了基层干部基本报酬补助标准，从 2020 年 6 月 1 日起执行。(详见表 5、表 6、表 7)

表 5 井研县村级建制调整改革后村组干部基本报酬补助标准

村级职务	书记兼主任	副书记	专干	副主任	文书	小组长		
						200 人以下	200～299 人	300 人以上
补助标准(元/月)	3 060	2 200	2 200	2 200	2 200	650	700	750

表 6 井研县村级建制调整改革后大型社区干部及小组长基本报酬补助标准

社区职务	书记兼主任	副书记	专干	副主任	文书	小组长
补助标准(元/月)	3 710	2 500	2 500	2 500	2 500	保持原标准不变(515 元)

注：大型社区：研城街道各社区(10 个)、竹园社区、研经社区、周坡社区

表 7 井研县村级建制调整改革后一般社区干部及小组长基本报酬补助标准

社区职务	书记兼主任	副书记	专干	副主任	文书	小组长
补助标准(元/月)	3 450	2 300	2 300	2 300	2 300	保持原标准不变(515 元)

注：一般社区：高凤社区、东林社区、集益社区、纯复社区、宝五社区、千佛社区、三江社区、门坎社区、王村社区、镇阳社区、

从表 5、表 6、表 7 看出，全县各村村干部的基本报酬补助标准统一，而社区补助标准则按照人数的多少分成大型社区和一般社区两类补助标准。而村级小组长与社区居民小组长待遇有差别。据调研，本省其他市州，村支部书记的补助普遍在 4 000 元左右，副书记的补助普遍在 3 000 多元，我县补助相对较低，且不同岗位间差距较大。

三、继续推行“一肩挑”工作的对策思考

(一)因地制宜，循序渐进是遵循

“一肩挑”干部既要挑起党组织的建设，又要挑起村集体的发展，还要带领村民把腰包鼓起来。因此，各地应根据自身实际，因地制宜，分阶段实施，不可操之过

急，不搞一刀切。对经济基础好、干部能力强、村民自治能力佳的村可先实施；对中等村则加强引导，做好铺垫，大力培养后备人才，逐步推进；对基础较差的村则加大扶持和引导，采取多种方式着力培养后备干部，适当给予 2 ~ 3 年的过渡期，再循序推进。确保成熟一个选举一个，选举一个成功一个。

（二）健全机制、完善制度是保障

1. 健全考核激励机制，激励干部干事创业

一是建立“一肩挑”干部考核机制。细化考核细则，量化考核指标，每季度考核一次，进行公示，年度汇总。二是完善基层干部激励机制。加强经济激励，建议加大村级考核奖励经费，由县财政纳入预算并拨付给乡镇，由乡镇统筹，专款专用，根据各村目标考核情况，奖励各村。也可按照村人口规模大小，分等级奖励。如：对 2 000 人以下的村，奖励 3 万元/年；2 000 ~ 2 999 人的村奖励 4 万元/年，3 000 ~ 3 999 人的村奖励 4.5 万元/年；4 000 ~ 4 999 人的村奖励 5 万元/年，5 000 人及以上的村奖励 5.5 万元/年。加强政治激励，探索“一肩挑”干部政治激励途径。可参照村年度目标考核、干部年度考核，个人贡献等，将优秀“一肩挑”干部推荐为各级党代表、人大代表、政协委员人选。建议全县从每届“一肩挑”干部中考录镇（街道）机关公务人员 1 ~ 2 名，招聘事业人员 1 ~ 2 名，遴选镇干部 1 名，拓宽基层干部成长渠道，让他们有奋斗方向。

2. 健全监督机制，约束保护好“一肩挑”干部

一是完善制度机制。建立完善财务管理制度、村（居）务民主决策制度、村（居）务公开制度、民主评议制度，出台人才回引机制，真正用制度管人管事。二是加强监督，信任不能代替监督，严管就是厚爱。加强监督，严格管理，疏堵结合，及时教育是对干部最大的保护。坚持实行民主集中制、实行“四议两公开”，实行村两委集体决策。建立村务监督委员会，可由 2 名优秀党员，2 名小组长，2 名村名代表，1 位纪检组长组成。充分发挥纪检组长、村务监督委员会、群众监督、媒体监督作用，加大监督力度，强化监督过程。重点加大财务监督、项目监督和离任审计力度，充分运用监督执纪“四种形态”。

3. 建立学法用法制度

加强村级常职干部法纪法规学习，建立会前学法制度，培养村干部学法、守法、敬法的意识，这既是约束更是保护。重点学习《中国共产党农村工作条例》《中国共产党农村基层组织工作条例》《中华人民共和国村民委员会组织法》《四川省〈中华人民共和国村民委员会组织法〉实施办法》等相关农村法规和廉政教育专题等，让

村干部树立法治思维，依法办事、廉洁办事，不逾规不逾纪，守住法律底线。

（三）加强教育，强化培养是关键

1. 加强村干部教育

每年举办村（社区）支部书记培训 2 次，每年举办 1 次村两委干部和村级后备人才培训，重点围绕思想教育、党性教育、心理健康教育，专业知识培训、实用技能培训等，使之成为“思想上稳得起”、技术上顶得起，行动上担得起，真正能担起“一肩挑”的重任，成为带领村民致富的“领头羊”。

2. 培训新任职干部

据调研，村级建制调整后，119 名村（社区）书记中有 18 名是从未担任过村书记职务的，其中有两位是镇上事业人员。为促进他们尽快上手，应迅速开展新任职干部培训，重点进行业务知识培训，党性修炼等理论学习。有针对性地开展现场教学，到发达地区、先进地区看一看，走一走，补齐思想、见识和业务上的短板，促进其快速进入角色。

3. 抓好村级后备人才队伍建设

一是把好入党关卡。将一批优秀的年轻人才吸收到党组织中来，为基层党组织注入新鲜血液，壮大力量，对优秀党员可将其纳入村两委班子或村民小组长范围，或者承担公益性岗位，有意识地进行重点培养或实行顶岗锻炼，参与村上事务，给予指导帮助，促进成长。二是实施优惠政策，回引人才。俗话说，栽下梧桐树，引来金凤凰。出台人才回引优惠政策，吸引优秀的大学生、成功人士返乡创业。三是做好人才联系工作。村每年应将人才储备工作作为一项重要工作，将外出务工的能人纳入培养视线，建立村级人才台账，定期联系，了解其思想和工作动向，动员入党，对有返乡意愿的人士多做政策方面的宣传。四是搭建平台，提升能力。村两委要积极为后备人才搭建学习、锻炼平台，带他们参与村两委议事、公益活动，参加农民夜校学习、参与日常会议，压实工作责任，边培养边使用。

（四）加大投入，提高待遇是支撑

1. 县财政加大村级投入

建议在原办公经费和公共运行经费基础上增加 3 万 ~ 5 万元，解决村上无米可炊的困境。建议增加公益性岗位，镇政府增派顶岗锻炼人员，全面参与村级事务管理，及时将顶岗锻炼人员报送县委组织部，建议按不低于村文书基本报酬补助发放误工补助。

2. 提高干部待遇

未来的村社干部，将逐步走向专职化，因此提高待遇才能让他们心无旁骛抓发展。目前村级建制调整改革后，村社干部待遇有所提高，但除书记外，其他干部也只有 2 200 ~ 2 300 元，仍然偏低。建议全省统一制定补助标准，分类分等级实施。可将待遇与辖区人口挂钩，逐步提高 500 元左右。同时落实村（社区）干部交通和通讯补贴，可按人口标准，书记每月补贴 200 ~ 300 元，其他人员每月补贴 100 ~ 150 元。

3. 加大对离任村干部的补贴

探索离任村干部补贴办法，让在职和离职的村干部消除顾虑，老有所养。建议对曾任过正职的村干部，连续任职满两届、累计任职满三届的，可以 × ×元/月作为补贴基数，每任职 1 年，分别增加补贴 ×元/月给予补助；对副职和其他常职干部，在此基础上酌情考虑，具体金额可根据当地实际生活水平以及群众的心里认可度制定补贴标准。

4. 大力发展集体经济

目前，全县各村的集体经济发展水平参差不齐，区位优势凸显，集体经济整体水平较差。发展村集体经济是村支部书记的一大重任，又是一大难题。村支部书记要发动村两委班子及致富能手等找思路，出点子，集众智，找准本村优势，因地制宜，打造特色项目，发展特色产业，促进集体经济持续增长。

作者简介：

余莉（1973—），女，汉族，四川井研人，高级讲师，主要研究方向：党建。

汪志恒（1964—），男，汉族，四川井研人，一级主任科员，主要研究方向：法学。

伍鹏宇（1980—），男，汉族，四川井研人，讲师，主要研究方向：党建。

井研县城乡基层治理实证研究

李兰英　宋智平　曾静　李进　王竞

【摘　要】基层治理是国家治理体系和治理能力现代化的有机组成部分和重要基础，推进国家治理体系和治理能力现代化，必须紧紧依靠基层、聚力建强基层。本文拟通过对井研基层治理实证开展调查研究，探索基层治理的经验做法，探讨进一步推动基层治理的对策建议。

【关键词】井研县　基层治理　实证研究

推进国家治理体系和治理能力现代化是党和国家高度关注的问题。基层是国家治理的最末端，也是服务群众的最前沿，厚植党的执政根基关键在基层，推进改革发展稳定的大量任务在基层，推动各项政策落地的具体工作在基层。所以，基层治理是国家治理体系和治理能力现代化的有机组成部分和重要基础，推进国家治理体系和治理能力现代化，必须紧紧依靠基层、聚力建强基层。

近年来，井研县认真贯彻党的十九届四中全会及省委十一届六次全会精神，大力加强基层治理实践创新，探索完善党委领导的自治、法治、德治相结合的城乡基层治理体系，逐步引导形成多元主体参与、法治保障、科技支撑的共建共治共享治理新格局。但是，基层治理面临的问题错综复杂，给治理带来了新的难度，要求我们不断去探索与思考。

一、城乡基层治理的井研实践

（一）三级改革释放基层治理组织活力

1. 减量提质调整乡镇区划

井研县面积 840 平方千米，人口 39.8 万，原有乡镇 27 个，平均人口 1.47 万人，平均面积 31 平方千米，普遍存在乡镇数量多、规模小、密度大、实力弱等问题。去年，县委、县政府在充分调研、多方征求意见基础上，大胆改革，依法稳妥推进乡镇行政区划调整工作，全县设置镇建制 15 个（其中街道 1 个），减少 12 个，减幅 44.44%。优化调整后乡镇平均人口达 2.65 万人，平均面积 56 平方千米，撤并的乡镇保留了便民服务机构，卫生、教育、养老、治安、集市等功能维持不变，确保了群众当期利益不受损，长远利益有增进，实现了面积扩大、人口集中、资源整合、要素聚集、结构优化等目标。

2. 资源整合调优村级建制

井研县原有村 231 个，社区 32 个，整体显得数量多、规模小、实力弱、空心化。今年 5 月，井研县对标省、市工作要求，积极稳妥推进村级建制调整改革，村建制调减至 119 个，总体减幅 48.48%。拟集中打造 3 500 人以上的中心村 28 个，错位发展特色产业村 47 个，接续乡镇行政区划调整改革，打造一批镇（街道）副中心村。村建制调整改革初步实现了规模调大、布局调优、实力调强、队伍调活的目标。

3. 集智聚力调强村（居）民小组

井研县紧接村级建制调整，迅速开展村（居）民小组调整工作，村（居）民小组数量由 2 803 个调减至 1 508 个，减少 1 295 个，减幅 46.2%。村（居）民小组调整后，资源更加集中、空间布局更加合理，为主导产业规模化、集聚发展奠定了坚实基础。村（居）民小组长主要从大学毕业生、返乡农民工、退役军人中选配一批，文化更高、能力更强。调整后，高中以上学历 277 人，增加 3.05%；具有外出务工经历的占比从 60%提高至 75%。同时，基本报酬标准平均上涨 20%，有力激发了村民小组长敬业干事热情。

行政区划调整、村级建制调整、村（居）民小组调整三级改革突破了制约乡村发展的行政区划壁垒，有利于促进城乡融合发展，构建简约高效的基层管理体制，推动公共服务向农村延伸，为推动全县经济社会高质量发展奠定了坚实的基层基础和优化的组织架构。

（二）三项机制夯实基层治理制度体系

1. 健全党在基层的全面领导机制

中国共产党的领导是中国特色社会主义最本质的特征，是中国特色社会主义制度最大的优势。井研县在基层组织改革中进一步强化党的领导机制建设。村、社区建制调整中全面推行村、（居）党支部书记通过法定程序担任村（居）民委员会主任，到 2020 年底前总体实现“一肩挑”。选优配强村党组织带头人，注重将优秀农民工、退役军人、农村致富能手、返乡大学生等人群中的优秀党员培养成村党支部书记。在社区党组织建设中，逐步探索组建社区区域党组织，并延伸建立小区党组织、楼宇党组织等，把党组织的领导全面深植于基层各层级的管理中。比如研经镇王家沟村以党建为引领，在壮大村集体经济、脱贫攻坚、环境治理、村风文明等村级治理中取得成效。

2. 创新村集体经济组织运行机制

井研县部分村在探索村集体资源资产“三权分置”改革中走出了新路。如周坡镇周坡村通过股份制改造、公司化管理、市场化营销建立公司合作型集体经济发展模式。一是实行股份制改造。周坡村率先在全县完成农村集体产权制度改革，成立集体股份经济合作社。通过资产评估、股权量化，村集体经济组织与井研县东橙家庭农场以股份制合作方式联合成立四川拱辰农业观光旅游有限公司，各自投资占股。二是采取公司化管理。公司建立现代企业管理制度和财务管理制度，成立董事会和监事会，集体经济组织派出 2 名工作人员参与公司管理和监督。三是推行市场化营销。根据市场需求建设良种繁殖基地、农产品分拣中心、冷链物流中心、农商超市等，同时成立了全县首家集体经济实训基地。周坡村集体经济发展模式可复制，可推广。

3. 建立基层服务多元供给机制

推进“放管服”改革向村延伸，逐步完善县乡村三级一体化政务服务体系，依托“互联网 + ”等智能服务，打造“线上 + 线下”便民服务平台，实施政务服务“一网通办”。周坡镇大佛村便民代办点不仅利用政务服务网，而且通过智乐山 APP，实现村民可移动代办社保、医保等服务事项。保留和加强学校、医院、养老、育幼等服务机构建设，鼓励和支持各类社会组织、社会资本参与社会服务机构的创办，实现更快更好地服务基层群众。在社区服务设施建设上加大力度，对新建住宅小区同步规划建设综合服务设施，用以提供社区和小区公共管理、文教体育、医疗卫生、养老育幼等服务需求。社区志愿服务常态化，持续壮大职工、青年、巾帼等多类人员组成的志愿服务队伍，多形式开展各类志愿服务活动。

（三）四力提升强化基层治理能力建设

1. 提升自治能力，发挥群众主体作用

依法开展村委会（社区）换届选举，严格遵循选举法定程序，充分保障群众民主选举权利，实现了历届选举一次性成功率 100%。持之以恒推进村务公开。创新村务公开方式，利用“蒲亭新颜”电视网络终端平台、村（社区）微信群、微信公众号、QQ 群等多媒体手段，定期公开村务，线上答疑解惑，线下上门办理，搭建起方便快捷的干群沟通平台。完善村规民约（居民公约）。全县已有 96 个村、23 个社区完成了村规民约（居民公约）的修订上墙工作，村规民约作为群众广泛接受并共同参与制定的约束条文，为有效规范群众言行发挥了积极作用。探索积分制管理新模式。部分村（社区）推行积分制管理试点，以户为单位，将环境卫生、尊老爱幼、见义勇为、助人为乐、遵纪守法、诚实守信等设置分值，在阶段时间内开展积分评比，奖优罚劣，为基层治理提供了重要经验和实践样本。王村镇磨池社区实施积分五星级评定和红黑榜制；研经镇王家沟村与移动网络公司合作，试点推出网络积分制管理模式；东林镇红花村从治贫、治懒、治乱、治污、治愚着手，设立“五星”评定并适度奖励。基层试点推行积分制管理极大地调动了群众参与基层自治管理的积极性，形成“比学赶超”的浓厚氛围。

2. 提升法治能力，发挥法制保障作用

加强宣传教育，树立法律权威，推动形成依法按程序、公正有效解决矛盾问题的社会环境。建好公共法律服务平台，打造县、镇（街道）、村三级“一站式”综合性公共法律服务实体平台 112 个，依托“12 348”公共法律服务热线、“12 348 四川法网”“两微一端一网”打造热线平台、网络平台，构建起纵向到底、横向到边的公共法律服务完整体系。优化公共法律服务供给，全面推进“一村（社区）一法律顾问”“一村（社区）一辅警（调解员）”工作，为全县每一个行政村和社区配备一名法律顾问，提供法律服务，参与人民调解和村（社区）重大决策，助推城乡基层治理法治化。织密基层社会安全网，加强县、镇（街道）综治中心建设，注重发挥“两所一庭”和镇（街道）村（社区）网格员、调解员、综治巡逻员的基础性作用以及天眼工程、雪亮工程的震慑作用。司法所、派出所、法庭指导镇村两级认真开展矛盾纠纷和不稳定因素排查化解工作，坚持一般纠纷调解“三三调”、重大疑难和易激化矛盾纠纷联动调解制以及领导包案化解制，实现“小事不出村、大事不出镇、矛盾不上交”目标。

3. 提升德治能力，发挥道德教化作用

以社会主义核心价值观为引领，大力宣传中国传统文化和时代精神，组建“好好学‘习’宣传队”“百名宣传委员”“千人网评员”“万名志愿者”四支队伍，通过群众喜闻乐见的方式，开展广泛的宣传活动。利用“四川省唯一农民画乡”品牌效应，以“农民画 + ”形式，组织创作“德治”主题农民画，编印《画说・文明井研》《画说・文明创卫》《画说・文明法治》，生动形象地“画”说社会主义核心价值观。推动文明创建，全县成功创建国家级文明村 2 个、市级文明村镇 20 个、县级文明村镇 103 个，县级以上文明村镇占比逾 50%。突出典型选树，积极组织参选四川省“疫情防控工作身边好人”和乐山市“同心战疫——寻找身边最美的你”“乐山好人”暨“乐山市第五届道德模范”评选活动，开展“第一届井研好人”“第一届井研好少年”评选表扬活动，县公安局交警大队巡逻中队长干超、县人民医院感染科主治医师刘建强被评为乐山市“同心战疫——寻找身边最美的你”，范敬超、吴力君入选“乐山好人”推荐人选，典型选树有序推进，典型引领效应日益凸显。

4. 提升智慧能力，发挥科技支撑作用

大力开展网络基础设施建设，互联网、党政网联通率、广播电视开通率，党员干部远程教育平台使用率均达到 100%。加快智慧社区和数字乡村建设步伐，更多地在城乡建设、管理、服务中融合现代信息技术。井研县政务服务、镇街便民服务“一体化”平台建设推进，借助科技力量实现行政审批、便民服务、代办事项等的快捷、方便、高效办理。积极完善立体化治安防控体系建设，探索“互联网 + 社会治理”，通过加强网格化服务管理、矛盾纠纷多元化解平台建设、“雪亮工程”“天网工程”建设、综治中心规范化建设等，全面提升立体化治安防控体系建设水平。目前，“雪亮工程”建设 1 210 个监控点位，实现县域全覆盖；“天网工程”建设 122 个点位，实现主城区和重点部位全覆盖。全县公共法律服务依托“两微一端一网”打造网络平台，远程办理各类公证、法律援助咨询及预约服务事项。

二、基层治理工作存在的短板和不足

（一）治理主体的短板弱化了基层治理效能

1. 管理人才缺乏，能力不强

随着人民群众生活水平的提高和权利意识的增强，需要基层治理提供更加多元化、优质化、科学化、人性化的社会服务。目前，井研县基层干部的能力水平、服务意识和理念还很难达到有效满足群众需求的高度，基层治理尚停留在管理层面。同时，集体经济、产业发展、小区管理等都需要更加专业的管理人才队伍，但专业管理人才更加缺乏。基层治理中管理队伍能力不够、专业人才严重不足导致基层治理推进进度缓慢，治理整体效果不明显。

2. 社会组织培育不够，数量不足

社会组织是当前基层治理主体中社会性、专业性、规范性、创新性较强的力量，活跃在社区治理、乡村发展、服务民生、环境保护等各领域。但井研县社会组织培育不够，基层维权组织、调解组织、公益性组织、联结村（居）民个人利益与社区利益的共同体等组织缺乏或者不足，基层社会福利组织、志愿者协会、中介组织、文体组织等各类非营利性组织普遍覆盖面小、人力有限、形式化、零碎性、管理松散，许多本可以通过政府购买服务方式交由社会组织专业化办理的事务，不得不仍由行政机构包揽，难以实现专业的事交给专业的人去办理。

3. 群众参与度不高，积极性不强

人民群众是基层治理的主体，要充分发动群众，调动群众参与治理的积极性，形成社会治理“人人有责、人人尽责、人人享有”的共治格局。近年来，井研县基层群众在各级党组织的引领下，参与社会治理的积极性有所上升，如村级管理中积分制管理有效调动了群众参与村级事务的热情，但部分群众受自身文化水平、思想观念局限，基层治理方式简单等影响，仍处于“被治理”状态，融入基层治理的主动性不强，积极性不高。

（二）治理理念滞后阻碍了基层治理步伐

1. 基层“管理”多于“治理”

基层管理与治理的主要区别在于党政机关单一主体的管理还是多元主体参与的协同治理。社会治理强调组织活力，鼓励和支持各方主体的积极参与，强调制度建设，用法治思维和方式来化解和处理社会矛盾。目前，井研县的基层治理更多停留在“管理”层级，镇村（社区）主要在于执行上级工作安排，甚至由于工作量大、事多、人员不足等原因，工作疲于应付，谈不上引导更多的社会组织参与，社会事务大包大揽，难免出现缺位、越位、错位或者不到位的现象。

2. 民本理念树立不牢

构建基层治理新格局，关键在以民为本。部分基层干部由于主客观原因，工作难以落到实处，导致群众的合理诉求得不到解决，矛盾纠纷得不到化解。产业规划脱离群众需求实际，导致群众不支持、不参与等现象，很大程度在于干部的工作不以群众的需求为出发点，不从群众最直接最现实的问题入手，谋划社会治理的思路，制定治理的举措。

3. 服务群众意识不强

部分基层干部全心全意为人民服务的宗旨意识不强，以管理者的身份凌驾于群众之上，官僚主义、形式主义不同程度存在；一些干部基层工作经验欠缺，服务群众本领恐慌，说不来群众听得懂的语言，做不好发动群众的工作，而基层治理就是要最大限度地调动人民群众的积极性、主动性、创造性，真正做到治理过程群众参与、治理成果群众共享。

（三）治理保障不足制约了基层治理发展

1. 公共资源保障不足

基层基础短板突出，建设力度还需加强。乡村道路不宽，不适应现代生产生活的发展；垃圾清运不及时、废污处理程度不高、生活环境不够优美，生活用气保障不够、服务供给阵地不足等问题依然存在，公共交通、公共安全、公共设施等的提供与人民群众的需求存在差距，一定程度上制约了基层治理效能。

2. 治理经费保障不足

基层基础设施维护、日常卫生保洁、人员办公经费等主要依靠政府单一化提供，受地方财力不足的影响，提供给基层治理的经费与工作所需经费相较往往捉襟见肘。

3. 文化资源保障不足

文化场地不足且普遍偏小，尤其是表现在社区更为明显。部分文化广场被挤占，功能丧失。农家书屋、社区书屋普遍管理不规范，有书但借阅者寥寥，使用率低。居民和普通村民对于文化，主要源于网络，但是网络信息真假难辨，对公众认知和心理产生消极影响。加之当今信息传播速度惊人，网络舆情发酵速度快，往往出现不明就里，以讹传讹的现象。电视、报纸、电影、书刊、文化宣传等媒体对村、居民的吸引力削弱，传统文化活动参与者更是寥寥无几，传统文化出现后继乏人，岌岌可危的情况。文化生活单一，基层群众业余时间醉心于麻将棋牌，严重影响社会风气。

三、基层治理工作的思考与建议

（一）强引领，促治理理念“大转变”

1. 树立“引领”理念

党建引领是基层治理的关键要义，要充分发挥基层党组织的战斗堡垒作用，在服务群众中教育引导群众，提高群众组织化程度。建强党的组织，以“党建 + N”模式，（N 即社会组织、经济组织、文化组织、自治组织等），整合基层治理中的所有积极力量，实现党委领导、政府负责、社会协同、公众参与、法治保障的社会共治格局。

2. 树立“协同”理念

基层治理由一元主体向多元主体转变，要激活基层社会各要素：政府、市场、社会组织、民众等利益相关主体，通过互动、协商、合作，实现对公共事务的共同治理。要协调整合基层政府资源要素，打破信息壁垒，推进部门联合。要培育社会组织，创造社会组织参与基层治理的条件，推动社会组织从分散游离向聚集协同转变，激发社会协同共治活力。

3. 树立“参与”理念

基层治理直接关系着人民群众的切身利益和诉求，最需要群众的广泛参与。要拓宽群众参与治理的渠道，以制度化的方式加以固定，让基层群众成为社会治理的主角。要提供群众参与治理的财物、资金、场地等要素保障，使其有条件在基层治理中发挥更大的作用。

4. 树立“服务”理念

基层治理的本质是服务，要将治理理念从“把群众管理好”转变为“为群众服务好”。要加强基层队伍建设，提升基层干部服务群众的能力和水平。要建好党群服务中心、便民服务中心等基层阵地，以优质、便捷的服务不断提升人民群众的安全感、幸福感、获得感。

（二）强协同，促治理主体“大丰富”

1. 加强党的全面领导

强化党对基层组织的核心领导地位，发挥党总揽全局、协调各方的领导作用。进一步强化党的组织建设，探索“基层党建+ ”模式，让党组织的管理“触角”延伸到基层治理的每个“末梢”。实现村（社区）党支部书记、村（居）委会主任“一肩挑”全覆盖；探索小区治理新路径，构建“街道党组织—村、社区党组织—小组、小区党组织”三级架构，形成“小区党组织+业主委员会+物业服务企业”的居民小区管理格局或者“小组党组织+党员”的村民管理格局。借鉴峨眉山市峨眉花园小区以“一核两元三体”管理城市社区老旧小区的经验，即发挥党组织核心领导作用，引领小区自治管理委员会和监督委员会二元主体，形成联合议事主体、决策执行主体、运行监督主体共治。

2. 加强干部队伍建设

选好配强各级干部，拓宽选育渠道，不拘一格选贤举能。加大宣传教育，旗帜鲜明地讲政治，教育党员干部树立坚定的理想信念，切实增强“四个意识”，坚定“四个自信”，做到“两个维护”。加大培训力度，多形式开展干部培训，提高基层干部能力素质，解决干部适应新时代能力不足、本领恐慌问题。建立激励机制，采取物质奖励、精神奖励与容错机制、政治待遇奖励相结合的方式，鼓励基层干部开拓创新、大胆实践，走出基层治理因地制宜的特色路。

3. 加强社会组织培育

着力培育社会组织力量，将政府承担的部分职能转出，由专业的社会组织实施，实现“小政府，大社会”目标。政府通过实施项目建设，购买服务、直接资助等形式支持社会组织成长和发展，大力培育公益慈善类、纠纷调解类、文体活动类、生活服务类社会组织。壮大志愿服务队伍，在职工、青年、妇女中招募志愿服务队，围绕脱贫攻坚、乡村振兴、环境整治、敬老助残、法律咨询等开展服务，引导多元社会主体参与基层社会治理。

（三）强统筹，促治理资源“大保障”

1. 加强治理经费保障

加大财政保障力度，将基层组织活动和公共服务运行经费、村（社区）干部和网格员基本报酬、社区服务设施及信息化建设经费、人才培养培训等纳入财政预算和预算内基本建设投资计划。支持村组干部、网格员、社区专职工作者在购买基本养老保险和医疗保险中给予一定补助，解决最基层治理人员的后顾之忧。

2. 大力发展集体经济

集体经济是基层治理的经济基础，集体经济强盛能很好地支撑治理的永续发展。井研县村集体经济整体实力不强，社区还没有真正意义的经济实体。要加快推动村集体经济“三权分置”改革，建设农村产权交易平台，盘活土地、宅基地使用和经营，增加农民财产性经营收入。强化对集体经济的经营和管理，实施集体经济组织法人治理结构，向管理要效益。

3. 加大文化产品供给

大力宣传和弘扬中国传统文化和社会主义核心价值观，重塑群众认可、支持和践行的主流文化体系。实施乡村（社区）文化振兴工程，加大文化阵地建设，推动各类图书馆、书店、书吧、陈列馆等在乡村和社区联建分馆或站、点；培育乡村特色文化品牌，在擦亮井研农民画这一金字文化招牌的同时，挖掘富有乡土气息的民俗文化、非物质文化遗产资源，加以传承和发扬。创造和传扬富有正能量的文化产品，以群众喜闻乐见的形式贴近群众、走近群众，丰富群众业余生活，占领群众意识形态阵地。

（四）强手段，促治理能力“大提升”

1. 大力开展法治建设

多形式开展普法工作，深入推进“法律七进”，“法治宣传基层行”活动，提高群众法治意识，推动形成办事依法、遇事找法、解决问题用法、化解矛盾靠法的良好法治环境。加大法律服务体系建设，方便群众多渠道反映合理诉求，获得法律救济。加大平安社会建设力度，借鉴新时代“枫桥经验”，加大诉前调解，依法规范信访秩序，尽可能将各类矛盾化解在基层。建强“天网”“雪亮工程”等基础硬件，提升社会治安防控的智能化水平。

2. 积极倡导德治教育

广泛开展社会主义核心价值观宣传，大力宣传“抗疫精神”，把抗击新冠疫情展现出来的中国精神、中国力量、中国效率转化为推动建设的强大力量，把抗疫斗争中彰显的制度优势转化为社会治理效能。完善社会、学校、家庭“三位一体”的德育网络，推进社会公德、职业道德、家庭美德、个人品德教育。发挥村规民约、居民公约、行业规章、团体章程等社会规范的作用，引导公众自觉履行法定义务和社会责任。大力弘扬见义勇为精神，推动形成惩恶扬善、扶正祛邪、扶危济困的社会氛围。

3. 深入开展自治服务

加强自治组织建设，完善村（居）民议事会、理事会、监事会相关自治载体，对社区“三无”小区推动成立自治委员会，全覆盖实现院落自治、楼栋自治。鼓励社会组织、群众性自治组织参与基层治理，厘清基层政府与自治组织的权责边界，实行村（社区）工作事项准入制度。推进城乡社区民主选举、民主协商、民主决策、民主管理、民主监督，实现民事民议、民事民办、民事民管。

4. 推进信息技术运用

面对基层群众的多样化和个性化需求，基层治理要加大现代科学信息技术的建设和运用，实施“互联网 + 乡村（社区）”，利用物联网、大数据、人工智能等新技术强化智慧乡村、智慧社区建设，通过信息化、智能化、专业化人工智能技术的运用，带动技防更新换代、人防素质提升、物防水平升级，让人民群众能够最大限度地享受优质高效的服务和安全便捷的生活。

作者简介：

李兰英（1980—），女，汉族，四川井研人，中共井研县委党校副校长，高级讲师，主要研究方向：公共管理。

宋智平（1973—），男，汉族，四川井研，中共井研县委党校常务副校长，主要研究方向：乡村振兴暨农村基层社会治理。

曾静（1974—），男，汉族，四川井研，中共井研县委党校高级讲师，主要研究方向：行政管理。

李进（1981—），男，汉族，四川井研，中共井研县委党校讲师，主要研究方向：经济学。

王竞（1978—），女，汉族，四川井研，中共井研县委党校讲师，主要研究方向：法学。

构建乡村“三治”治理体系的路径思考

沈建军　王京星　李雯瑶

【摘　要】乡村治理，是实现乡村振兴战略的基石。以乐山乡村为视角，对当下乡村治理体系建设的现状进行了调查，阐述了乡村治理体系构建的必要性，梳理了乡村治理面临着的困境与挑战，最后提出了乡村治理体系构建的自治、法治、德治结合的“三治”路径。

【关键词】乡村治理　治理成效　困境挑战　体系构建

基础不牢，地动山摇。长治久安，关键在基层；安全稳定，重心在基层。作为国家治理体系重要组成部分的乡村治理，是实现乡村振兴战略的基石，是推进国家治理体系和治理能力现代化必须攻克的难题，也是决战脱贫攻坚、决胜同步小康进程中必须补齐的短板。正是在这种背景下，党的十九大报告提出，要加强农村基层基础工作，健全自治、法治、德治相结合的乡村治理体系。

一、乡村治理体系构建的必要性

（一）乡村社会结构正发生时代性变化，群众权益诉求日趋突显

在全面建成小康社会的进军号角下，随着城乡一体化进程地不断深入，农村封闭保守的社会格局被打破，人口流动速度加快，农民的生活生产方式、思想价值观念逐步转变，民主法治意识明显增强，利益需求日益多元，各种权益诉求不断涌现。特别是随着征地拆迁、项目建设、企业兴办与关停并转中的新型社会矛盾的逐步凸显，群众对政府为民办实事的要求和期望越来越高，参与和监督村级事务管理的愿望越来越强烈，而且在民主政治、民主法治、民主自由、道德与法、精神文化艺术需求等方面的要求越来越高涨。因此，新时代如何找到各阶层权益需求的最佳契合点，引导农民通过理性合法的方式保障和维护自身合法权益，已经成为农村社会治理的必然要求。

（二）乡村各类矛盾纠纷化解难度增大，不和谐因素影响稳定

随着“人民日益增长的美好生活需求和不平衡不充分的发展之间的矛盾”这一社会主要矛盾的转化与过渡，农村社会矛盾纠纷由以家庭和邻里矛盾纠纷、涉及宅

基地、土地承包、林地收益等经济纠纷逐渐演变为各种维权活动。部分乡村由于干群关系紧张、政策宣传执行不到位、公共服务保障不到位等导致群众与政府部门之间的矛盾纠纷突显，加之村民选举纠纷、医疗纠纷、环境保护纠纷、道路交通事故纠纷等矛盾纠纷不断，民事、刑事、行政纠纷相互交织难解，引发群体性矛盾冲突逐步演化升级。虽然各级党委、政府已采取多种措施加以调控和解决，但是与群众的实际需求还存在差距，一些矛盾纠纷完全用“法”、完全依靠政府解决不了根本问题，或解决问题不彻底、不尽人满意。因此，有必要探索适应新形势、新需求的调解办法和治理方式。

（三）乡村精英人口流散，自治能力不足，治理主体需增强培养

当下，身处乡村的农村人，怀着对美好生活的向往，纷纷流出农村。其中，流出最主要的，是乡村的精壮劳动力，也称 “农村精英”或“农村明白人”。调查表明，城效乡村，“农村明白人”大多是就地就业或者“半离半就”；离城较远或者较为偏僻的“农村明白人”，大多是“离土又离乡”。剩下的基本上是老、妇、幼留守乡村，这些人缺乏民主监督和民主管理的能力，在农村事务中，参与度较低、“话语权”较弱，致使社会治理主体弱化，乡村自治的“四民主”基本流于形式。同时，由于农村人员流动相对活跃，一定程度上减少了农村基层干部与群众交流沟通的机会，民主与集中存在脱节，影响基层正确有效决策与监督。加之一些基层干部和群众因个人文化素质、道德修养、行为习惯和知法守法等方面的不足，致使相互沟通理解不够，缺少情感认同，各唱各的调，甚至唱“对台戏”，和谐自治的合力不够，最终影响一个地方的社会治理水平和发展面貌。总之，“人”的因素是现阶段乡村自治面临的一大挑战。

乡村不断发展的新形势、新情况给乡村治理带来了新挑战、提出了新要求，时代呼唤治理体系的创新和发展。

二、乡村治理面临着的困境与挑战

调查表明，当下的乡村治理面临诸多现实困境。

（一）乡村党支部“战斗堡垒”尚需夯实

乡村治理得好不好，基层党支部的战斗堡垒作用和基层党员的先锋模范作用能否真正发挥至关重要。调查表明，一些乡村党组织弱化、虚化、边缘化问题依然存在，党支部的凝聚力、战斗力、向心力受到影响。在带领村民脱贫致富，为村民办实事、好事方面作用不明显。在引导村民改水、改厕、改厨、改圈，建污水处理体

系等风貌改造中，尊重群众的主体地位不够。在乡风文明宣传、乡村教育发展和村民文化生活丰富方面发挥作用有限。一些乡村村党支部和村委会分工不明，村委会难以发挥作用。一些党员村组干部，党性意识弱化、宗旨观念淡薄、组织纪律涣散，在惠农补贴、集体资产管理、土地征收等领域存在侵害农民利益的不正之风和腐败问题，致使村民对村组干部信任度下滑。

（二）乡村治理主体弱化，自治能力不足

乡村治理体系的合理构建，需要乡村各类主体共同参与和良性互动。目前乡村治理主体的表现并不令人满意。具体表现在：一是“村两委”行政化倾向明显。乡镇政府往往把村委会当成下级分派各项工作，受制于双重代理人身份，村委会并不能始终都维护普通村民的权益，甚至出现“村民自治”演化为“村干部自治”的现象，而普通村民在乡村治理中的意见或者利益诉求往往得不到彰显。二是村民主体地位弱化。村民整体上还缺乏主体意识，在乡村治理中只是被动参与，再加上乡村大量精壮劳动力流出，剩下的老、妇、幼在农村事务中，参与度较低、“话语权”较弱，社会治理的重要主体能力弱化。三是村民自治能力不足。村民参与乡村事务议事、协商的能力，在村民大会、村民代表大会上表达意见与利益诉求的能力以及自治事务的民主监督等方面的能力都相对不足。四是乡村社会组织发育程度低。由于社会组织经费、项目资源要依靠自身解决，乡村社会组织发展又处于不成熟阶段，其主体性、自治性、自主性并未得到充分彰显。

（三）村民自治任重道远

根据《中华人民共和国村民委员会自治法》（后简称《村民自治法》）规定，农村村民实行自治，由村民依法办理自己的事情。但调查表明，村民自治还面临诸多困境。具体表现在：一是村民会议“有名无实”。按照《村民自治法》《中华人民共和国村民委员会组织法》规定，村民会议可以制定和修改村民自治章程、村规民约，但在实践中部分村民缺乏参与村中重大事务决策的积极性，村组大事、小事，往往演变为由村“两委”决定，或由村“两委”组织召开村民代表会议、村民户长会议决定。二是民主选举存“乱象”。一些村民对参与选举的热情不高；选举中，存在送钱送物、伪造选票、虚报选举票数操纵选举等现象；村民选举权利缺乏制度性保障，《村委会组织法》只是笼统地规定了一些义务性规范，没有相应规定违反义务性规范行为的法律后果。三是民主管理监督“不到位”。根据《村民自治法》规定，村民委员会应当实行少数服从多数的民主决策机制和公开透明的工作原则，建立健全各种工作制度。现实操作中，管理“不到位”，监督“不到位”的情况依然存在。四是村

规民约有“困境”。稳定性不够，一届村委一届规约，缺乏稳定性和持续性、权威性。部分村规民约包括组规民约的产生过程缺乏民主，往往是村两委提前起草好村规民约，不是通过村民大会，而是交由村民代表大会讨论通过。村规民约包括组规民约的内容合法性不够，如有的农村规定“凡村民死亡者，均由集体收回土地，凡家庭新增婚姻人口或者婚生子女者，可依顺序派队获得土地”，与国家法规定的“增人不增地，减人不减地”原则相悖。

（四）乡村法治化治理未成常态

法治是治理体系和治理能力现代化的重要基石，也是健全乡村治理体系的保证。但目前我国乡村法治建设还存在诸多问题。具体表现在：一是乡村法规体系不完善。涉农立法总量不足，有的领域还是空白，一些急需的法律尚未制定出来。立法、修法质量不高，涉及农业农村的立法反映“三农”客观规律不够，不少还停留在行政法规、地方法规和部门规章的层次上，缺乏较高的法律效力。二是乡村群众法治观念淡薄。法治思维和法治方式在村民中普遍缺失，大多数村民认为，只要自己没有干违法犯罪的事情，法律就跟自己没有任何关系，法治观念淡薄。三是乡村法治环境尚未形成。“自觉守法、办事依法、遇事找法、解决问题用法、化解矛盾靠法”这种法治理念，对大多数村民来说还相当陌生。村民很少有人通过法律渠道来捍卫自身的合法权益，当自身利益受到侵害时，“上访”是他们通常采用的维权手段。

（五）乡村治理缺乏厚实德治基础

健全乡村治理体系，应注重乡土人情、德道规范的情感认同。传统乡风文明中“敬老爱幼、和睦相处、邻里守望”的良好传统在部分乡村淡化。典型示范不多，标杆引领不够，迷信盛行、赌博屡禁不止、拜金主义、邻里纠纷频发；乡村缺少优质教育资源，村民受教育水平普遍偏低，影响其自治能力发挥。乡贤作为乡村社会的“内部精英”，在目前乡村治理中，没有给予其足够的重视，发挥空间小，使其游离在治理主体之外，没能发挥其自身应有的价值。

三、乡村治理体系构建的路径思考

实施乡村振兴战略的一个重要支点，就是加强农村基层基础工作，构建以党建为引领，自治为基础、法治为保障、德治为支撑的现代化乡村治理体系，确保农村稳定、农业发展、农民幸福。

（一）抓“党建”引领

搞好农村基层基础工作，实现乡村振兴，关键在党。党的领导是构建现代化乡村治理体系的政治保障。能否带领村民发家致富，为村民办好事，让村民好办事，是检验基层党支部战斗堡垒作用和基层党员先锋模范作用的试金石。

1. 固“堡垒”，强组织力

乡村治理，基层党组织发挥战斗堡垒作用是关键。“给钱给物，不如给个好支部。”好支部的一个重要标准，就是党员和群众在哪里，阵地就延伸到哪里、工作就开展到哪里。扩大基层党组织的覆盖面，提升组织力。特别要抓好思想建党，搞好“两学一做”学习教育，落实三会一课制度，解决党员党性意识弱化、宗旨观念淡薄、组织纪律涣散问题；解决党员教育管理失之于宽松软、不严不实问题。实现党内政治生态良性发展，使基层战斗堡垒更加坚固。

2. 育“带头人”，强“火车头”

乡村治理，基层党员发挥先锋模范作用是核心。“火车跑得快、全靠车头带”。能否把组织信任、群众公认的基层党组织“带头人”选出来、用起来至关重要。今日之乡村，人口流动、能人外流、利益多元，懂农业、爱农村、爱农民的“三农”队伍数量日益下滑。培育乡村“带头人”刻不容缓。要在制度层面、政策措施、激励机制、乡村建设、舆论引导上多管齐下，营造农村大有可为、有为有位、建功立业的舆论氛围，以政策强力引导，健全乡村干部待遇增长、个人成长激励机制，切实激发广大乡村干部干事创业热情。用制度、机制、措施、人文关怀使“三农”人才流向基层、扎根农村，以达发展农村、繁荣农村之目的。

3. 壮乡村经济，强组织“话语权”

乡村治理，发展壮大乡村经济，是增强农村基层党组织凝聚力和战斗力、增强服务功能、促进乡村治理健康发展的物质基础。乡村党组织一定要结合实际，因地制宜，从实际出发，发动群众，转变观念，不断拓宽集体经济发展的新路径，探索集体经济发展的新形式，开创集体经济发展的新局面，实现村级集体经济从无到有，从弱变强的突破，才能增强支部的说服力。同时，要旗帜鲜明为群众办实事、解难题。“群众生活要变好，党员干部要舍得跑。”要帮助群众跑项目、跑资金、跑技术，把事情做到百姓心里去，这样才能增强“话语权”。与此同时，还要加大基层小微权力腐败惩处力度，推行村级小微权力清单制度，严整惠农补贴、集体资产管理、土地征收等领域侵害农民利益的不正之风和腐败问题。

（二）扎牢自治基础，催生乡村内生动力

乡村治理体系的有效构建，扎牢、完善村民自治制度是根本性举措。村民参与自治既是权利，也是义务。自治要以“自我管理、自我教育、自我服务”为基本原则，以“民主选举、民主决策、民主管理、民主监督”为基本内容，在法治框架下由乡村群众依法管理自己的事务。

1. 转“乡镇职能”，促“乡政”“村治”良性互动

现代化的乡村治理，是乡镇政府与乡村社会各治理主体的合作共治、优势互补。需要乡镇人民政府与村民委员会的关系回归工作指导、支持和帮助关系，乡镇政府不干预依法属于村民自治范围内的事项。“乡政”与“村治”良性互动，乡镇政府需转变职能，提升公共服务水平，完善公共服务机构的配置，指导、支持和帮助村支部和村委会搞好农村治理，加强对村民选举的监督，建立健全村务监督委员会，推行村级事务阳光工程，进一步做好大学生村官等人才引进工作，使村两委能够更好地开展工作。

2. 凸“村民主体地位”，促村两委与村民良性互动

乡村自治，村民居于主体地位。村“两委”成员天然来自村民，都是村民意志和利益的代表人。村党支部负责对村委会的政治领导，在思想上和工作上进行引导和辅助；村委会负责本村日常事务性工作，进行公共事务管理。村“两委”成员作为村民的利益维护者，一切为了村民，一切依靠村民是其分内之责；与村民良性互动，实现乡村善治是其基本的工作方法。因此，健全村民大会和村民代表大会制度尤为重要。要为村民参与治理搭建平台，拓展渠道，确保普通村民充分参与自治过程，尊重村民主体地位。做到治理为了村民、治理依靠村民、治理成果由村民共享、治理得失由村民评判；把服务村民、造福村民作为出发点和落脚点。培育和发展乡村社会组织，激发社会组织活力，鼓励、引导和支持乡村社会组织在乡村治理中发挥作用。

3. 强“教育培养”，促乡村治理能力提升

一是通过各种途径加强对村民的公民意识教育，提高村民、村干部对村民自治的认知水平，培育村民的权利意识、责任意识和参与意识，使村民自治具备合格主体。二是增强干部群众的法治观念和依法办事能力。村党组织、村民委员会要依据党的方针政策和国家的法律法规，组织全体村民结合实际讨论制定和完善村民自治章程、村规民约、村民会议和村民代表会议议事规则、财务管理制度等，明确规定村干部的职责、村民的权利和义务，村级各类组织的职责、工作程序及相互关系，明确提出对经济管理、社会治安、移风易俗、计划生育等方面的要求。用制度规范

村干部和村民行为，增强村民自我管理、自我教育、自我服务的能力，增强干部群众的法治观念和依法办事能力。三是培育发展农业现代化的能力。走新型农业发展道路，促进土地规模化经营，引导农民规模化经营，以市场需求为导向，发展特色产业，带动村民就业致富。四是提高乡村保障和改善民生的能力。构建乡村特色养老体系，社会养老、家庭养老相辅相成，提高大病保险覆盖面，推动乡村社会救助事业，加大政策倾斜力度和资金投入力度。

4. 抓“四民主”，促村民自治内容完善

村民自治的本质在于，能否真正在实践中实现“四民主”，即“民主选举、民主决策、民主管理和民主监督”。因此，在民主选举中，要尽可能选出奉公守法、品行良好、公道正派、热心公益的村民担任“村官”，要健全村民委员会候选人提名制度、直选制度，扩大海选比例，严格规范委托投票，杜绝贿选和操纵选举；在民主决策中，要确保决策制度科学、程序正当、过程公开、责任明确，要进一步明确村民代表的职责、权利和义务，规范村民会议和村民代表会议的议事程序，要使公众参与村务重大决策成为常态，在大家沟通、交流、表达、妥协的基础上，使决策达成共识，从而形成有理性的、有质量的决策。在民主管理中，要把财务公开作为村务公开的重点，所有收支必须逐项逐笔公布明细账目，让群众了解、监督村集体资产和财务收支情况。要统一村务公开目录、时间、程序等，严格落实村务公开制度，要将各项政策落实情况，及时纳入村务公开的内容。

5. 抓“机制完善”，促乡村治理现活力

乡村治理，是多元化主体的共同参与，需要畅通村民群众参与乡村治理的多重机制，实现乡村治理体系的现代化。一是完善乡村公共服务供给机制。乡镇政府和村“两委”公共财政预算体制和审计制度需要进一步完善，要保证用于服务乡村资金不“断流”，公共产品充足，且专款专用；要转变供给方式，由“政府单一式”向“政府、社会、市场”多元转变；要使农村的基础设施和各类公共服务逐步接近或达到城镇水平，解决乡村教育难、看病难问题，增强村民的获得感、自豪感和归属感。二是完善群众利益表达回应机制。要大力推行村务公开、办事公开，减少因信息不对称、判读不正确而引发的上访，引导群众合理合法有序表达诉求并保证渠道畅通；要完善村民大会制度，为治理主体提供良性互动平台，通过法定途径表达自身利益；要特别重视并充分利用网络、电子报刊、移动通信等新媒体的信息表达作用，关注舆情、及时回应，并采取合法有效措施予以引导。三是健全资本下乡机制。引导更多社会资本，带着温度和感情下乡，助力乡村发展，以乡村振兴项目和精准扶贫项目为纽带，推动金融和社会资本更多投向乡村振兴，完善信贷投入机制，助力乡村振兴的繁荣发展。四是完善乡村人才回流机制。鼓励“农村明白人”回乡创业，完善"第一书记"、大学生村官等人才培养计划，创新乡村人才培育引进使用机制，培育新型职业农民，加强农村专业人才队伍建设，发挥科技人才的支撑作用，为乡村注入先进的生产要素，增强乡村产业活力，实现依靠优秀人才治村，助推乡村振兴。

（三）抓乡村法治保障，推乡村治理法治化

乡村治理法治化是乡村治理现代化的前提。乡村自治只有在法律的框架下进行，才能有法可依，有条不紊。面对日益多元、复杂的乡村利益格局，唯有法治是凝聚共识，保证乡村社会可持续发展的法宝。

1.加大涉农立法、修法力度

要从农村发展需要和发展实际出发，加快涉农法律法规的修订工作，并从立法层面进一步强化对农民的土地承包权、宅基地使用权、集体收益分配权等合法权益的保护，完善党领导下的村民自治制度，切实保障村民民主权利。巩固和完善农村基本经营制度，健全农村集体产权法律制度，依法保障以土地为核心的农民财产权益。

2.加大普法力度，培育村民法治信仰

乡村治理法治化，起决定作用的是村民自身。要通过普法宣传，增强村民学法守法用法的法治意识和行为自觉，养成运用法治思维思考问题，运用法治方式解决问题、化解矛盾的行为习惯。具体操作中，要抓阵地，增强法治工作渗透力；抓载体，增强普法教育吸引力；抓重点，增强青少年法律意识；抓难点，增强普法的针对性。强化权利义务相一致的法治观念，有权利就有义务，享权利就应行义务。要营造自觉守法、办事依法、遇事找法、解决问题用法、化解矛盾靠法的法治氛围，正确定位"情、理、法"，引导乡村群众依法行使权利、表达诉求、解决纠纷。

3.乡镇政府、村"两委"要依法办事，以上率下

乡镇政府能否依法行政、村"两委"能否依法依规管理村民自治事务具有示范、引领效应。村民群众不但要看你怎么说，更要看你怎么做。只有随时处在群众身边的乡镇、"两委"干部处处依法办事，文明执法、规范执法、科学执法，以法治思维思考问题，以法治方式解决问题，并自觉接受村民依法监督，才能以上率下，带动村民信法、守法习惯养成。

4. 进一步完善乡村法律服务体系

加强农村司法所、法律服务所、人民调解组织建设；优化人民调解、行政调解、司法调解有机结合的大调解工作格局；推进法律援助进村、法律顾问进村全覆盖，利

用村规民约、乡俗民情、法理道义排查化解邻里矛盾纠纷；降低群众用法成本，让法律的服务功能、保障功能得到充分发挥，最大限度地满足农村法律服务基本需求，确保让群众“找得到法”“用得起法”“信得过法”，确保实现“小事不出组、大事不出村”。

5. 加大乡村“扫黑除恶”力度

依法惩治“村霸”和宗族恶势力刑事犯罪，重点打击为“村霸”和宗族恶势力充当“保护伞”的职务犯罪，为乡村治理营造良好的法治环境。

（四）抓乡村德治，铸乡村治理体系之情感支撑

“国无德不兴，人无德不立。”乡村治理融入德治，意味着乡村和谐有了润滑剂，能够为乡村自治和乡村法治赢得情感支撑。

1. 用传统文化厚植核心价值观

继续弘扬优秀传统美德，注重个人品德、家庭美德、乡村公德的培养，让村民在接受优秀传统文化中实现心灵净化。同时，把社会主义核心价值观作为乡村道德建设的灵魂，将核心价值观写入“村规民约或者组规民约”，用以规范、约束村民行为，引导村民重义守信、孝老爱亲、勤俭持家，推动形成向善向好的乡风民风。

2. 树典型，立机制

注重树立、宣传乡村道德模范和村民身边的好人典型事迹，用榜样的力量带动村民奋发向上，用美德的感召带动村民和睦相处。每个村、组都可以建立一个道德评判团，成员由村民推举，再由村民代表大会公开选举产生。要使道德模范的评选常态化，以评立德，推送群众自己选的典型，弘扬真善美，传播正能量。要建立道德激励约束机制，对村民群众身边的道德正面典型，要给予精神奖励和适当的物质奖励；对村民身边的不良道德行为要加以惩治、约束。调研中发现，一些村、组每季度评选“洁美、和谐、守法、致富、孝爱”五星示范户，每年重点推选励志奋进典型、卫生洁美户和移风易俗进步户三类人员，并在群众聚集点设“光荣榜”进行表扬；每家每户设置“评分栏”，将考评和授奖情况公示上墙，流动管理，群众“荣誉感”不断增强。同时也设置了移风易俗红黑榜，评比卫生环境最差、“等、靠、要”思想最重的农户，唤起懒人的“羞耻感”。从而引导村民自我管理、自我教育、自我服务、自我提高，实现家庭和睦、邻里和谐、干群融洽。同时，要大力提倡移风易俗，营造风清气正的淳朴乡风。

3. 重“乡贤”，振“崇德”之风

“乡贤”作为村民信任和尊重的贤能人士，有德行，有才能，有声望。他们是连接故

土、维系乡情、探寻文化脉络的精神纽带。乡贤“反哺”家乡，有助于塑造当代乡村治理的建设主体，有助于解决乡村治理内生力量不足的问题。在今日乡村精英人才大量流失的当下，发现和塑造有见识、有担当、有威望又自愿扎根乡土的乡村能人尤为迫切。这就需要乡村出台鼓励发展乡贤文化的政策措施，完善乡贤回乡的配套政策，搭建新乡贤参与乡村建设和回乡创业的平台，形成政府主导、多方合作、共促发展的格局。调研中发现，一些乡村通过组建乡贤参事会、联谊会，利用“村支两委 + 乡贤会”等形式，充分发挥乡贤带动作用，盘活凝聚了乡贤资源，实现了乡村治理的良性发展。

（五）推动“三治合一”，实现乡村善治

自治、法治与德治，在乡村治理中，既相互独立，又紧密联系，共同构成了乡村治理的有机整体。自治重点解决治理的具体形式和载体，德治重点解决治理主体的素质修养，法治重点解决治理的依据和手段，三者共同构成了乡村治理的有机整体，都是为了激发村民的责任感和参与活力，促进村民之间和谐相处、农村社会安定有序。只有以法治保障自治，以德治支撑自治；在自治中体现法治，信守德治；用德治促进法治；在法治中体现德治，最终才能实现乡村社会的善治。

作者简介：

沈建军（1968— ），中共乐山市委党校法学教研室主任、教授，研究方向：应用法学。

王京星（1981— ），中共乐山市委党校法学教研室副教授，研究方向：应用法学。

李雯瑶（1982— ），中共乐山市委党校法学教研室讲师，研究方向：应用法学。

关于发展乐山美食旅游的思考

杜小三

【摘　要】“食在四川，味在乐山”，乐山具有丰富的美食旅游资源，是名副其实的美食旅游之地。但长期以来，政府对于乐山美食旅游的重视程度不够，美食环境亟待改善，城市整体氛围需要进一步打造。当前要大力发展乐山美食旅游，明确打造美食旅游目的地，需要加强规划，深入挖掘乐山美食文化内涵；细分美食旅游人群，多渠道推广营销；严格市场监管，加大环境整治；提升城市建设水平，打造城市良好形象。

【关键词】乐山美食　美食旅游　思考

随着人民生活水平和消费需求的不断提升，“食”的内涵已不再局限于饱腹，而是追求更高层次的味觉体验和精神享受。“食”作为旅游六要素之一，在旅游活动中扮演着越来越重要的角色。2018 年全球领先的酒店及住宿专线预订平台 Booking.com（缤客）收集了中国旅行者对于旅行和美食的看法，经由调查分析发现：“75%的中国人会根据美食来决定旅游目的地。”美食已然成为影响人们旅游决策的关键因素，美食旅游成为旅游市场的重要分支，美食旅游目的地打造成为地域特色文旅产品的重要内容。

一、美食旅游概念及特点

美食旅游是近年来随着休闲旅游而兴起的，指人们追求饮食所带来的生理体验（视觉、味觉等感官享受）及心理体验（心情愉悦）的旅游形式，主要是以饮食旅游资源为依托、以美食为主题、以旅游为载体的具有社会和休闲等属性的旅游方式。简言之，就是旅游者“为食而游”。作为一种较为新颖的旅游形式，美食旅游和其他旅游方式不同，其享受愿望更强，更重饮食体验，重游率较高。

美食旅游的特点有以下三点。

1. 区域性

虽然美食可以异地再造，但一旦离开其发源地，随着自然环境和人文环境的改变，为了迎合市场的需求，地方美食会做出一些适应性的改良，导致食客的体验值大打折扣。这种区域属性被人们贯以“正宗”标签，也赋予地方对该种美食资源的垄断权。美食旅游对正宗发源地的追求成为目的地独有的旅游吸引力。

2. 效益链长

美食旅游的参与程度相较于其他的旅游类型要广泛得多。美食旅游中来自味觉的美感既是有形的，又是无形的。这种身心的投入、参与直接影响整个旅游时间的长短、旅游质量的高低。随着旅游时间的延长，美食带动旅游、美食促动消费、美食丰富休闲得以实现，目的地的旅游业、食品生产业、文化娱乐业、酒店住宿业、客运业等均可受益。同时，促进美食从业者意识到地方特色的重要性，自觉传承地方饮食文化，保证地方文化延续。

3. 重游率高

世上美景没有最美，只有更美。根据作者的个人经验，通常人们愿意在同一个景点旅游的次数一般不会超过三次。新的景点总是会带来更难忘的体验，导致“喜新厌旧”。但美食旅游不同，由于目的地美食的区域独有，具有无可替代性，味觉的享受及心情的愉悦又极易延长美食旅游者兴趣的持续时间。这种味觉享受后保持的长久记忆诱使美食旅行者愿意一次又一次为“就是那个味”而来，重游率普遍较高。

二、乐山发展美食旅游的优势分析

作为美食旅游目的地，地方美食应具有鲜明的地方风味特色、精细的烹饪技艺和制作技巧、良好的饮食环境和卫生条件。对于美食旅行者来说，美食是旅游目的地的主要吸引力，享用美食是旅行的主要意义。作为旅游城市，乐山城市的旅游配套经过多年发展，比较完善，特别是美食资源优势明显，素有“食在四川，味在乐山”之美誉。2018 年乐山市委市政府明确提出坚持“旅游兴市、产业强市”发展主线与加快建设世界重要旅游目的地目标，其中乐山美食作为地域特色文化旅游产品之一被重点打造。

（一）乐山味道悠长

乐山处于四川盆地内成都平原与攀西高原连接处，自古以来就是出川的重要通道。饮食口味上乐山菜肴既有四川盆地整体“尚滋味”“好辛香”的风格，又在一定程度上受到川西南地区的影响，口味更加复杂多元。乐山虽与成都同为川菜上河帮系的两大中心，但比成都菜更擅长用糖调味。魏文帝曹丕的《与朝臣诏》里记载：

“新城孟太守道，蜀睹豚鸡鹜味皆淡，故蜀人作食，喜着饴蜜。”古时候川菜就注重甜味的加入，乐山味道将这一习俗保留至今，所以味道更为绵香悠长，历来有“食在四川，味在乐山”的江湖地位。

（二）烹饪艺术独特

乐山因水而兴，青衣江、大渡河、岷江绕城而过，历史上一直是岷江水系的重要港口。因此，乐山美食起源与码头文化、平民文化密不可分。如起源于乐山市牛华镇的麻辣烫，是最初由船工和纤夫创造的一种简便易行而又独特的吃法。他们拉纤之余，在江边用瓦罐烧开江水后放入海椒、花椒等调料，将食材涮而食之，又麻又辣又烫，既可果腹，又可驱寒、祛湿。再如起源于乐山市苏稽镇的跷脚牛肉，最初是穷人才吃的一种饮食。当时穷人吃不起牛肉，杀牛后弃之不用的牛杂用中药香料等一同熬制后，腥膻全无，而且鲜美异常。因食店条件简陋，食客有的站着，有的蹲着，有的就直接坐在门口的台阶上跷着二郎腿端碗即食，故而得名“跷脚牛肉”。此外还有西坝豆腐、甜皮鸭、叶儿粑、豆腐脑等，均有明显的乐山地方特色。

（三）美食品种丰富

乐山境内地形多样，有山有水有平坝，可以获取广泛的食材，加上烹饪手法的多样，使乐山美食品种丰富、层次分明。有原创乐山的经典美食，如早已走出四川走向全国的麻辣烫、跷脚牛肉、乐山烧烤；有火遍街头的平民小吃，如狼牙土豆、夹丝豆腐干、豆腐脑、钵钵鸡、手工凉糕、凤爪、蛋烘糕等；有广受欢迎的伴手礼，如甜皮鸭、叶儿粑、米花糖等。源自民间、根在民间的乐山特色美食，在菜品、种类、吃法上都体现出平民化和大众化的特征，在发展过程中又形成各自的流派。一碗豆腐脑，从地方口味上可分为峨眉酥肉豆腐脑、乐山豆腐脑、牛华豆腐脑；一道卤鸭子，从制作技艺上可以分为甜皮鸭和烟熏鸭……款款美味，可咸可甜，暗合了平民百姓不同的口味要求。大多乐山美食因源于平民生活，价位普遍不高，人均消费不过二三十元即可饱食，广受食客青睐。

（四）城市文化与美食相得益彰

乐山为蜀王开明故治，有文字记载的历史 2 800 余年，自古以来就是四川文化最发达的地区之一，1994 年被国务院评为全国历史文化名城，城内外历史文化遗迹众多。乐山因水而兴，因佛闻名。战国时期，秦蜀守李冰为避洪患，在乐山城外开凿麻浩河，形成了四面环水、林荫浓密的乌尤离堆。唐宋时期，乐山成为中国西南佛教文化的重要场所，历时约九十年建成的乐山大佛，举世闻名。乐山美食至今能追溯到码头文化、佛教文化、平民文化的影子，几乎每一种美食背后都有一段动人的故事，城市文化与美食二者相得益彰。因此，品尝乐山美食，找寻一段城市的旧时光，成为众多旅行者在乐山的一大乐事。

三、当前发展乐山美食旅游存在的问题

“食在四川，味在乐山”，虽然乐山在川菜中的地位一直居高不下，但地方政府对乐山美食重视程度不够、宣传不到位，不注重美食环境、氛围的营造，导致独具优势的美食资源并未能真正发挥作用。目前乐山美食的名气主要在省内，在省外的知名度并不高。

（一）政府对于美食旅游的重视程度不够

乐山境内自然风光优美，人文景观众多。至 2020 年，乐山已有 5A 景区 2 个，4A 景区 12 个，3A 景区 7 个，2A 景区 2 个。乐山旅游一直注重景点景区打造，拥有 A 级景区的等级和数量在全国地市级城市令人瞩目，大量资金、政策都投到了景区开发之中，对乐山美食吸引力的重视不够、美食资源开发不够。2020 年新冠肺炎疫情期间，我们的景区旅游全部关闭，但仍有周边城市的美食爱好者源源不断前来乐山品尝美食。人间烟火味，最抚凡人心。对于他们来说，景区可以不去，但美食一定要吃。疫情解封后，首先恢复的是乐山的特色餐饮小吃店，麻辣烫、钵钵鸡、串串香、跷脚牛肉……每一家店都人山人海，火得一塌糊涂。但由于对美食旅游的不够重视，乐山美食的文化挖掘不深入，品牌宣传力度不大，市场监管浮于表面。政府对乐山美食宣传力度最大的时候就是每年在旅游博览会期间推出的美食节，但由于特色不明显，同质化现象严重，很少能够吸引外地游客，基本上都是本地人自娱自乐。

（二）美食环境亟待改善

对于美食旅游目的地吸引力的影响因素调查表明，饮食环境干净整洁、环境与氛围的设计营造与饮食器具协调搭配、菜点品种、内涵及进餐环境具有独创性、食用器皿别具一格等因素都会影响游客对美食旅游目的地的选择。乐山大多数美食店铺为特色小吃店，对环境不够注重，千店一面，店面文化气息基本没有，仅是最简单的桌椅、素墙；个别小店一到进食时间，遍地油腻、垃圾，空气不流通，餐具时有破损现象；有的美食为街边摊头小吃，食材露天摆放，食客围摊而食，卫生、安全堪忧。加上政府对美食店铺规划不到位，大多数店铺选址随意，遍地开花，一些人气十足的美食店铺经常造成交通、卫生、噪声等问题，影响了美食体验。

（三）城市整体氛围需要提升

乐山古称嘉州，古语有云“天下风光在蜀，蜀之胜曰嘉州”。乐山全市拥有世界级遗产 3 处，全国重点文物保护单位 10 处，国家级非物质文化遗产 4 个。1979 年，乐山被国务院批准为对外开放城市；1994 年，被国务院批准为历史文化名城；2000 年，入选“中国优秀旅游城市”；2006 年，入选国家园林城市；2006 年在中国旅游营销年会上被评为中国最佳旅游目的地……然而在近年来的发展中，乐山的城市建设发展缓慢，与乐山旅游城市身份不符，与周边城市建设差距也在不断加大，为老百姓和游客所诟病。

花了很多钱搞城市建设，但整体美感不强，旧的不古朴，新的不时尚，缺乏历史文化名城该有的文化气息。同时，市民文明素质有待进一步提升，横穿马路、乱闯红灯、行车不礼让行人、随手扔垃圾等不文明现象时有发生。城市整体旅游氛围的缺失影响着游客对目的地的选择。

四、发展乐山美食旅游的建议

（一）明确提出打造乐山美食旅游目的地

随着现代人生活节奏加快，紧张工作之余发呆、闲坐、旅游成为减压时尚。美食作为一种特殊的旅游吸引物，兼具体验性和文化内涵，成为特殊兴趣旅游中的重要分支。美食旅游所需旅游时间短，一个双休日，一张高铁票，带上家人、好友、恋人即可成行。乐山因坐拥世界第一大佛乐山大佛和中国佛教四大名山之一峨眉山两处世界遗产闻名天下。从古至今，到乐山“朝山拜佛”这一旅游内容几乎没有大的变动，加上境内无典型气候景象及地质地貌，除了佛教信徒，乐山两处世界遗产的回头客比例并不高，乐山旅游亟待注入新的元素。2018 年乐山市委市政府明确提出坚持“旅游兴市、产业强市”发展主线与加快建设世界重要旅游目的地目标，将地域特色文化旅游产品的打造集中在禅修礼佛、峨眉武术、古韵嘉州、乐山美食四大方面。当前，休闲旅游发展势头强劲，越来越多的人追求吃美味、吃新鲜、吃特色，对于他们来说，没有什么是一顿美食不能解决的。此时明确提出打造乐山美食旅游目的地，强化美食这一核心旅游吸引物，切合休闲旅游发展潮流，可以让美食成为对乐山这一旅游目的地的新的记忆，吸引更多的人为美食而来，从而让美食成为地方充分盈利的关键点。

（二）加强规划，深入挖掘乐山美食文化内涵

以乐山市中心城区、苏稽镇中心城区、五通桥区中心城区为乐山美食旅游核心

区域，重点打造张公桥好吃街、乐山港美食区、嘉州长卷美食区、嘉兴路美食街、高铁美食区、苏稽美食区、五通桥美食区等，将不同美食区按各自特色规划、不雷同原则建设。组织乐山的文化学者、美食专家和乐山本土的餐饮企业家深入挖掘乐山美食文化精髓，增加乐山菜品及其文化内涵，并对乐山的饮食文化资源进行全面收集、系统整理，进而鼓励创新，不断提升乐山饮食文化的品位和档次。挖掘民间大厨、非遗传人、美食文化，通过评选“乐山味道”、美食达人、传统美食，共同推动地方美食旅游品牌建设。加大节庆节事中乐山美食的营销力度，借助活动举办前的大规模新闻、广告等多元化的宣传，举办时的焦点效应和举办后的余波效应，低成本、高效率地吸引游客，塑造美食旅游目的地的品牌形象。

（三）细分美食旅游人群，多渠道营销

《中国旅游消费大数据报告 2019》显示，自 2016 年以来，游客在目的地“舌尖美食”的消费笔数年增长率超 20%，势头强劲。同时，旅游中的美食消费主力趋于年轻化，其中 30 ~ 39 岁的人群比例最高，占 24%；其次是 20 ~ 29 岁，比例为 20%，他们更愿意为美食来一场说走就走的旅行。基于大数据，我们可以认为乐山美食旅游受众主要为自由行旅客，第一圈层划定在省内各市州及毗邻省份中心城市如陕西西安、贵州贵阳、云南昆明、重庆市等城市的年轻群体。这类人群多以高铁出行，单边出行时间在四个小时以内，一个双休日三五好友即可成行。他们可以多次往返，不受季节的限制。第二圈层划定在国内大中城市年轻群体，这类人一般利用寒暑假、国家法定节假日出行。

划定乐山美食旅游受众后，精准投放宣传广告。在各划定圈层相关城市投放写字楼电梯广告、地铁公交广告、高铁广告、城市中心位置电子屏幕广告、高速路广告，广告语要直接明快、朗朗上口。同时，利用短视频营销打造网红目的地，开辟美食旅游营销新模式。全球最佳目的地旅游网站 TOP25 的 SKIFT 的一份来自关于美食主题旅行的报告认为，世界范围内，有 62.7%的人非常愿意去新地方品尝新食物并且给它们拍照；54.1%的人会被当地美食照片吸引去旅游。借助抖音、快手等短视频平台，将乐山美食的特色风味、文化、历史等通过网络展示给观众，推动美食旅游目的地粉丝流量转化。另外，在央视等全国性媒体推出乐山美食节目，大力提升乐山美食知名度。

（四）严格市场监管，加大环境整治

严格制定美食旅游相关规范，有效利用市场行为规范、行业竞争准则避免恶意竞争等乱象，为乐山美食旅游提供有力的保障和明确的指导。加大食品安全监管力度，加强美食旅游市场执法力度，确保消费者权益不受侵害。及时处理、回应游客

投诉，对调查属实的质量问题及欺客宰客行为严惩不贷。

不断加强乐山美食旅游就餐环境改造，引导知名品牌餐馆、网红餐厅打造特色餐饮空间，凸显乐山文化，增加城市景观。乐山的风俗特色、生产特色、生活方式赋予乐山美食独有的文化内涵，美食旅游不仅仅是品尝美食，更是一种完整的生活体验和精神享受。因此，创设幽雅、舒适、温馨的就餐环境，融合美食、美器、美景于一体，让消费者得到真正的视觉味觉享受。划定相应区域集中摆放街头美食摊点，解决占道经营等问题。切实落实“门前三包”制度，引导店铺与城市管理部门共同维护环境卫生。

（五）提升城市建设水平，打造城市良好形象

环境美学要求城市建设实现功能与审美的统一。按照环境美学原理保护、利用和改造自然，使人、建筑、自然甚至整个城市形成一个有机整体，这是城市环境规划最基本的要求之一。要因地制宜，坚持从大处着眼、小处着手，充分挖掘乐山的历史文化内涵和地方特色，加强市内建筑、景观小品、马路、园林等协调布局，提升乐山夜景观赏体验值。加大市内公共设施建设力度和建设水平，真正实现历史文化与现代文明的融合。加强交通规划和停车场的规划，注重城市建设中的细节打造，不断完善旅游服务配套设施。大力提升市民文明素质，塑造乐山景美和人美的城市形象。

作者简介：

杜小三（1975—），女，四川夹江人，中共乐山市委党校行政管理副教授，主要研究方向：公共管理。

挖掘罗城古镇资源打造特色文旅小镇

康广才

【摘　要】犍为罗城古镇的升级打造，市县党委和政府十分重视。该古镇历史悠久，蜀地文化积淀深厚，船形建筑风格奇特，地域人文风情独特，自然环境优美，交通便捷通达。但是，目前存在对古镇文化挖掘不够深，铁山湖开发滞后，业态培植不足，旅游产品特色不突出等问题。本文通过调研提出了罗城古镇升级打造应突出古镇“同舟共济”主题，围绕“一船一剧”打造时光小镇，围绕“一馆一带”打造乡土小镇，围绕“一汤一湖”打造康养小镇，围绕“一观一寺”打造祈福小镇的对策建议。

【关键词】罗城古镇　挖掘资源　特色小镇

2020 年是乐山“文旅发展年”，市委和市政府十分重视犍为文旅的发展，尤其是犍为罗城古镇的打造，犍为县政府就此分两次投入六千万元。这是因为罗城古镇游，是对以生态游和佛教游为主的“大峨眉”供给的补充，是乐山古镇文化游的领头羊，是集经济、政治、文化、军事和生态等供给的综合文旅景区。所以，犍为党校文旅课题组同犍为政协文旅文史委一道完成此调研课题。在今年 5 月组建了“犍为县特色文旅小镇创建”工作调研组，6 月到彭州、崇州、大邑、邛崃等地参观，又邀请犍为籍地质专家、成都市旅游协会品牌战略策划专家出智建言。在报告形成中得到了县地方志办、犍为历史文化研究会的支持，现将调研结果报告如下。

一、基本情况

（一）历史悠久，蜀地文化积淀深厚

罗城古镇始建于明崇祯元年（1628 年），因其造型似船，俗称“船形街”，先后被评为四川省首批历史文化名街、省级历史文化名镇、省首批文化旅游特色小镇、国家 AAAA 级景区。联合国教科文组织官员称其为“中国的挪亚方舟”。1977 年、1984 年在罗城镇（原金井乡）先后两次出土了古蜀国杜宇时期遗存的陶器、铜器等多件文物，文物上刻有纹饰和徽记的“巴蜀图语”铜印章。1958 年，罗城铁山出土的石碑刻有“诸葛武侯炼铁于兹”“昔诸葛武侯岩前取铁”等文字，是三国时期诸葛

亮铁山炼铁佐证。另外，在罗城镇内的有历经八百年的冶官县遗址，有东晋至清代千年铁山僚人文化，以及千年盐文化。这些出土文物及文化遗存，为研学古蜀国文化、蜀人南迁及巴蜀文明等提供了珍贵的资源。

（二）匠心别具，船形建筑风格奇特

罗城船形街构思精巧。街东西长，似船由东来，寓意此处移民由东迁入四川；街南北短，且无大开口，避开寒冷之北风，是传统风水文化体现；“凉厅子”的设计，冬春遮雨雪、夏秋挡烈日。因此罗城古镇有“山顶一只船，云中一把梭”的美称。旧时罗城有三宫五庙，即南华宫、文昌宫、寿福宫、禹王庙、川主庙、灵官庙、肖公庙和星金庙，是多种民间信仰共存的体现；目前灵官庙尚存，而且以道教为主，兼了融佛教及伊斯兰教元素；南华宫一对石狮尚存，该宫是广东移民会馆，主祭南华老祖，体现了道教文化，而宫门前放一对西南最大石狮镇守，又体现对佛教文化的尊崇。古镇十二门，全镇用十二道闸子门封闭了所有街巷入口，各户后院又彼此相连，形成一道城墙，构成了罗城“宅墙”一体的空间特色，是军事防御文化的体现。街上老字商号“三元号”“四能堂”“丰泰店”“亨又亨”“长清源”有上百年历史，基本上保存了清代建筑风格，是商贸经济的传承。整个古镇蕴涵“罗众志以成城”的寓意，它不仅充分诠释了四川移民文化中“风雨同舟、众志成城”的人文精神，而且也是世界农耕文明的体现；罗城古镇在全国范围内，还是城镇主题文化最鲜明的古镇，大多数景点、景观都可统一于“风雨同舟、众志成城”主题之下。所以，澳大利亚建的“中国城”，即以此为原形而设计，而联合国教科文称之为“中国的诺亚方舟”。

（三）寄托乡愁，地域人文风情独特

明末清初，罗城是方圆百里的集贸中心，喝盖碗茶、打贰柒拾、玩六红牌、看川戏等成为八方来客聚会的休闲方式。罗城过去有戏台 6 座，每逢会期或节日，由商会、会馆出资或民间捐赠请川剧班子演出，善男信女为还在菩萨前许下的“愿”，也要请戏班唱戏以娱神，川剧“玩友会”常围坐清唱或唱堂会，看川戏成为古镇人不可缺少的生活方式。随着岁月流逝，独特的乡土风情不仅没有成为过去，反而铭刻了文化记忆，寄托了浓厚乡愁。现今，古镇人喝盖碗茶、打贰柒拾、玩六红牌、看川戏、观麒麟灯、练武健身，逍遥自在，品味人生，依旧过着恬淡、宁静、悠然自得的生活。特别是看川戏，是当今古镇人幸福生活的缩影。现在罗城古镇中央耸立一戏楼，楼正中挂一题刻着“神听平和”的木匾，间周一次专业性的川戏演出，可谓古镇人“平和”，又“神”入于悠闲安乐的生活，而戏台正朝灵官庙，灵官是道教最崇奉的护法尊神一，所塑的灵官“赤面髯须，身披金甲红袍，三目怒视，左持

风火轮，右举钢鞭”，令人畏惧，但他也“神听”古镇人“平和”的生活。

（四）风光秀丽，自然生态环境优美

罗城镇周边资源富集，有一湖一山一寺。铁山湖近250公顷水域，自然风光秀丽，青山环绕，岛渚星罗，千姿百态，是乐山市第二大水库、省级水利风景区。湖心岛各有特色，湖区常年云雾缭绕、绿树成荫、空气清新，是垂钓休闲、水上运动的天然良地。铁山相传与峨眉山为姐妹山，绵延15千米，成带状分布，周围的山头头向“观音阁”，其地理风貌堪称奇观。“观音阁”为铁山最高处，海拔723.8米，该阁四周处植被覆盖率高，负氧离子丰富，夏天凉爽宜人，冬天瑞雪飘飘；此阁又是最好的观景台，近可观赏铁山湖及古镇全貌，远可眺望峨眉佛山。铁山上还有“铁山观”，全石质建造，始建于南宋淳熙元年（1174年），这里良好的生态及优美的环境，诠释着道教倡导的“人与自然”和美文化。铁山周边的自然环境中，还有云峰寺、精刻石虎、大寨门、望乡台遗址等名胜古迹，还有丰富的盐卤、温泉等独特资源。

（五）区位改善，交通便捷通达

罗城古镇距犍为县城24千米，位于乐山、峨眉休闲度假旅游辐射区。随着乐宜高速运行，成贵高铁开通，仁沐新高速建成及攀西高速运营，罗城古镇交通区位得到极大改善。犍为境内有一高铁、两高速、七个连接口，最近的仁沐新高速入口距罗城古镇仅6分钟车程。景区交通进入便捷，在乐山加速建设世界重要旅游目的地之背景下，在罗城古镇凸显的补充和完善“大峨眉”旅游供给的功能下，能快速融入成、渝、滇、贵旅游大交通和大环线，游客会因交通时间的缩短和乘车舒适度的提升，以及旅游享受最大化的理念下，会使有“中国城”“中国挪亚方舟”之称的罗城古镇随“大峨眉”旅游，辐射全国，目及世界。

二、存在的问题

（一）地方文化挖掘不够深，保护不力

罗城古镇地方特色文化别具一格，厚重的人文历史、奇特的建筑艺术、独特的风俗人情和民族融合文化都具有唯一性。目前，挖掘罗城地方文化不够深，提炼文化价值追求还不精准。川剧、麒麟灯、牛[illegible]灯、铁山武术、南华宫石狮等地方文化的研究不够、演绎不足，艺人稀缺，没有成为地方特色名片；古镇建筑美学艺术和“风雨同舟”的文化内涵，仅停留在文旅研究者的文稿中，没有开发利用于旅游业；

古镇建设、改造提升的定位不高，没有引进投资业主进行系统、全面规划和品牌塑造；文化旅游活动开展较困难，现有展示场所规模小，利用率低，文旅资源得不到有效整合。

（二）旅游资源开发不够宽广，业态培植不足

目前，罗城古镇旅游基础配套、服务接待、娱乐体验设施不健全，主题酒店、特色民宿、文创产品基本上是空白，特色餐饮还停留在浅层次。“古镇—铁山湖”旅游环线尚处于开发初期，沿途可游览的景点太少，如新拟建的铁山茶园游，曾经有过的铁山湖农家乐，对游客的吸引力不强；而游客仍然停留于小小的古镇中，而且停留时间多为半天，其原因是为游客消费的项目少，项目开发的深度和广度都十分欠缺，现在投入的六千万元仅用于旅游公共设施上。盐卤、温泉资源藏于地下，开发利用于旅游业还未提上议事日程；农旅融合项目规划开发不足，没有形成乡村气息浓郁的集休闲、生态、养生于一体的乡村旅游格局。

（三）旅游产品宣传不够新，特色不突出

古镇文旅营销方式单一，受众面小，产品包装宣传缺少时代性、时尚性、创新性，如古镇两周一次的川剧表演宣传方式不够新颖，川剧表演宣传中又没有突出其文化艺术价值，没有激起潜在游客的强烈需求而形成现在的消费者；旅游产品数量偏少、品质偏低，文化定位不统一，较多商家和旅游企业不重视旅游商品的包装设计，一些旅游商品直接裸露在外面，既不卫生也不美观，一些旅游商品包装千篇一律，缺乏个性和文化品位，以致游客多以观光为主，很少有购买旅游商品的欲望。如罗城较有名的帅羊肉和罗城牛肉，虽在当地小有名气，但商家在店面的装饰装修上缺少创意，集回族牛肉文化、本地牧业和盐矿相关的牛文化，没有深层次的介绍，牛肉商品包装上简单粗放，牛肉商品开发单一，且消费档次较低，没有真正形成产品种类多、口感独特的品牌。这些问题使整个古镇文旅回报率至今偏低，至于政府的旅游公司在投资六千万元，也因自己无营利性的旅游产品，其收益就更少了。

（四）铁山湖资源保护不够好，环湖游项目开发滞后

铁山湖属国有资源，目前分为三个区域承包给了个人经营，分别是水库水面养殖承包、廖家山果场、沙姑坝果场。其中，水库前后两次承包，合同分别从 2009 年 4 月 1 日至 2019 年 3 月 31 日，2014 年又延期从 2019 年 4 月 1 日至 2032 年 3 月 31 日，至今还有 13 年的承包期。廖家山果场和沙姑坝果场承包合同期限为 30 年，从 2004 年 1 月 1 日至 2034 年 1 月 1 日，至今还有 15 年的承包期。虽然铁山湖早在

2013 年 12 月就成功创建为省级水利风景区，由于湖面资源承包期较长，湖区生态保护和修复难以落实，湖区水质较差，项目统筹规划无法实现，制约了铁山湖的旅游整体开发工作。

三、意见和建议

主动融入成渝地区双城经济圈建设国家战略，充分挖掘罗城古镇文旅资源的独特禀赋，提炼内在文化价值，以“寻老四川文化记忆，游逍遥古镇罗城”进行文旅品牌塑造，精心打造品质高、独具一格的蜀文化旅游精品，力争规划进入巴蜀文化旅游走廊建设、长江上游黄金水道生态旅游精品线路，成为蜀地文化标志和精神标识，也打造为蜀文化寻根必经之地，以点带面推动犍为文旅综合示范区建设。

（一）围绕“一船一剧”打造时光小镇

以找寻四川人骨子里的文化记忆作为旅游消费市场的引爆点，聚焦船形建筑、戏楼川剧、茶馆文化等老四川文化的人文风貌，几百年来罗城人在这艘挪亚方舟上逍遥依然、抛烦祈福、享受安逸幸福生活的精神追求，开启慢时光之旅。

1. 展示船形街建筑艺术魅力

在城镇规划中划定古镇保护区域，预留景区发展空间。加强船形街核心景区的风貌整治，设立船形街古建筑保护专项资金，落实保护和监管的责任主体，及时对腐烂变形、白蚁驻蚀的木结构进行修复和治理，加强公众古建筑保护意识，保护好历史文化遗产。延续船形街穿斗木结构、连廊式设计的建筑风格，以旧复旧保持建筑的本来面貌，使船形街建筑群风格统一、独立奇特。选视野开阔处建古镇观景台，可登高一揽全貌。恢复古镇三宫、五庙、十二门，重现罗城“宅墙”一体的空间布局，使古镇韵味更加张扬。提炼“同舟共济”“安逸悠闲”“祈福平安”等船形街建筑文化内涵，以文字、照片、视频、绘画等表现形式，用好客家移民文化、传统风水文化、川南城镇防御文化的川派建筑文化价值，开发船形街手绘画、手工拼雕、手伴礼等文创产品。

2. 展示“中国川剧小镇”特色名片

川剧是用四川话演唱的西南地区戏曲，融汇了江西的高腔、江苏的昆曲、安徽的胡琴（即皮黄）、陕西的弹戏（即梆子）和四川民间灯戏五种声腔艺术，以及令人惊艳的变脸、吐火技巧，是国家第一批非物质文化遗产。要制定川剧艺术传承和扶持发展方案，邀请专业人士编制川剧小镇实施方案，在人才培养、作品创作、常态展演、推广普及等方面给予组织保障。要挖掘整理传统川剧表现内容和形式，融入现代人审美追求，并以麒麟灯、牛哏灯、武术以及当地婚嫁仪式为补充，让古老川剧焕发时代生机。要积极搭建展演平台，通过政府购买公共文化服务和文化志愿者服务、川剧票友活动等形式，坚持在罗城古镇常态化演出。要以川剧脸谱、服装造型、唱词乐谱、川戏锣鼓等川剧文化元素为氛围烘托，让游客一进古镇就有新鲜体验。

3. 展示"中国最大的茶馆"

凉厅街盖碗茶具有浓厚的地域人文风情，是古镇文化标识之一。目前饮盖碗茶及相关的茶事活动，已经是古镇特色之一，它既承载了中国茶史，又有现实茶业意义。中国茶史，顾炎武讲"自秦人取蜀而后，始有茗饮事"，《华阳国志》载"南安、武阳，皆出名茶"，"南安"即含今天的犍为，是世界第一个被提到的茶市；现实茶业，犍为正在打造"两乡一都"，即"中国茶乡""中国茉莉之乡""中国茉莉茶之都"，而且种茶、种茉莉的农业区正向罗城古镇移动。展示"中国最大的茶馆"，就要对凉厅街所有茶馆在茶具、服饰、礼仪、风格和茶道演绎上进行规范，请茶艺师对每位从业者进行指导、培训，形成独具特色的古镇茶馆文化。而茶馆的社会文化定位的历史时代，既可为民国时期，把悠闲自在的饮茶文化与川剧艺术结合在一起，带游客进入"神听平和"的意境，融入安逸慢节奏的古镇生活；又可定位为清代中后期，再现"湖广填川"移民文化，通过茶馆硬件的装饰，茶馆服务员的服饰、礼仪、语言，表演性的茶事，使游客研学和体验川南移民风情。

（二）围绕"一馆一带"打造乡土小镇

以"土"字做深文章，挖掘古镇独有的民俗文化、农耕文明，开启乡土寻味之旅。

1. 建民俗文化博物馆

在民俗文化博物馆中分设农耕馆、民族馆、建筑馆、盐业馆、歌舞馆、武术馆等，各馆都应有多种形式的文化介绍，包括可用的现场表演，游客研学体验场所和项目，还有各主题馆的相关产品，既要吸引游客停留于本景区，又要让各馆经营者有更大的收益。农耕馆要突出展示农耕文明的优越性，既有利本国游客提升民族文化自信，又有利外国游客欣赏中国传统文化。另外在此馆设立本地农耕产品，销售具有悠久历史和娴熟工艺的剪纸、老井豆瓣、古法牛肉等商品；民族馆要有古蜀国后裔、秦人入蜀、僚人北移、湖广填川等内容，有本地历史上羌、藏、彝、蒙、回、汉等民族文化相融的展示，还要有清代客家迁移文化等，其中以本地家族史展示使民族文化具体化；建筑馆特别要有中国的川派和闽派建筑介绍，因为罗城古镇建筑是川派吊脚楼与闽派围拢屋的结合，而其他派别的建筑文化可展示，因为罗城古镇建筑不仅拥有北京四合院的风水文化、晋派中晋商建筑大气等风格，还拥有晋派窑洞建筑的因势而建、苏派建筑的过街楼和走马楼等。另外，歌舞馆要包含川剧、牛灯和麒麟灯介绍，这是因为：犍为川剧有辉煌的历史，可展出的图文和音像资料；川南犍为牛灯是在中国牛灯表演中唯一的历史悠久的没有断代的民间歌舞，又是世升农耕文明及罗城古镇主题文化的形象物；麒麟灯是道教文化和儒学文化的结合，在我国极少省份传承，又同峨眉道教、犍为文庙和罗城客家人相联系。武术馆应将犍为尚武精神与犍为是军事要地、历代武术名人相结合而介绍。

2. 建农旅融合产业带

精心谋划好铁山湖周边的农业发展规划，以万顷茶浪、十里果香、荷田生态走廊等为重点培育特色农业，推进古镇周边乡村产业结构调整，把传统农业改造为景观农业、研学农业、休闲农业。引导发展乡村旅游，以古村落、古名寨、古遗址、古名树和民族习俗、传统手工艺等文化遗产为重点，打造生态文化村，建民宿体验区，开发集田园风光、古风遗韵、休闲体验为一体的乡村旅游综合体。

（三）围绕“一汤一湖”打造康养小镇

依托古镇得天独厚的温泉、盐卤和湖岛资源，推动健康养生、运动休闲、观光度假等产业发展，开启康养之旅。

1. 开发润盐温汤

据相关地质勘测和可行性论证，罗城镇地热资源、盐卤资源丰富，盐养分高达30%，富含氯化钠、氢、锶等人体所需微量元素和矿物质，地热旅游具有很好的开发潜力和市场空间。建议政府加强可行性论证、地热勘查和探扩权申报，开发利用地下优质盐卤、温泉资源，在区域内规划地热温泉、各类主题酒店、湖心岛景观环境营造等项目。整合罗城盐卤、温泉资源进行招商，实行政企联手、市场联动，邀请专业营销机构进行全面策划，整体宣传，启动润盐温汤滨湖度假休闲养生区、自驾营地建设。此项目意义重大，因为润盐温汤为主的康养，游客群中的主体为中老年人，这将拉动本区域非工作日的旅游，也因此处润盐温汤成本低，冬天需求量最大，将使冬季乐山旅游大升温。

2. 开发环湖旅游项目

保护铁山湖原生态自然环境，目前急需做好铁山湖开发规划定位、水质改善和相关权属回收，终止人工养殖，加强周边污染治理，环保部门要积极争取铁山湖水质治理项目，力争用 2～3 年时间让水质达到 2 级以上，为铁山湖开发提供保障。充分利用铁山湖资源，高标准建设环湖四十多千米的自行车、马拉松赛事步道，启动十里画廊水上休闲娱乐区、乐水运动中心和铁山湖户外运动健身区项目，让游客放松心情，领略广阔大自然风光，享受集休闲、运动、疗养和观光于一体的康养之旅。此项目意义，拓展了古镇游的空间，吸引中青年游客群。

（四）围绕“一观一寺”打造祈福小镇

罗城镇聚居有汉、回、彝、满、藏、黎、苗等民族，呈现出民族文化融合的多元性，形成了具有鲜明地域特色的礼仪、饮食、节庆等丰富多彩的民族宗教活动。历史上有文昌宫、寿福宫、禹王庙、肖公庙、东岳庙、星鑫庙、九皇庙、鲁班庙和罗成庙等，现以铁山观、清真寺规模最大，还有灵官庙、南华宫、川主寺、观音阁等一批现存的宗教文化旅游资源。可挖掘民族宗教文化的核心要义，把慈孝文化、祭祖文化、祈福文化、图腾文化等作为重点，发展特色旅游、特色体验活动。打造观音阁、静心斋、养生长廊、千步梯等旅游项目，在禅修、朝拜的基础功能之上，引入有机素食、禅修养生、武术健身等特色业态，丰富游客的体验性。

同时，还应进一步加强旅游基础配套设施建设，将“老四川文化记忆”等品牌创意应用到旅游标识牌、导视牌及景点介绍牌，统一景区文化标识，提升景区品质；进一步理顺罗城旅游景区管理体制，发挥县旅游景区管理委员会牵头揽总、组织协调作用，落实好罗城镇政府、罗城古镇旅游景区管委会、世纪旅游发展有限公司的具体管理职能，明确执法主体，提高办事效率，形成景区管理整体全力。

作者简介：

康广才（1962—），男，四川犍为人，犍为县委党校经济学高级讲师、犍为历史文化研究会会长，主要研究方向：民俗文化。

乐山乡村基层治理存在的问题和对策研究

梁娟　李一波

【摘　要】党的十九届四中全会把构建基层社会治理新格局作为重要内容进行部署，近年来，全市各级党委、政府高度重视乡村基层治理和服务体系建设，市、县两级政府进一步加强了组织领导和保障措施，逐步完善了平台载体建设和服务组织建设，促使村（社区）加强和创新基层治理能力建设、保障和改善民生工作的作用得以发挥。本文对乐山市村（社区）基层治理的现状展开了调研，分析了村（社区）基层治理存在的问题，对推进乡村（社区）基层治理制度创新和能力建设提出了对策建议。

【关键词】基层治理；制度创新；治理机制；对策研究

一、村（社区）基层治理的现状

（一）基础设施明显改善

近年来，各级政府高度重视村（社区）基础设施建设，根据村（社区）建设功能需要和便于管理服务原则，投入大量资金通过购买、划拨、调剂、新建、整合资源和单位共驻共建等形式，将村（社区）的办公和服务用房面积从平均不足50平方米增加到330平方米。各县（市、区）都给村（社区）配备了电脑、电视、打印机、档案柜等办公设施，基本建有干部办公室、警务室、图书室、“两委”会议室、综合会议室、档案室、村级党群服务中心、便民服务站、慈善爱心超市等“六室一站”，从整体上提高了村（社区）办公环境，做到了办公有场所、服务有阵地。

（二）队伍建设得到加强

村（社区）通过换届选举和开发公益性岗位，进一步优化了工作队伍的年龄和知识结构，充实和加强了村（社区）工作力量。通过对全市村（社区）领导干部、工作人员开展上岗培训，采取“专家 + 行家”“课堂 + 现场”“学习 + 拓展”等多样化的授课模式，有效提高了基层工作人员的整体素质、服务意识和管理能力。近年来，各区县结合本地实际，大幅度提高了村（社区）办公经费及工作人员生活补贴标准，并为他们购买养老、医疗等保险费用，解除了村（社区）基层干部的后顾之忧。

（三）运行管理日趋规范

健全完善了村（社区）居民自治章程，村（社区）会议制度、建设协商制度、居务公开制度、居民教育制度、财务管理制度、档案管理制度等“一章六制”，修订完善了居民公约，建立了一站式服务站，村（社区）运行管理规范有序。并着力推行村（社区）公务服务事项准入制度，努力理顺村（社区）与乡镇部门之间的“指导服务、协调监督”关系，严格实行“权随责走、费随事转”原则。如沐川县制定了《村（社区）“费随事转”暂行办法（试行）》，对推行村（社区）公共服务事项准入制度进行了有益探索。峨眉山市制定了《社区工作站及人员考核办法》，充分调动了社区工作站工作人员的服务积极性和创造性。

（四）信息平台逐步健全

全市围绕创新社会基层治理和建设和谐村（社区），建立了覆盖市、县、乡镇（街道）、村（社区）四级的社区服务信息网络平台，为居民提供了全方位、多层次的政府公共服务、便民利民服务和志愿互助服务。同时，大力推行村（社区）网格化服务管理建设，把网格化工作作为平安创建工程的重要基础工作来抓。各地按照“街巷定界、规模适度、无缝覆盖、动态调整”的原则，将社区划分成网格，并落实网格员，构建了区、街道、社区、网格员“四级”封闭式联动运行机制，实现了对村（社区）事务的主动介入、快速反应和高效处理。

（五）服务功能日趋完善

为使广大群众实现“小事不出门，大事不出村（社区）”的目标，各地着力完善和强化政府公共服务，积极培育和发展便民利民服务、志愿互助服务，初步构建了社区综合服务“一条龙”的体系和机制。目前，村（社区）承接了党委、政府及相关部门下沉到基层的多项行政事务，在开展救助保障、法律治安、志愿互助、家政养老、文体娱乐、卫生计生、便民利民服务等方面做了大量工作，呈现出管理有序、服务完善、文明祥和的良好局面，村（社区）在社会管理和服务中的重要作用日益显现。

（六）共驻共建成效突出

各地充分发挥村（社区）党组织的核心作用，以服务广大群众为出发点和落脚点，不断创新工作机制和活动载体，大力开展社区共驻共建，全面推行机关、企事业单位党组织和党员到社区“双报到”制度。驻社区的机关、企事业单位和社会组织，不分级别与隶属关系，都与所在社区建立了共驻共建关系。建立了以社区党组织为领导、以社区居委会为主体、以社区社会组织为补充、驻社区单位和组织协同配合、社区居民广泛参与的共驻共建机制。

二、村（社区）基层治理存在的问题

（一）对村（社区）建设重要性的认识有待提高

农村社区建设是解决三农问题、建设社会主义新农村的需要，有利于推动教育、医疗、环境治理等公共资源向村（社区）倾斜，有利于公共服务均等化，进而实现改革成果全民共享。社区建设大环境和舆论氛围的改善，需要各级各方面的正确介入和积极参与。但目前部分区县对村（社区）及其服务体系建设在创新基层治理、改善民生和推进新型城镇化方面的认识不到位，重视程度不够，推动建设发展的主动性和创造性不足。部分地方对村（社区）的地位认识存在偏差，习惯以行政指令的方式给村（社区）安排工作；部分干部的服务意识淡薄，对共建、共促村（社区）基础设施建设、文化建设等工作不够积极主动，工作方法和服务内容有待改进。

（二）治理体系不健全，运行机制有待完善

部分村（社区）基层组织名不副实，变成了对上负责的官僚化组织，行政化趋势明显，越来越脱离群众，其作用发挥的并不好。同时，群众直接参与管理基层事务的空间不大、渠道不畅，部分群众的正常呼声得不到倾听、正当利益得不到维护，因此而产生的信访举报、集体上访等也给社会和谐稳定带来严重隐患。一些部门不深入村（社区），服务村（社区），解决村（社区）的难点、热点问题，而是热衷于进村（社区）挂牌子，向村（社区）下任务，让基层承担过多不应承担的行政职能。基层工作不堪重负，干部疲于应付，行政事务多于服务事务，行政职能取代自治职能。很多区县“权随责走，费随事转”没有得到严格执行，造成村（社区）“权小责大”“人少事多”，难以开展相关工作。

（三）专业人才短缺，队伍素质有待提升

当前村（社区）治理中人才结构不合理，专业人才短缺、专业技能能力欠缺制约了基层治理的长远发展。具有专业能力和知识储备的年轻大学毕业生虽逐年增加，但将基层治理工作当成“跳板”的现象比较普遍，村（社区）治理相关岗位人员流动性很大，不稳定性明显。虽然通过换届选举、招聘大学生和接收转业军人、公益性岗位等方式提高了工作队伍的总体素质，但绝大多数村（社区）工作者职业化、

专业化水平不高，政治素养不够，部分地方对于村（社区）基层干部的教育培训缺乏长效化、制度化机制。

（四）阵地建设有待加强，服务功能有待完善

按照市委市政府提出的要求，村（社区）办公和服务用房由县（市、区）政府负责组织建设或以购买方式解决。但目前各地在对办公阵地建设投入力度上参差不齐，一是存在少数乡（镇）党委对村级办公阵地建设和发挥作用方面重视程度不够，责任不明的问题。二是存在建设村级办公阵地缺少资金来源，无钱办事的问题。三是存在重视硬件建设，轻视村级阵地相关软件建设的问题。四是存在村级阵地管理不善，活动无法开展，功能作用不能有效发挥的问题。目前村（社区）工作重心主要放在完成政府和相关职能部门交办的各项公共事务上，文体娱乐、养老扶老、卫生保健、志愿者活动等便民利民服务项目在服务能力、服务内容、技术手段上还不能满足群众的需求。

三、推进乡村基层治理制度创新和能力建设的对策

（一）健全党组织领导为核心的村（社区）治理机制

1. 完善组织领导机制

强化党组织领导把关作用，会同组织部门严格落实村“两委”干部县级联审制度，继续推行村（社区）书记、主任“一肩挑”，推行村（社区）“两委”班子交叉任职，形成社区“两委”协调联动的组织框架，提升组织力。

推动社区减负增效。进一步转变基层政府职能，依法厘清基层政府与村（居）委会的权责边界。指导督促以县（市、区）为单位制定村（社区）依法依规履行职责事项清单和依法协助政府工作事项清单，不属于村（社区）的职责事项不得转嫁给村（社区），应由村（社区）协助的事项应当提供必要的工作经费和工作条件。凡法定授权为明确或费随事转为落实的事项，原则上一律取消，切实把基层自治组织从各级政府下派的繁杂行政任务中解放出来，将主要精力放在群众自治、服务群众上，打通服务群众“最后一公里”。

2. 深化自治实践

坚持自治为基，法治为本，德治为先，健全和创新村（社区）党组织领导下的村（居）民自治机制。一是畅通群众参与途径。进一步完善以村（居）民会议和村（居）民代表会议为基础的各项自治制度，落实民主选举、民主决策、民主管理、民

主监督。推广实施红白理事会制度，持续做好村民自治章程、村规民约（居民公约）的修订完善工作。针对村规民约（居民公约）监管难、执行难、约束力不强等问题，采取积分管理、利益引导、诚信记录、群众监督等方法增强约束力，通过强化宣传、批评教育、道德评议、树立典型等形式促进村民诚信自律，充分发挥村规民约（居民公约）在城乡基层治理中的积极作用。二是探索切合实际的公开监督新渠道。深入实施“互联网 + 村（居）务”工作，建立“村（居）务综合服务公开平台”、村（居）务公开 APP 查询平台、微信公众号、微信群、QQ 群等，让群众特别是外出务工人员知晓本村规划和建设情况，有效促使群众参与到村级建设与监督工作，畅通线上线下民主监督渠道，确保村务公开率达到 100%，切实保障群众的知情权、参与权、表达权、监督权。三是抓好民主协商。全面建立村（社区）民议事会制度，以民情恳谈日、村民论坛、坝坝会等灵活多样的形式开展村级民主协商议事活动，形成民事民议、民事民办、民事民管的基层协商格局。

3. 激发共治活力

进一步健全党组织领导下，村（居）民委员会、议事会、监督委员会等自治组织体系，在全市全面推广市中区“三无”老旧小区自治工作模式，推进基层自治向基层微单元延伸。积极争取有关部门支持，建立协调机制，加强对业主委员会、物业公司及社会组织的指导监督，支持和引导村（社区）群团组织、社会组织、驻地单位、志愿者队伍和专业社会工作者等参与社区治理和服务，健全以党组织为核心，自治组织、社会组织、经济组织、驻区单位、居民群众等多方参与的“一核多元、共建共享”基层治理新格局。

（二）健全以发挥市场作用为重点的“三社联动”机制

1. 推进政府购买服务

完善社区自治组织发现需求、统筹设计服务项目、支持社会组织承接、引导专业团队参与的工作机制。建立完善购买服务目录，规范服务项目的发布内容、申报方式、申报要求、申报条件、工作程序等，搭建社会组织购买服务平台，引导支持社会组织承接服务项目，协同推进城乡基层治理。

2. 培育发展社会组织

进一步改革完善直接登记与“双重管理”相结合的社会组织登记制度，重点培育、扶持与社区治理和群众日常生活密切相关的社区生活服务类、公益慈善类、邻里互助类等社会组织。探索设立县级层面的社会组织孵化平台，探索在乡镇（街道）成立社会组织联合会、社区社会组织服务中心等枢纽型社会组织，发挥管理服务协调作用，规范社区社会组织行为，提供资源支持、承接项目、代管资金、人员培训等服务。

3. 发展壮大社会工作者队伍

建立健全社区工作者培养、成长、管理、约束机制，推动社会工作专业岗位开发与人才激励保障政策的落实，每个社区至少拥有 1 名社会工作专业人才，辖区人口较多的社区应当增设社会工作岗位，增配专职专业社会工作人才。

（三）建立健全村集体经济组织运行机制

1. 落实农村承包地“三权分置”制度

在坚持土地承包经营权长久不变的基础上，有关部门应积极探索开展农村土地经营权登记颁证工作，探索建立适应乐山实际情况的土地入股、托管和合作经营的有效形式，以加快提高新模式占总的土地流转比例的速度。

2. 加快集体资源资产“三权分置”改革

推进成立农村产权交易服务中心，提高农村要素资源配置和利用效率，实现农村资源效益最大化，创新农业农村投融资机制，吸引更多社会资本，开辟农村产权抵押融资渠道。有关部门应加强对农村集体经济组织经营管理能力的提升，引导和支持已成立的农村集体经济组织立足自身资产、资源、区位和其他条件，并制定经济发展规划和阶段目标任务。

3. 积极探索宅基地“三权分置”

鼓励村集体和农民通过自主经营、合作经营、委托经营等方式，盘活利用闲置宅基地和闲置住宅，依法依规发展农家乐、民宿等乡村旅游产业，增加农民财产性经营收入。探索建立宅基地有偿退出机制，根据实际分类制定补偿标准，明确适用范围，设定流转期限、途径和用途，完善宅基地批后的监管机制。鼓励村集体积极稳妥开展闲置宅基地整治，宜耕则耕、宜建则建、宜绿则绿，实现综合利用。

4. 发展新型农村集体经济

在清产核资、确认成员身份的基础上，全面完成村级经营性资产股份合作制改革，建立健全农村集体经济组织。实施农村集体经济组织登记赋码，逐步建立农村集体经济组织法人治理机制，切实让集体经济组织成员参与到集体经济组织管理运营中来，明确理事会、监事会的职责、权利和义务，保障股东（代表）大会的权力充分行使。持续推进扶持发展村级集体经济实施项目的指导督查，确保项目资金安全、项目效益稳定，鼓励工商资本下乡村，支持农村电商发展。

5. 强化集体经济组织管理

继续强化基层党组织在村（社区）集体经济发展过程中的领导地位。村（居）民委员会应当尊重集体经济组织依法独立进行经济活动的自主权。村集体经济组织要逐渐健全经营运行机制，进一步明确农村集体经济组织与村两委会的职能定位。基层党组织要负责把好集体经济组织市场化运作的总关口，严格防范村级集体经济投资经营风险，依托设立的监事会加强对财务活动情况及有关账目的监管，严格收支审批，努力控制非生产性开支。定期开展村集体资产清产核资工作，做好“三资”台账，加强“三资”的管护。

（四）健全以居民需求为导向的服务供给机制

1. 加快养老服务体系建设

积极应对人口老龄化，加快建设居家社区机构相协调、医养康养相结合的养老服务体系。整合各类资源、加大政策支持力度，大力发展居家和社区养老服务，鼓励社会力量投入运营不同类别不同层次的养老服务设施。完善和落实社区养老服务设施规划、建设、验收、交付的具体办法。整合国有和集体闲置资产无偿或低偿用于社区养老服务；采取回购、租赁、置换等方式，加快老旧城区和已建成居住（小）区养老设施配套。加快农村特别是贫困地区养老服务设施的改造提升，增强养老服务供给能力，促进城乡养老服务平衡。

2. 健全特殊困难群体关爱机制

结合实际配备乡镇儿童督导员和村儿童主任，完善村级养老、儿童关爱等服务设施。加强社区儿童服务站建设，构建“三社联动”的农村留守儿童和困境儿童关爱服务格局。健全失能失劳、流浪乞讨等特殊困难群体关爱机制，持续实施“集中供养+居家救助”,在基本实现全覆盖的基础上提升工作质效,切实增强贫困群众“造血功能”，确保有劳动力的贫困家庭持续增收。

3. 推进社区志愿服务常态化

创新志愿者招募、培训、评价、激励、保障等机制，推动出台志愿服务激励政策，建立志愿者嘉许制度。加大志愿服务注册，逐步实现有志愿服务时间记录的志愿者人数比例大于注册志愿者总人数。依托全省统一的志愿者、服务对象和服务项目网络对接平台，促进社区居民需求与志愿服务供给有效对接，引导村（社区）在职党员和更多群众参与社区志愿服务活动，推进志愿服务常态化、规范化开展。

（五）健全社区网格化服务管理机制

1. 完善网格化服务管理体系

坚持大联动、微治理，按照“全域覆盖、全网整合、规范高效、常态运行”要求，构建网格化服务管理体系。促进网格融合，科学动态调整优化网格设置，建立合理的党建网格化组织体系，积极打造“红色网格”。以网格化服务管理为底座、信息化建设为支撑，促进职责融合，确定以网格管理员基本职责为基础，以各系统规定职责为补充的融合机制。促进队伍融合，建立村（社区）干部和警务力量下沉网格、包联网格制度。促进平台融合，实现网格化服务管理信息系统与“雪亮工程”等信息系统互联互通。针对网格化服务管理重难点问题，完善沟通协调、分析研判、督促办理等工作机制。

2. 管好用好网格管理员队伍

建立健全网格管理员职责清单，按照网格管理员承担社情民意收集、矛盾纠纷排查化解、安全隐患排查整治、政策法律法规宣传、公共服务代办“五大职责”，实行“定岗、定员、定责”。坚持“权随责走、费随事转”，将网格化服务管理工作经费纳入同级政府财政预算，赋予社区（村）党组织统筹调度网格内资源的职权。注重发挥社会组织参与作用，采取政府购买服务方式开展网格化服务管理。完善网格管理员队伍建设管理办法，建立与网格管理员年度绩效挂钩的考核评价和准入退出机制。加强网格管理员队伍培训，全面提升管理服务能力和水平。

（六）健全以提升治理能力为目标的要素保障机制

1. 做好乡镇区划调整改革“后半篇”文章

围绕提升城乡基层治理水平做好“后半篇”文章，认真落实市委办、市政府办《关于加强乡镇政府服务能力建设的实施意见》，加快转变乡镇政府职能，着力强化服务功能，优化资源配置，创新供给方式，全面推进乡镇治理体系和能力现代化。

2. 优化村（社区）设置

结合平坝村、丘陵村、山地村等不同类型，综合考虑经济发展、历史沿革、风俗习惯、资源禀赋、群众意愿、生态保护等因素，因地制宜确定村级建制的规模大小。按照“顺向调整、中心集聚、群众认可、依法稳妥”原则，稳妥推进村级建制调整改革，努力把建制村规模调大、实力调强、功能调优、队伍调好。

3. 完善服务设施建设

指导各地将村（社区）服务设施纳入当地国民经济和社会发展规划、城乡规划、土地利用规划，健全集便民服务、养老服务、儿童关爱、文体娱乐等功能于一体的综合性、多功能性的村（社区）服务设施网络。实现每百户居民拥有城乡社区服务设施面积30平方米、乡镇（街道）社区服务中心面积不低于800平方米、城乡社区服务站面积不低于300平方米，城乡社区综合服务设施全覆盖。

4. 强化财力保障

将基层组织活动和公共服务运行经费、村（社区）干部基本报酬、村（社区）服务设施和信息化建设经费等纳入地方财政预算。统筹使用各地、各部门投入城乡社区相关资金，提高资金使用效益，重点支持做好村（社区）治理各项工作。不断拓宽资金筹集渠道，鼓励通过慈善捐赠、设立社区基金会等方式，引导社会力量重点投向养老、扶幼、文化、体育等乡村社区治理领域。

作者简介：

梁娟（1982—），女，汉族，四川乐山人，乐山市市中区委党校教师，主要研究方向：政治哲学研究。

李一波（1966—），男，汉族，四川凉山人，乐山市市中区委党校原常务副校长，主要研究方向：中国当代哲学研究。

推进文旅深度融合　打造天府旅游名县

宰顺刚　廖平安　杜中华　王苹

【摘　要】旅游业作为一项富民产业，是推动绿色发展、高质量发展的新引擎。金口河区文旅游资源得天独厚，近年来金口河区坚持以旅游为主导发展战略，全区旅游发展提速明显，但还存在文化与旅游结合不够紧密、特色优势还不明显、竞争力不强等问题。本文通过全面梳理金口河的资源优势，客观分析面临的重大机遇和困难挑战，就如何推动金口河区文旅深度融合，做好山、水、文、城"四篇文章"，加快打造天府旅游名县提出有针对性的对策和建议。

【关键词】全域旅游　文化旅游　融合发展　高质量发展

推动文化旅游融合发展，加快建设文化强省旅游强省，是省委着眼推动高质量发展，立足省情特征，打造转型发展、创新发展、跨越发展新引擎做出的重要部署。近年来，金口河依托得天独厚的文旅资源优势，抢抓乐山加快建设世界重要旅游目的地的重大机遇，以大渡河金口大峡谷、大瓦山旅游景区创建4A景区为抓手，全力推进文旅深度融合，加快建设中国最美峡谷旅游目的地，努力打造天府旅游名县。

一、资源优势

金口河区文旅资源得天独厚，不仅坐拥大瓦山、大峡谷等具有世界遗产级禀赋的"国字号"自然资源，而且拥有铁道兵、乐西抗战公路、"三线"建设、小凉山彝族风情等深厚而独特的文化资源，极具开发潜力和价值。其丰富的旅游资源主要体现在四个方面。

（一）雄伟的峡谷风光

四川大渡河峡谷，于 2001 年被当时的国土资源部列为国家地质公园，2005 年被《中国国家地理》杂志评为"中国十大最美峡谷"之一，2014 年被水利部列为国家水利风景区。峡谷全长 24.4 千米，并有 8 条主要的支流峡谷，它们都以嶂谷地貌为主。峡谷两岸绝壁千仞，不乏宽 5 ~ 10 米的“一线天”风光。大峡谷最大深度 2 646 米，超过我国长江三峡（约 1 000 米）和美国著名的科罗拉多大峡谷（2 133 米），十分宏伟壮丽，被称为“地质天书”。它们和各支流嶂谷（最大深度 1 200 ~ 1 900 米）组成一个庞大而丰富的峡谷系统，尽显雄、险、幽、奇的景观特点，国内罕见。

（二）奇绝的大瓦山景观

大瓦山作为中国唯一的桌状山，顶面呈三角形，面积 1.7 平方千米，四周绝壁环绕，海拔 3 236 米，高出大渡河水面 2 646 米，其相对高度仅次于世界第一桌状山——南美圭亚拉高原的罗奈马山（2 743 米），可谓中华一绝。大瓦山还有云海、宝光、日出、雪景等奇观，被英国自然科学家贝伯尔称为“世间最具魔力的天然公园”。2020 年 9 月，央视《地理·中国》摄制组专程赴金口河拍摄大瓦山，对大瓦山的奇特赞叹不已。

（三）秀美的湿地公园

大瓦山国家湿地公园毗邻大渡河峡谷国家地质公园，上有雄奇、险峻的大瓦山耸立云海，下有五彩天池碧波荡漾。公园内有大天池、小天池、鱼池三个湖泊和干池、高粱池两个泥炭沼泽，成念珠链状分布，既互通互联（地下水），又各自独立，风景秀丽的湖光山色和地质遗迹中的冰碛“乱石”相呼应，造就了公园独特的自然风貌。湿地公园内完整保存了冰川 U 型谷、刃脊、角峰、冰蚀湖、冰碛物等晚更新世的古冰川地貌，在湿地学、生态学、生物学、地质学等方面具有极高的科考价值。湿地生态系统发育典型独特，是一座保存完美的“湿地自然生态博物馆”和“野生动植物基因库”。

（四）丰富的人文景观

金口河区人文资源丰富多彩，铁道兵博物馆、乐西抗战公路、战备仓库、特大型军工企业红华公司等红色资源众多，小凉山彝族风情浓郁。其中，铁道兵博物馆是目前全国唯一一座以革命传统教育为内容，以铁道兵为纪念主题的博物馆。博物馆通过图片、文字、实物、仿形和视频等形式，集中展示铁道兵部队在不同时期战斗生活的艰苦场景和丰功伟绩已先后建成四川省爱国主义教育基地、四川省第三批国防教育基地、四川党史教育基地。乐西抗战公路被称为“血肉筑起的长路”，是抗战时期唯一一条联通国际通道滇缅公路和中印公路的战略通道，目前仅有金口河境内约 20 千米路段基本保持了原貌，其余路段均已进行了改造。“三线建设”迁入企业红华公司是特大型军工企业，邓小平、李富春、薄一波等中央领导多次到访选址和视察，目前金口河仍处处可见“三线建设”的历史印记，如红华公司生活区的仿苏建筑、专用小火车铁路、战备仓库、成昆铁路烈士墓等。

二、发展现状

区委第九次党代会以来，金口河区紧扣“生态立区、旅游兴区、产业强区”发展主线，坚持以旅游为主导发展战略，以大峡谷、大瓦山两大景区建设为突破口，着力在旅游规划、基础设施、公共服务配套等方面发力，全区旅游发展提速明显。2019 年，金口河区共接待游客 101.93 万人次，同比增长 45.2%；实现旅游收入 4.11 亿元，同比增长 40.62%，旅游人数和收入创历史新高。

（一）突出旅游主导，强化旅游发展地位

一是全面深化认识。坚持旅游主导发展战略，坚定发展全域旅游的信心和决心，以大峡谷、大瓦山两大景区创建为龙头，辅以涵盖 41 个行政村的景观节点建设和“风景绿道”联网贯通，全域全景打造中国最美峡谷旅游目的地。二是坚持规划引领。坚持“旅游主导、多规合一”理念，进一步完善“1 + 2 + 2 + N”规划体系（1 个旅游总规、2 大景区规划、2 个特色小镇规划、N 个乡村旅游节点规划），以总体规划为纲，以重点景区规划和乡村旅游点为线，系统、有序开展旅游专项规划编制。目前已完成大瓦山、大峡谷景区总体规划、全区乡村旅游规划、6 个村旅游专项规划编制。三是大力推动改革。全面落实旅游综合改革工作，出台《关于加快建设中国最美峡谷旅游目的地的实施意见》和《关于加快旅游产业发展的若干政策意见》，完成文化和旅游机构改革，成立大瓦山、大峡谷旅游巡回法庭，组建“文化旅游综合执法大队”，提升行业管理、宏观调控、统筹规划和综合协调能力。大力推进旅游投融资机制改革，成立金旅旅游开发有限公司，加快构建公司主体构架，积极鼓励社会民间资本参与，初步形成“政府主导、企业主体、市场运作、社会参与”旅游业投资新格局。

（二）坚持因地制宜，提升文旅发展水平

一是在基础设施上补短板。围绕旅游保畅加强交通建设，扎实推进对外通道互联互通、通乡公路提档升级、通村公路改善提升、客运场站优化完善“四大工程”，在全省率先实现通乡、通村公路整体达标，建成交通脱贫攻坚示范区。先后投入资金近 4 亿元，建设大瓦山旅游环线、四好农村路等景区通道 163 千米，优化旅游线

路；大力推进成昆铁路复线、乐汉高速两大通道建设，早日为全区旅游发展迎来“高速时代”。二是在旅游体验上做提升。围绕全区处处皆风景的资源禀赋，因地制宜、因陋就简，实施“微雕”工程，让金口河的美丽“触目可见、目不暇接”。结合乡村振兴战略，深化充实乡村旅游规划，大力推进幸福美丽新村建设，巩固城乡环境综合整治成果，推动美丽乡村从一处美向一片美、一时美向长久美转变，打造一批精品景观节点。截至目前，已建成幸福美丽新村 39 个，2017 年被评为全省幸福美丽新村建设优秀示范县。依托“绿秀嘉州·多彩金口河”行动，美化彩化林木 3 000 亩、抚育森林 1 万亩，实施 G245 线、和共路、金永路等道路沿线景观工程，打通大峡谷、大瓦山景区沿线风景休闲带，促进绿道联网贯通。三是在旅游产品上做拓展。做深做细做特大峡谷、大瓦山两大景区，将其作为金口河旅游“拳头”品牌。对大峡谷景区进行扩容提质，新建游客中心，实施铁博提升改造，开展环境综合整治，成功创建国家 AAAA 级旅游景区；积极开发旅游产品，成功运营峡谷游船项目，让游客十足体验大峡谷“壁立千仞”的峡谷豪情。

（三）注重统筹协调，优化文旅发展环境

统筹全区资源向旅游倾斜，加快推进旅游硬环境建设和服务软实力提升。一是加强资源保护。坚持开发与保护并重，更加注重生态修复，围绕国土整治、水体管理两大领域，邀请中科院知名专家对大小天池、鱼池的水环境污染问题进行实地踏勘，启动大瓦山湿地公园水环境治理。完成全区旅游土地利用规划编制，全力保障旅游用地。同步做好特色村落、红色铁博、民俗节庆、非物质文化遗产保护等措施，推动文化和旅游资源有序开发。二是实施标准化服务。积极开展旅游行业标准、从业人员标准建设，成立旅游饭店协会，加强市场监管，鼓励支持诚信经营活动，进一步提升景中村的人居环境和养善文化氛围，形成处处皆景、人人向善的旅游环境。三是大力培育自有人才。依托省、市文化和旅游人才培养开发示范基地，培训文化和旅游管理人员和从业人员 300 人次。开展“两师一员”试点工作，组织 170 人赴成都、雅安学习培训，学员反应良好。着力抓好导游（讲解）员队伍建设，强化素质和技能培训，不断提高文化和旅游服务质量。

（四）抓好旅游扶贫，助力全区脱贫攻坚

实施旅游扶贫富民工程，将乡村旅游落地落实，达到造福一方百姓的目的。一是整合资源，集中力量创示范。整合幸福美丽新村、彝家新寨建设、4A 景区创建、旅游扶贫示范区创建等资金项目，重点打造了“峡谷第一村”“水墨顺河”“溪谷象鼻”“花溪曙光”等一批特色乡村精品旅游点 12 个。象鼻村、胜利村、顺河村荣获“中国少数民族特色村寨”称号。二是立足实际，因地制宜建产业。突出各村特色，积极开

发农特旅游商品，大力发展星级农家乐、精品民宿等乡村旅游业态，发展星级农家乐16家，民宿60户，培育旅游公益岗位25个，带动区域内农户脱贫致富。胜利村以红色旅游、休闲度假为主要发展方向，发展星级农家乐2家，民宿5户，老鹰茶3 000亩，花椒400亩；顺河村以观光体验、休闲度假为主要发展方向，发展民宿3家，枇杷采摘300亩；象鼻村主打民俗文化、农耕文化，发展猕猴桃采摘100亩，建成彝族文化体验馆。全区建成乡村旅游扶贫示范村5个、民宿达标户76户、乡村旅游精品村寨1个，乡村旅游合作社4个。三是坚持“旅游+”，激活潜力助脱贫。围绕“创意化的文化产品、文化化的实用产品、旅游化的农副土特产品”理念，推动彝绣、高山有机茶、有机蔬菜等特色产品打上旅游商品标签。探索“旅游+电商+土货”旅游扶贫模式，支持老鹰茶、乌天麻等商品拓宽销售渠道，建立旅游商品专柜，入住电商平台，逐步构建立体销售模式，实现带动旅游提质、群众增收目标。

（五）强化宣传营销，扩大旅游影响力

一方面，紧紧围绕“云上大瓦山、最美大峡谷”旅游定位，坚持以节庆为媒介，突出“春赏花、夏避暑、秋登山、冬玩雪”，精心策划一年一度的“转转花文化旅游节”系列活动，强化宣传营销。先后成功举办“相约大瓦山·探秘金口河”科考、“追梦大瓦山·再忆威尔逊”专家论坛、“名家看四川·走进金口河”、中国摄影报走进金口河、四川省八市州区县摄影联展等10余次大型文旅活动，进一步打响了“云上大瓦山、最美大峡谷”旅游品牌。今年9月，成功邀请央视《地理·中国》走进金口河，录制了大瓦山景区专题片，必将极大提升金口河旅游的知名度、美誉度和影响力。另一方面，强化项目包装，对推介项目进行精心包装，为每个项目精心制作一个PPT、编写一份项目情况简介、撰写一则推介词，加强招商推介。今年9月，金口河区成功与深圳万景纪旅游发展有限公司签订了《乐山市金口河区大瓦山旅游综合开发项目协议》《乐山市金口河区大瓦山旅游综合开发项目补充协议》，标志着总投资30亿元的大瓦山旅游综合开发项目正式落地。深圳万景纪旅游发展有限公司计划用5年时间，对大瓦山景区进行整体开发，建设旅游观光电梯、扶梯、索道、桥梁、崖边栈道等特殊创意性旅游项目，努力将大瓦山景区打造成一个独具特色的旅游目的地。

三、机遇和挑战

（一）机遇

当前和今后一段时期，金口河区文旅融合发展既面临难得的重大机遇，主要表现在：

1. 国家战略及宏观政策机遇

国家深化供给侧改革，大力支持文化和旅游发展，宏观政策利好。随着“一带一路”建设、新时代西部大开发、成渝地区双城经济圈、全域旅游等系列国家重大战略的纵深推进，为文旅发展带来全面利好政策。

2. 省市文旅发展政策机遇

省委、省政府做出了关于加快建设文化强省旅游强省的一系列决策部署，提出以打造巴蜀文化旅游走廊为牵引，着力构建文旅融合发展新格局。市委、市政府确立了建设世界重要旅游目的地的发展定位，并支持金口河加快建设中国最美峡谷旅游目的地。这些政策机遇，必将推进金口河区文旅加快发展。

3. 区域交通条件改善的机遇

随着金口河新一轮交通大会战的实施，成昆复线、峨汉高速通车指日可待，金口河即将融入乐山 1 小时经济圈、成昆 2 小时经济圈，对外交通将得到全面改善，区位优势将得到明显提升。与此同时，随着大瓦山旅游环线、国道 G245 线大峡谷段改线等项目的实施，景区交通制约问题将得到彻底解决，必将加速金口河区资源优势、要素优势转化为发展优势、经济优势，推动金口河在“从全局谋划一域”上争得更多主动，在“以一域服务全局”上发挥更大力量。

4. 全区文旅发展向好的机遇

近年来，金口河区“一山一峡一湿地”景区格局基本形成，转转花文化旅游节、铁道兵博物馆等已成为地方旅游品牌，旅游影响力不断提高，文旅发展势头强劲。2016—2020 年，全区旅游收入和游客数量持续增长，游客接待人次、旅游综合收入年均增长超过 30%。特别是随着总投资 30 亿元的大瓦山旅游综合开发项目正式落地，标志着金口河区旅游发展进入蓄势待发新阶段。

5. 文旅市场发展新常态机遇

后疫情时代，“低密度 + 高质量”的品质旅行和“大众化 + 高频次”的休闲式旅行将成为新常态。金口河区有着良好的生态环境，以生态、休闲为特色的旅游产品与市场需求高度契合。同时，疫情防控促进了新技术与文旅场景融合的迅速发展，为旅游业发展赋予了新动能，打造文旅新体验，拓宽文旅盈利模式。

（二）挑战

虽然金口河区文旅发展面临难得的发展机遇，但我们要清醒地看到，金口河文旅产业发展起步较晚，现有的文化旅游资源优势还未能转化为产品优势，在开发规模和深度等方面还有待于进一步挖掘和提升，存在文化与旅游结合不够紧密、特色优势还不明显、竞争力不强等问题。主要表现在以下几个方面：

1. 旅游产品类型单一

近年来，我区围绕铁道兵红色文化、小凉山民俗文化，投入大量的人力、财力、物力，倾力打造全国唯一的铁道兵博物馆和小凉山区独具特色的彝家新寨，成效显著，成为金口河文化旅游的靓丽招牌。这两个项目硬件设施方面虽然投入大、起点高，但在项目主题线路设计、旅游产品开发、文化创意策划等方面则显得十分不足，力度明显不够，省内外影响力较小。

2. 配套设施建设不完善

交通制约因素明显，大瓦山景区通达性较差，大瓦山旅游环线公路、大瓦山景区公路、峨富路大坪至蓑衣岭段等旅游公路改造尚未完成，导致节假日景区道路拥堵现象突出。公共服务不完善，旅游承载力不强，景区厕所、停车场、标识标牌、导游地图等设备设施仍显不足。住宿接待设施以社会宾馆、农家乐为主，整体档次偏低，接待能力不足，缺乏精品酒店、特色民俗酒店、健康养生度假酒店等高端住宿产品。

3. 景区景点文化支撑不够

目前旅游资源主要以原始生态景观为主体，文化元素挖掘、文化内涵支撑不够，除大峡谷景区有铁道兵博物馆作为文化支撑外，大瓦山景区和乡村旅游景点都还存在“有旅游缺文化”的问题，尤其缺乏夜间演艺、消费及深度体验项目，旅游吸引力不强和留客难问题明显，顺便看一看的“过境游”现象突出。

4. 文化旅游商品开发滞后

对文化旅游商品的开发力度不够，还没有一款具有纪念意义、承载地域特色的旅游商品。现有的一些旅游商品如乌天麻、老鹰茶、永胜腊肉等，包装较为简陋，缺乏本土文化创意元素，还处于“土特产”范畴，没有形成市场。

5. 文旅融合统筹性不强

目前还没有推动文旅融合发展的专门性指导意见，统筹推进文旅融合发展的思路不够明确，在探索文旅融合发展过程中“摸着石头过河”的现象明显，具体措施大多停留于“旅游+”和“文化+”的简单“加减法”层面，融合效果大打折扣。

四、对策和建议

推动金口河文旅深度融合，必须认真贯彻落实省、市文旅发展大会精神，抢抓成渝地区“双城经济圈”建设和乐山全力打造世界重要旅游目的地的历史性机遇，紧扣“绿色崛起 美丽发展”主题 ，突出“生态立区、旅游兴区、产业强区”为主线，加快落实有关金口河区文旅融合发展的政策，全力做好山、水、文、城“四篇文章”，积极争创天府旅游名县和国家全域旅游示范区。

（一）抓好融合发展规划

一方面，要坚持规划先行，根据我区旅游资源的布局状况，积极邀请国内具有峡谷景区打造经验的策划公司，为金口河打造中国最美峡谷旅游目的地厘清思路，明确路径，进行高起点峡谷景区规划，为旅游招商引资做铺垫。同步启动旅游营销、休闲度假酒店、智慧旅游、自驾车营地、旅游配套服务等专项规划编制，推动景区旅游发展规划与交通建设、城市建设、国土利用、产业培育等规划多规衔接、协调互动。另一方面，要围绕建设“中国最美峡谷旅游目的地”的发展定位，把大瓦山、大峡谷、八月林作为承载吃、住、行、游、购、娱等旅游“六要素”的副中心来规划建设。因此，金口河峡谷景区定位为中国西部最具特色的高山峡谷湿地生态观光、休闲度假、康体养生旅游目的地。

（二）加快基础设施建设

要致富，先修路。目前，金口河进出通道只有省道 306 线和成昆铁路。从成都驱车前往金口河至少需要 4 ~ 5 个小时。要抢抓乐山建设“世界重要旅游目的地”契机，积极融入全市“九组团”发展，积极争取项目资金和政策支持，大力推进吃住行游购娱为主要内容的旅游基础设施建设。重点加快推进成昆复线、峨汉高速等出入境主干道，提升区位优势。加快推进大瓦山旅游环线、大瓦山景区公路等旅游交通重点项目建设，尽快形成通达通畅、互联互通的旅游交通网络体系。加快推进大坪至五池公路、五彩天池骑游绿道、大天池文旅扶贫驿站、五池村人居环境整治、游客集散中心、环湖栈道及配套景观建设等项目建设。加快景区景点旅游厕所、停车场、游客服务中心等公共服务配套建设，尽快启动智慧旅游建设，提高旅游信息化水平。

（三）全力推进重点项目

以大瓦山 4A 景区创建为抓手，加强与深圳万景纪旅游发展有限公司的跟踪对接，全力推进大瓦山旅游开发项目尽早开工，确保 5 年内完成投资 30 亿元以上，努力将大瓦山景区打造为乐山旅游第三极。继续抓好大峡谷景区扩容提质，加快生成一批让游客有理由来，留得下的旅游项目，满足游客多样化、多层次的旅游消费需求，进一步做大做优四川大渡河金口大峡谷品牌，使之成为国内知名、西部一流的峡谷景区。要聚焦建设乐山旅游第三极目标，拓展小凉山旅游圈层，与峨边彝族自治县、马边彝族自治县等地共同整合优质旅游资源，放大转转花、火把节、彝织彝绣等民族文化特色，合作共建小凉山特色旅游区。

（四）打造特色文旅项目

充分发挥铁道兵博物馆这一独特资源，继续做好馆内氛围营造、展陈提升等工作，加大全国爱国主义教育基地、省级社科普及基地创建力度，让铁道兵博物馆成为金口河最独特的文化名片。加快推进“水墨顺河·威尔逊小镇”项目建设，尽快启动“红华记忆小镇”打造，着力改变我区文旅产品单一现状。深入挖掘我区文化旅游资源，围绕乐西抗战公路、外来文化、阳山江古道等文旅资源，包装生成一批特色项目，并以大成都、大攀西、大峨眉为重点市场，主动开展项目招商推介，引进一批有品牌、有实力的开发商参与文旅项目开发。

（五）开展文旅资源普查

金口河人文资源深厚而独特，除拥有铁道兵、乐西抗战公路、“三线”建设、小凉山彝族风情等独特文化外，还有阳山江古道、战备仓库、平夷堡等人文景点和历史遗迹。要全面组织开展文化旅游资源普查，由文化、文物、党史等部门牵头，充分发挥区历史文化研究中心、作协、摄协、彝学会等社会力量，通过实地走访、调研、查阅文献资料等方式，对全区文化旅游资源，特别是历史遗迹、人文景观、非物质文化遗产、民俗文化等进行全面梳理，建立文化旅游资源数据库，为文化旅游开发与保护、规划与建设等方面提供基础性资料。

（六）抓好文旅产品开发

文旅产品是“吃住行游购娱”中最具有消费弹性的一个环节。要把做好文化旅游商品、纪念品、工艺品开发提上重要议事日程，深入挖掘铁道兵、“三线”建设、小凉山彝区等独特文化元素，精心设计并推出一批模型类、服装类、刺绣类纪念品和工艺品。组织开展金口河区、十大特色农家乐（乡村酒店、民宿）、十大网红景点、十大菜品等评选活动，形成一批具有我区特色的文旅产品，全面促进全区文旅消费服务上档升级。

（七）加大宣传营销力度

进一步完善旅游推广营销机制，加强资源整合，创新宣传方式，以重大主题文旅活动为载体，精心策划并组织开展好一年一度的转转花文化旅游节，同步开展好科考探险、户外露营、摄影采风、乡村旅游等主题活动，邀请中央和省市主流媒体，加大宣传力度，不断提升“云上大瓦山、最美大峡谷”文旅品牌形象。

作者简介：

辜顺刚（1974—），男，汉族，四川乐山人，乐山市金口河区委党校常务副校长，主要研究方向：中国特色社会主义理论体系研究。

廖平安（1966—），男，汉族，四川乐山人，乐山市金口河区委党校副校长，主要研究方向：政治学研究。

杜中华（1963—），男，汉族，四川眉山人，乐山市金口河区委党校科研股长，主要研究方向：经济学法律研究。

王苹（1990—），女，汉族，四川眉山人，乐山市金口河区委党校教师，主要研究方向：历史分析。

峨边彝区基层社会治理
制度创新和能力建设的实践与探索

赵洪勋 张维忠 欧罗甘林 赵梦莹 简雯

【摘 要】本文以党的十九大和十九届四中全会精神为指导，立足峨边彝区基层治理制度创新和能力建设现状，详细阐述了彝区基层治理实践的发展历程，深入分析了峨边彝区基层治理存在的突出问题，重点从探索的角度论证了彝区基层治理制度创新和能力建设的可行性路径。提出了一些从理论层面到实践操作的具体思路和举措，对于探索共建共治共享社会治理格局的构建具有一定指导价值。

【关键词】基层治理 制度创新 能力建设 实践探索

党的十九大报告指出要“打造共建共治共享的社会治理格局”，十九届四中全会进一步提出了坚持和完善中国特色社会主义制度，推进社会治理体系和治理能力现代化的新要求。峨边作为民族地区和深度贫困地区，人口聚居点多面广，社会文明程度发育滞后、法治观念普及程度不高，特别是彝区民众对法治的认识知之甚少，社会治理成本相对较高，行政治理效能较为低下，依法治理存在一定程度梗阻，一些根深蒂固的社会问题长期无法从点上和面上突破，进而演变为无法逾越的痼疾，不断冲击大众社会的心理底线，社会发展的正常进程总是障碍重重，严重影响了正常的经济社会发展进程。如何在基层社会治理方面找准痛点，打通阻点，突破难点，笔者认为：唯有依靠法治思维和法治方式，融入与地方长期形成的约定俗成的治理规范，找到切入点和突破点，才能建立与社会发展阶段相适应的基层社会治理方式，从根本建立彝区基层社会共建共治共享的治理格局，推动经济社会稳定持续健康发展。

一、峨边彝区基层治理实践的发展历程

峨边发展历史悠久，早在封建社会就设置行政建制，归属不同层级的行政体制管理，形成了稳定社会秩序的一些规范度，无论汉族还是彝族对政权管理有一定的认同度，由此衍生了依附于社会管理规范而产生的呈现地方管理特点的民众纠纷管

理机制和矛盾预警及调处机制，这对控制社会矛盾烈度升级，防止社会阶层冲突激化，稳定社会秩序发挥了一定减震和缓冲作用。

（一）封建王朝统治时期，上层统治集团主要实施“恩威并济、以夷制夷”的统治策略

峨边自建制以来，一直远离封建统治的中心，大多游离于统治阶级视野之外，其政治经济地位无足轻重，基层社会治理主要依赖于老百姓自治处理，处于无序的自发处理状况，社会治理效能就无从谈起，彝汉之间的关系有亲有疏，时亲时疏。由于峨边社会生产力发展水平较为低下，加上社会较难稳定，很难有精力专注于经济社会发展。

（二）新中国成立后，县委县政府认真贯彻落实党的民族政策，开创民族团结进步新局面

民主改革时期，坚持“民族平等、民族团结、民族区域自治政策”，既扫除大汉族主义，又批判民族地方主义，建立了民族自治乡，党的民族区域自治政策得到巩固。与此同时，大力培养民族干部，团结彝族上层开明人士，真正实现了民族平等、团结合作和共同繁荣。彝族人民当家做主，管理本民族内部事务，彝族上层开明头人积极靠拢和协助政府肃清土匪和潜伏特务，踊跃投身民主改革，共同为峨边的建设和发展出力。1984 年自治县成立后，基层社会治理方式、手段发生了根本性变化，彝汉群众思想观念日渐开明，社会风气逐渐扭转，社会文明化程度得到提高。特别是在全面建成小康社会的伟大征程中，县委政府提出“党政苦抓，部门苦帮，干部苦拼、群众苦干”的四苦精神，数以百计的帮扶干部昼夜兼程，下沉一线与群众同心协力，聚集“二不愁、三保障”突出问题，经过近五年的持续努力，峨边以优异的成绩取得了脱贫攻坚的阶段性胜利，谱写了全面建成小康社会的壮丽诗篇，共建共治共享的治理格局初具雏形。

二、峨边彝区基层治理存在的突出问题

峨边是少数民族聚居的边远地区，地形崎岖不平，地势山高坡陡，在传统农业社会阶段，农业生产效益十分低下，现代化发展水平一直远远低于同期社会发展其他地区水平，老百姓文盲半文盲比例大，特别是彝区群众受教育程度水平更是大大低于平均水平，这也导致社会文明发展程度较低，人民认知水平不高，思想观念较为墨守成规，推进治理体系和治理能力现代化存在许多挑战。

(一)基层组织职能定位不明晰,主体责任划分边界模糊

随着村建制调整工作的推进,峨边 2020 年底村级基层组织架构实现一定程度重塑,村两委班子实现一肩挑,村级决策机制在一定程度上实现了扁平化,管理职能相对变得顺畅,公共事务决策效率有所提高,从实地走访村级干部情况看,一些新的问题已随之出现,按照工作职能调整,原来的村民委员会转任副书记,感觉自己职位降低了,工作积极性随之下降,原来担任村主任,主抓具体工作事务,转任之后短时间无法找到角色定位,同时也不清楚自己承担的工作职责,导致工作职能模糊。从抓党建工作落实上看,书记和副书记之间工作推诿现象时有发生,双方都认为党建工作理应由对方主抓,副书记协助书记开展工作,书记从总体宏观上予以把握,导致党建工作一定程度出现真空地带,党的基层治理能力受到一定削弱。从抓村民管理主体责任上看,随着社会变迁,人口迁移频率增加,流进流出速度加速,加上开展脱贫攻坚工作,各种移民搬迁数量较大,移民在新聚居地的融入问题成为基层治理过程中的重大问题,基层组织对问题的处置一度陷入束手无策的境地,这在很大程度上对基层治理能力造成了冲击。从抓村集体经济发展上看,峨边县村级集体经济薄弱,产业发展支撑缺乏,除受客观地理条件限制因素外,村级职能定位存在问题,基层组织在开展村级治理过程中,主要职能定位为解决老百姓诉求,忽视了产业发展对村级基层组织的支撑作用,存在基本职能定位的缺失。

(二)基层组织人员结构不合理,组成成员能力不足问题突出

随着社会人口流动性的加剧,峨边县农村有一技之长人员大多外出务工,有的自己开展自主经营活动,从峨边县村级基层组织领导人员整体上看,有部分担任村级基层组织职务人员是留守人员,大多文化程度不高,基本素质和能力不优,大多缺乏主动担当作为本领,更谈不上带动本村老百姓致富增收,这样的基层组织很能难在当今的市场经济环境中发挥引领和带动作用;还有部分基层组织领导人员有自己的产业,虽然担任了职务,但大多把村上工作当成自己的副业,把村上任职当成家庭门面,认为通过这样的途径可以获取人脉资源,得到有利于自己产业发展的有用信息资源,从心底里没有把任职村干部提升为为党做事,为民服务的高度,从而缺乏进取心和责任感,村上事务自然就会搁置一边,流于被动应付,凡事得过且过,很难在工作有大的作为,自然村级基层组织职能无从有效发挥,推进治理体系和治理能力现代化进程在一定程度上受到了梗阻。

(三)缺乏法治思维,对提升基层组织治理体系和治理能力现代化认识缺失

基层组织任职人员对法治有一定了解,但缺乏对法治的信仰,没有认识到依法治

理的重要性，思考问题、分析问题、解决问题仍然沿袭惯性思维。有的基层干部习惯用自己认为正确的方式去认识分析问题，甚至采用与法治方式相悖离的方式处理问题，导致问题的解决无法从根源上予以消除，给未来更多问题的发生埋下矛盾隐患，加剧事情本身解决的难度。有的基层干部见子打子，只见树木，不见森林，解决问题和稀泥，没有深刻剖析问题的本质，没有从法治角度切入分析问题发生的原因所在，导致解决问题缺乏法理依据，无法让当事人双方心悦诚服，导致问题的解决久拖不决走进死胡同，对社会和谐安定造成了影响。有的基层干部存在私心杂念，缺乏底线思维，在处理问题上缺乏原则性，特别是彝区基层干部家支观念根深蒂固，在政策执行上选择实施，在利益分配考量上有意识无意识地向本家族成员倾斜，导致政策执行偏离合理轨道，诱发基层矛盾，由此给基层治理体系和治理能力现代化造成了负面影响。

三、峨边彝区基层治理制度创新和能力建设路径探索

基层治理是社会治理的独立单位，是国家治理体系和治理能力现代化横向到边、纵向到底的神经末梢，对维护社会公平正义有着至关重要的意义；是构建党的执政基础，巩固党的执政地位的重要基石，事关国家长治久安和社会和谐稳定；是密切人民群众和党的血肉联系，搭建人民群众沟通政府的桥梁纽带，对于增强党和政府的公信力，构建和谐社会，汇聚人民力量源泉，形成中华民族力量，推动建设社会主义现代化强国奋斗目标，实现中华民族伟大复兴的中国梦，到建国一百周年建成社会主义现代化强国有着十分深远的历史意义。

近年来，峨边县不断探索基层治理方式，创新基层治理模式，基层治理正朝着规范化法治化方向发展，但距离建立基层治理共建共治共享的格局还有很大差距，需要不断强弱项、补短板。同时，要根据彝汉聚居的特性持续总结经验、探索自治地方提升治理能力路径，走出一条既与民族地区特点相契合，又与我国治理体系和治理能力现代化目标相适应的独特路径，不断推动峨边县经济社会稳定持续发展，为建设幸福、生态、美丽、和谐新峨边做出新贡献。

（一）抓“亲情守护”载体，促基层治理共建格局形成

我县作为山区农业县，老人妇女儿童在我县农村常住人口中占比达 70%以上，做好这三个群体的关心关爱有利于巩固脱贫攻坚成效，有利于加强农村治理能力，有利于提升农村群众满意度。

1. 开展孝爱老人行动

办好“集体贺寿”，各村全面摸排 65 岁以上老人名单，建立生日台账，每月农

历初九为“敬老日”，在村党群服务中心对本月生日老人“集体贺寿”，订制贺寿蛋糕，送上生日祝福，让其许愿、帮其还愿。加强群众关爱政策、做好乡村重大事项宣传，将党的声音传递给每名老人，让他们感谢党恩、感受幸福、感知亲情。开展“健康体检”。依托“一村一医”，采取“上门体检＋集中体检”模式，每年两次对全村老年人进行全覆盖体检，建立健康台账，让他们了解自身健康状况，引导养成健康生活习惯。举办迎新“茶话会”。依托村党群服务中心，为老年人提供茶余饭后休闲娱乐场所，或读书看报，或观看红色电影，或观看峨边发展专题片。在彝族年、元旦和春节等重大节日，组织老人就近举办老年人迎新茶话会，宣传党风廉政建设社会满意度评价工作，吃坝坝宴，为老年人解难答疑、宣传变化，形成尊老、敬老、爱老的社会氛围。

2. 开展关爱妇女行动

建立农村文艺队伍，根据群众所需成立坝坝舞蹈队、腰鼓队等，以村党群服务中心为主要阵地开展活动，配齐坝坝舞音响设备、教学视频，村妇联组织老师入村教学指导，利用“三八”妇女节、“六一”儿童节、九九重阳节、元旦春节等节日开展文艺演出，力争“天天有坝坝舞跳、月月有腰鼓队响、节日有文艺演出”，不断满足农村群众精神文化生活需求。开办妇女健康讲堂。联合乡镇卫生院、村卫生室医生，每季度集中开展妇女健康讲堂，采取“上门体检＋适时送诊”模式进行健康体检，建立妇女健康台账，把服务送上门，增强农村妇女获得感和幸福感。开展巾帼志愿活动。由村党组织组织村里有一定知识文化、乐于关心别人、善于解决群众矛盾的妇女组建巾帼志愿队，定期帮助村里开展志愿活动，入户宣传移风易俗政策、脱贫攻坚政策、“12340”测评工作，开展人居环境整治，帮助老弱病残干农活，解决群众矛盾纠纷，指导群众自力更生发展生产。

3. 开展呵护儿童行动

开展“亲情守护云家园”活动，建立 16 岁以下留守儿童（生日）台账，结合其近期生活、学习、孝爱等情况，每月为儿童举办“云生日”连线，由村委会订做生日蛋糕，组织儿童和在家亲属与外出务工家长视频聊天，共祝生日快乐。村“两委”干部、驻村工作队每月全覆盖家访本村 16 岁以下儿童，重点针对儿童的学习状况、兴趣爱好、性格特点开展摸排，建立留守儿童关爱台账，解决学习生活中的困惑、疑难。充分吸纳乡村教师、退休干部、老党员等，针对儿童兴趣爱好，开办“课外兴趣辅导班”，包括作业辅导、团课、少先队队课、音乐、舞蹈、手工剪纸、科学实验、书法绘画等，开展课间作品课堂评比和回家展示等活动，强化儿童荣誉感、培养儿童艺术情操、引导儿童养成热爱生活、热爱学习的好习惯。

（二）抓乡村治理示范契机，促基层治理共治能力提升

1. 发挥党建引领功能

坚持党建引领，推进基层治理体系和治理能力现代化，不断提升群众的获得感、幸福感、安全感。村党组织要密切联系群众，提升服务水平，倾听和搜集社情民意，帮助引导村民解决生产生活中遇到的困难，将村民紧密团结起来，通过提升农村组织力，保证党的核心地位，使群众拥护和支持党的领导。村党组织要因地制宜结合农村实际将党的理论政策方针播种在农村、扎根在农村。村党组织要传播和践行民族优秀文化、社会主义核心价值观凝聚共识，通过思想引领群众参与社会治理，推动农村社会和谐、人民幸福。村党组织要积极打造党员先锋队，不断充实后备力量，鼓励党员干部充分发挥组织群众、凝聚民心的作用，形成组织合力，不断提升党建引领能力。

2. 发挥村民自治功能

在充分调研、广泛征求民意的基础上，制定了村规民约，建立了村务监督委员会和村级事务理事会，探索出了一条“组织由群众选举，项目由群众议定，建设由群众参与，成果由群众分享，经验由群众推广”的新农村建设模式。选择群众信得过的人做村务监督委员会和村级事务理事会的成员，将群众最关心的问题作为头等大事来办，处处彰显民主自治，真正体现了村民自治。在尊重村民意愿的前提下，进一步完善村务公开和民主议事制度，提高群众的民主意识。村级所有重大事项都要经过“四议两公开一监督”程序，有效预防了权力滥用，有效解决了各种问题和矛盾，使广大群众参与有了渠道、管理有了资格、诉求有了回应、监督有了保障，促进了全村经济社会发展，推动了乡村振兴步伐。

3. 发挥法治保障功能

依托干部日常入户走访、农民夜校、文化大篷车、“五星评选”、公告栏等“接地气”的方式，开展群众喜闻乐见、形式多样的法治宣传，增强普法吸引力，营造了和谐的法治环境。同时利用手机短信、微信、抖音等新型宣传手段开展法治宣传，提高广大村民法治素养。在法律服务方面，健全农村公共法律服务体系，协调公安、司法等部门加强对农民的法律援助和司法救助，使村民“找得到法”“用得到法”“信得过法”。村两委成员定期组织学习宪法和相关法律法规，培育干部法治观念和法治为民情怀，争做法律明白人，带头做学法守法用法模范，在全村形成办事依法、遇事找法、解决问题用法、化解矛盾靠法的新风尚。

4. 发挥德治教化功能

深入挖传统文化，使之传承和发展，对村民进行道德教化，不断提高群众的思

想道德水平。着力加强农村传统文化教育，发挥文化对品德的养成作用。教育启发广大村民潜在的传统道德自觉，增强村民对传统道德伦理的认知和认同。充分挖掘传统规则当中的道德价值，在弘扬社会主义核心价值观的同时对传统规则进行宣传和规范，发挥其在规范秩序、建立公序良俗中的作用。同时大力开展移风易俗行动，倡导文明新风，建立符合新时代发展要求的社会主义农村道德规范。通过对传统文化精神的重塑，初步形成了独具一格的淳朴民风。

5. 发挥平安建设功能

深入开展农村基层综合治理，坚持打早打小，依靠群众，坚决打好扫黑除恶人民战争；切实处理好土地、邻里、婚姻等矛盾纠纷问题，做到小事不出村，依靠自身消化解决；坚决防范非法集资等严重侵害群众利益事项发生；规范农村婚丧嫁娶操办，教育群众量力而行，营造勤俭节约的乡村氛围；依法维护妇女儿童合法权益。同时依托村人民调解委员会，组织群众对不稳定因素进行全面摸排，将纠纷排查和调解工作相结合，确保矛盾纠纷“发现及时、化解迅速、稳控有力、处置得当”，有效防止了群体性事件的发生和矛盾纠纷的激化，社会和谐稳定有序。

（三）抓“民心驿站”纽带，促基层治理共享格局构建

1. 建设县“心连心”服务中心窗口

要将民心驿站创建为市县“心连心”服务中心的有益补充，力争问题诉求在一线发现、一线办理。要打造“村社吹哨、部门报到”的试点窗口。通过民心驿站按下村社通往县级部门的“快捷键、快进键”，确保第一时间收集、处理、反馈群众问题诉求，打通城乡基层治理“最后一公里”。利用民心驿站电子显示屏、亲情通、书吧、民生大数据平台，宣传党的脱贫攻坚政策、惠民利民政策，展示峨边发展变化成果和规划愿景，宣传党风廉政建设社会满意度测评工作，不断提升社区群众自豪感、获得感、满意度。

2. “全方位”听取社情民意

公开宣传驿站工作内容，安排一定人数干部驻守驿站，负责日常管理工作，接待群众来访，听取群众建议意见，记录接待情况。结合城区机关党组织和党员社区“双报到”制度，按照工作或居住区域划分，每名党员结对联系 3 ~ 5 名社区住户，每周深入联系户家中，与群众谈家常、聊感情、话发展、收社情民意、送温暖到家。每周一由民心驿站组织召集城区社区支部书记，召开工作例会，听取各社区接访群众情况，收集城区各类民情民意，建立问题台账。

3.“多方式”化解问题诉求

对来访群众反映的政策咨询类等一般性问题，由驿站工作人员当面做好解释答复，帮助寻求解决办法。对民心驿站收集到的问题诉求，反馈社区办理，需要县级部门出面解决的，由县委组织部“点对点”交办相关单位，并限期办理，做好情况回复。对收集到的一时难以解决的难点问题，由民心驿站汇总上报县委群众满意度办公室，由县委分管领导召集相关部门集中会商，全力解决。

4.“面对面”反馈办理结果

由社区工作人员上门入户对上个月问题办理情况进行跟踪回访，向群众说明整改措施和办理结果，对群众不满意的问题收集上报。民心驿站干部定期不定期深入群众反映问题现场，实地察看办理情况，并走访相关群众，了解群众对整改问题满意情况。县级部门对本部门问题办理情况进行电话或跟踪回访，对群众不满意的问题及时采取补救措施重新整改直至整改到位。

作者简介：

赵洪勋（1965—），男，四川彭山人，四川教育学院历史系大专毕业，主要研究方向：农村经济。

张维忠（1968—），男，四川仁寿人，中共四川省委党校法律在职本科毕业，主要研究方向：基层党组织建设。

欧罗甘林（1969—），男，四川峨边人，四川师范大学法律在职本科毕业，主要研究方向：彝族民俗文化。

赵梦莹（1991—），女，四川峨边人，西南科技大学政治学与行政学本科毕业，主要研究方向：政治学、行政学。

简雯（1994—），女，四川峨边人，四川商务职业学院会计大专毕业，主要研究方向：国民经济运行。

马边建设民族特色城市的调查与思考

廖大康

【摘　要】马边城市建设突飞猛进，但如何展现民族文化特色，提升城市品牌一直困扰着马边人。近年，马边寻找到建设“民族特色城市”的灵魂和方向，深挖南丝路小凉山地区独特的彝族历史、民俗风情、人文景观等资源，构建进一步提升民族特色城市建设总体发展水平的宏大构想，全力把马边建设成为南丝路古彝文化生态旅游走廊。坚持形态、业态、文态、生态“四态合一”，紧扣“路网建设、棚户区改造、绿化美化”的城市建设三大主题，突出新区开发和旧城改造两个重点，全面提升城市品质。虽然在城市建设方面取得了巨大成绩，但也存在着民族特色不明显、缺乏民族文化与城市建设的深度融合、专业人才缺乏等问题。本文就此提出对策措施。

【关键词】马边　民族特色　城市

城市文化是城市可持续发展的重要力量，是城市的软实力。具有地方特色的城市文化逐渐成为当今世界城市发展的核心竞争力。马边彝族自治县作为少数民族偏远地区，在近几年时间，城市建设获得了史无前例的发展成就，但是也要认识到重商业开发轻文化建设、漠视地方历史文化、城市建设彰显民族特色不够、优秀民族文化得不到传承与创新等问题还很突出。彰显民族特色的城市建设，关系到马边未来的发展质量和软实力构建，是十三五推进新型城镇化建设需要解决的重要问题。

一、马边城市建设的现状

近年来，马边紧紧围绕建设“生态安全保障区、生态城市和山水彝乡”目标，坚持形态、业态、文态、生态“四态合一”，紧扣“路网建设、棚户区改造、绿化美化”的城市建设三大主题，突出新区开发和旧城改造两个重点，全面提升城市品质。坚持按照“高起点规划、多渠道筹资、高标准建设、精细化管理”的城市建设指导原则，着力打造民族、生态与现代相结合的山水园林式精品县城。马边县委县政府投入资金 20 多亿，全方位推进城市建设，取得了瞩目的成绩。县城建成区面积由 1949 年的 0.123 平方千米扩大到目前的 6.2 平方千米左右，县城建成区面积扩大 50

倍，规划区面积达到 18.44 平方千米。

（一）高起点规划，突出城市特色

坚持规划先行，做到科学性、前瞻性和权威性，充分发挥规划的引领作用。一是完成对《马边彝族自治县总体规划（2011—2030）》修编工作，县城规划区范围由 9.3 平方千米增至 18 平方千米。2015 年 2 月《总规》修编成果通过省政府审批实施，为城市发展提供科学指导依据。《总规》修编按照省、市推进新型工业化、新型城镇化最新要求，体现生态、民族、和谐的马边特色城市理念。二是编制《马边彝族自治县控制性详细规划》。按照科学划分地块，严格规范指标的原则，完成对 6.7 平方千米建设范围编制控制性详细规划；按照凸显民族特色，融合传统和现代文化，完成城市设计和县城文化风貌提升总体设计。三是编制专项规划。完成对西街特色商业街区、农科所片区、红旗新区修建性详规，着力打造“家在花园中，城在森林里，水在城中绕”的园林式县城格局；完成绿地系统规划编制，构建大绿化体系，使园林绿化向多元化发展，形成“一河七溪，一城十景”的景观系统，在景观节点中融入彝族特色；完成对县域二点三线即：苏坝古场镇节点、沐马县界景观节点；雷打石——红牌坊大桥沿线、天宫庙——苏坝场镇沿线、联合村——老河坝沿线进行风貌塑造规划，风貌塑造规划将融合马边彝汉文化、本土风情和地域特色。四是完成《县域新村建设总体规划》和 20 个乡镇规划，逐步做到城乡规划全覆盖，科学指导城乡一体化发展。

（二）全方位统筹，推进城市建设

按照“开发建设新区，引导改造旧城”的思路，稳步推进城市建设，焕发城市活力。大力推进旧城棚户区改造，目前建成世纪家园 4、5 号楼、鄢家巷安置房，红旗返迁房主体施工、酿造厂片区棚户区改造已动工完成；完善住房保障体系，建成西城廉租房和鄢家巷公租房，乡镇教师周转房和公租房也稳步推进。新城建设已初具规模，向东已形成时代东光、滨河帝景、东光花苑等商业、住宅、休闲、娱乐为一体的商住小区，向西建成新门诊、住院大楼、福利院中心和保障性住房小区等医疗保障中心，向南推进光明新区建设，建成通讯、服务、办公、学校为一体的服务性小区，建成以县碧桂园职业中学、县公安局、县法院等为标志的光明教育行政办公区，向北规划交通枢纽和第二中学新区建设。实施完成百货公司片区共三期旧城改造。全面完成县城主干道沥青路面铺筑及城区绿化改造升级，城市品位不断提升，功能不断增强。城市空间不断拓展，教育、医疗、通讯、交通等公共服务设施不断完善。

（三）高品质打造，完善城市功能

以功能性、景观性、文化性和民族性相统一为原则，加强城市基础设施建设，提升城市综合服务功能。实施河堤绿化工程，建成红旗和光明滨河景观工程，着力推进北门入城通道项目，独具民族特色的边河沿岸绿色景观走廊已如期完成；完善生态休闲空间，建成炮台山休闲“慢行”系统和马边彝乡文化人行景观＋商业廊桥，完成法治广场、彝汉结盟广场建设，富有彝族风情的城市休闲空间不断拓宽；推进城市供水保障和污水处理系统建设，建成二水厂和县城污水处理厂，以“双创”为契机，大力实施水源地保护工程，城区污水支管工程，确保城市用水安全。

二、马边建设民族特色城市方面存在的问题

马边以“改造一个旧城、建设一座新城、打造彝家新寨”为着手点，以建设具有彝族特色的山水园林现代化新县城为目标，强力推进新型工业化、新型城镇化互动发展。虽然在城市建设方面取得了巨大成绩，但也存在着不足，主要表现在民族特色不明显，缺乏民族文化与城市建设的深度融合。

（一）民族特色不明显

马边地处小凉山地区，是一个以彝汉为主体、多民族聚居的城市，居住着彝、汉、苗等 20 多个民族，彝族是世代居住在此的土著民族，总人口 10 万多人，占马边总人口 47.51%。作为多民族共居的边城，马边文化底蕴丰厚，作为彝族自治县，马边应该是彝族文化的聚集区和展示地，马边的城市建设和景观设计、文化开发也要重点考虑彝族元素的运用。彝族红黄黑三色、彝文、彝族神话、传说雕像等彝族元素，被运用在市政基础设施、景观带中，很好地体现了彝族文化，但是由于这些典型民族元素、象征符号在城市标志性建筑物、城市主干道运用上散乱零碎，没有形成整体规划、汇集体现，民族特色表现零碎化，缺乏流畅性。此外，民族特色在城市建设中手法表现单一，错误地将彝族三色理解为彝族文化的全部，以为在建筑物上运用三色就是体现彝族文化，没能将彝族文化深度融入城市软、硬件建设中。

（二）历史文化底蕴体现不足

马边在秦以前属于蜀国，一直是川西南彝族聚居地，有鲜明的小凉山彝族文化特色，有许多物质和非物质文化遗产、文化古迹与名人典故，历史文化沉淀深厚。马边城市建设缺乏历史文化底蕴，首先是先民创造的辉煌文化体现不足，漫长的历史长河中，马边先民创造了辉煌的历史，如毕摩文化、祭祀文化、生产劳动文化等，

有民间传说、天文历法、图腾信仰等，这些元素应该成为马边城市文化符号中的重要组成部分，融合在城市建设中，体现独特的民族文化环境。其次，文物保护力度不够，没有著名历史事件、历史名人纪念馆，历史文化景观数量不多，现存古迹保护困难，更没有形成一套保护和利用的机制，这些都使得马边城市人文历史氛围不浓厚。

（三）专业技术人才稀缺

马边地处小凉山腹部，交通闭塞，医疗教育水平落后，难以留住优秀的专业技术人才干事创业，马边城建部门长期以来缺乏懂彝族文化的专业技术人才，在城市建设中缺乏民族特色这方面的声音，导致城市建设与外面县城一样千篇一律，城市形象雷同，没有充分体现马边地方文化特性，不具备高水准打造地方文化名片的有利条件和人才支撑。

三、马边建设民族特色城市的对策

马边的城市建设，应该是园林城市与彝族文化结合，现代文化贯穿在内，在城市建筑与景观设计中体现马边几千年历史与文化内涵。

（一）建设系列独具民族风俗的现代小镇，拱围民族特色县城

目前马边虽然已建成烟峰彝族风情小镇、民主玛瑙苗寨，但数量单一，远远不够。民族特色县城不只是单一的一座县城，应该深入挖掘各民族历史文化符号，在县城周边精选民族风情特色浓郁的乡镇，建设系列具有民族特色的现代风情小镇，拱围马边县城，体现民族特色。同时，结合并全借力当前的脱贫攻坚工作，全力打造标志性民族特色小镇，在提升文化品位上下功夫，做足、做好彝族特色、苗族特色等文章，着力打造马边多元文化名片，把民族文化元素融入小镇建设规划，逐步形成特色鲜明、内涵丰富、功能完备的文化基础设施体系。

（二）深入提炼地域文化，打造独具民族风格的城市标识

城市标识系统是指在城市中能明确表示内容、位置、方向、原则等功能的，以文字、图形、符号的形式构成的视觉图像系统的设置。包括城市标志、城市雕像、道路指示牌、街道地面、花坛等多种公共设施的造型、色彩、建筑物外立面装饰设计等内容，它是城市文化与内涵的载体，是体现城市文化与地域特色最直接的方式。特色、是一座城市个性的显现，特色、是城市的灵魂，有灵魂的城市才能有魅力。

马边城市建设，应更加积极主动深入挖掘地域风貌与人文特色，以彝族文化为中心，融合苗族等多民族文化，从多姿多彩的城市文化中提炼富有地域特色的色彩、图案、造型元素，打造既体现“彝族边城”形象，又体现时尚、现代、开放气质的马边城市标识系统，广泛应用在标志性建筑物及公园、广场、各类城市小景观、街道地砖、花坛、公交车站、交通指示牌等公共设施上，突出地域性、民族性，以崭新的民族风貌特色吸引来访者，并留下深刻印象。

（三）大力引进专业人才，为独具民族风情的城市建设提供有力保障和人才支撑

深入实施人力资源密集型战略，进一步加强高层次人才队伍建设，大力引进城建类、美工类、设计类等专业人才，尤其是懂彝族文化的专业技术人才。优化人才落地环境，出台优惠政策，给予住房、教育等政策优惠，筑巢引凤，从根本上解决建设民族特色城市人才缺乏的问题。在十三五、十四五城市建设期间，发挥专业技术人才优势，深入挖掘马边优秀民族文化特色，为推进独具民族风情的山水彝乡建设提供有力保障和人才支撑。

相信在不久的将来，马边县委、县政府按照“民俗生态城和南丝路古彝文化生态旅游走廊”的目标加快实施城市建设，一个宜商、宜游、宜居的川西南民族风情旅游目的地将在小凉山绽放光芒。

作者简介：

廖大康（1963—），男，四川仁寿人，中共马边彝族县委党校高级讲师，主要研究方向：社会经济学、农村社会工作。